KB139590

시민교과서
**헌법**

지은이

조유진

서울대학교 법과대학을 졸업하고 청와대, 국회 등에서 일했다. 그간 헌법대중화
를 위해 저술과 강연활동을 해왔다. 국내외 헌법 역사의 관점에서 풀어쓴 현행
헌법 해설서 《헌법사용설명서》, 청소년을 위한 헌법 길라잡이 《처음 읽는 헌법》,
그리고 《헌법, 우리에게 주어진 놀라운 선물》 등을 썼다.

현재 헌법대중화를 위하여 처음헌법연구소를 운영하고 있으며, 방송, 공공기관,
서울시교육청, 학교, 도서관, 시민단체 등에서 활발하게 강연활동을 하고 있다.
유튜브에서 '조유진 헌법'을 검색하면 온라인 시민헌법강좌를 시청할 수 있다.

# 시민교과서 **헌법**

조유진 지음

펴낸날 2018년 2월 20일 초판1쇄
펴낸이 김남호 | 펴낸곳 현북스
출판등록일 2010년 11월 11일 | 제313-2010-333호
주소 04071 서울시 마포구 성지길 27, 4층
전화 02)3141-7277 | 팩스 02)3141-7278
홈페이지 www.hyunbooks.co.kr | 카페 cafe.naver.com/hyunbooks
ISBN 979-11-5741-117-7 03360

편집위원 김찬, 이현배 | 디자인 김영미 정진선 | 마케팅 송유근

글 ⓒ 조유진 2018

# 시민교과서
# 헌법

조유진 지음

"헌법은 아름다운 선물이다. 그러나 우리가 헌법을 실천하지 않으면 양피지 조각에 불과하다."

미국의 오바마 대통령이 퇴임 고별사에서 한 말입니다.

최근 우리나라에서도 헌법에 대한 관심이 날로 높아지고 있습니다. 헌법을 지키지 않으면 대통령도 파면될 수 있다는 것을 똑똑히 확인했습니다. 이러한 헌법의 힘은 어디서 나오는 것일까요? 그것은 바로 주권자인 국민으로부터 나옵니다. 헌법은 규범의 형태로 정리된 주권자의 뜻이기 때문입니다.

이것을 바꿔 말하면 주권자인 국민이 헌법을 알고 헌법을 지키고자 노력할 때 비로소 헌법이 진정 살아 있는 헌법으로 기능할 수 있다고 할 수 있습니다. 이를 위해는 세 가지 조건이 필요합니다.

첫째, 헌법이 온 국민의 상식이 되어야 합니다. 유아기부터 학창 시절을 거쳐 사회인이 된 이후에도 지속적으로 헌법의 기초 지식과 역사적 배경을 접할 기회를 보장받음으로써 주권자의 필수 교양으로 자리 잡아야 합니다.

둘째 헌법에 사용된 단어와 표현이 관용구처럼 사용되어야 합니다. 헌법은 우리 주변의 많은 사회현상과 밀접한 관련이 있습니다. 따라서 누구나 사회생활을 하면서 접하게 되는 문제들을 헌법의 관점에서 생각하고 헌법적 언어로 주장할 수 있게 되어야 합니다.

셋째, 헌법의 밑바탕에 도도하게 흐르는 입헌민주주의 정신이 일상생활의 모든 영역에서 존중되어야 합니다. 국가, 지방자치단체 등의 공공기관은 물론이고 학교, 공·사기업, 종교단체, 시민사회 등에서 헌법가치를 구현하려는 자발적인 노력이 전개되어야 합니다.

저는 지난 2012년부터 헌법의 대중화를 위해서 저술과 기고, 강연 활동을 해 왔습니다. 일반 시민의 관점에서 헌법을 재해석한《헌법사용설명서》와 청소년을 위한 헌법 교양서《처음 읽는 헌법》은 독자들로부터 꾸준히 사랑을 받아 왔습니다.

최근 '헌법 공부 열풍'이 불면서 각계에서 표준화된 시민교육용 헌법 교재가 필요하다는 요청이 지속적으로 제기되어 왔습니다. 그러던 중 마침 현북스에서 우리 헌법 전반에 대해서 반드시 알아야 할 최소한의 기본 지식들을 빠짐없이 쉽고 간결하게 정리한 시민 교과서를 써 달라는 제의를 받았습니다. 헌법 교육이 사실상 전무하다시피 한 우리나라 풍토에서 그동안 제가 헌법을 매개로 시민들과 소통해온 경험이 시민용 헌법 교재를 만드는데 쓸모가 있을 것이라는 것이 그 이유였습니다. 그래서 고민 끝에 이 책을 쓰기로 했습니다.

이 책은 일선 시민교육 강사들에게는 교안으로, 또 독자에게는 교과서 겸 자습서로 활용될 것을 염두에 두고 집필하였습니다. 따라서 저자의 주관적 견해나 주장은 최소화하고, 헌법의 기초 이론을 중심으로 최근의 학계, 법조계의 흐름까지 반영하여 객관적이고 검증된 내용으로 채우고자 했습니다.

또한 독자 스스로 생각하는 힘을 키울 수 있도록 단원 말미에는 본문과 관련된 헌법재판 사례나 생각해 볼 문제를 실었습니다. 이를 통해서 다양한 현안을 헌법의 관점에서 생각해 보는 훈련을 할 수 있을 것입니다.

끝으로 헌법에 대한 체계적 사고와 이해가 가능하도록 내용을 배열

했습니다. 헌법 조문 순서에 의한 서술 대신 주제별 설명을 통해 관련 내용들을 종합적으로 이해하는데 도움이 되도록 하였습니다.

이 책의 집필은 김찬 편집위원님의 지도가 없었다면 불가능했을 것입니다. 따라서 이 책은 김찬 편집위원님과 저의 공저라 해야 마땅합니다. 지면을 빌어 김 위원님께 깊은 감사의 마음을 전합니다. 아울러 3년이라는 오랜 시간 동안 묵묵히 기다리며 지원해주신 김남호 대표님께도 감사드립니다.

지금 우리나라는 새로운 출발선상에 놓여 있습니다. 안팎으로 어려운 처지에 있는 것도 사실입니다. 또 극복해야 할 과제도 많습니다. 복잡할수록 원칙으로 돌아가라는 말이 있습니다. 헌법은 바로 우리가 난제에 부딪혔을 때 잠시 멈춰서 돌이켜 보아야 할 원칙입니다. 모든 국민 한 사람 한 사람이 살아 있는 헌법이 될 때 자유와 평화 그리고 풍요로움이 넘치는 대한민국을 만들 수 있을 것입니다.

이 책을 읽는 독자 여러분이 바로 그 주역이 되실 것으로 확신합니다.

2018년 1월  처음헌법연구소에서 조유진 올림

# 차례

제3부 ) **권력구조와 헌법기관들**

부록 )

헌법은 다른 법과 달리 역사성, 정치성을 그 특징으로 합니다. 따라서 헌법이 어떻게 해서 탄생했고 어떻게 변화 발전해 왔는가 하는 것을 이해하는 것은 곧 헌법 자체를 이해하는 중요한 키포인트입니다. 헌법의 역사성은 '헌정사'라고 해서 헌법학에서 반드시 다루는 분야이기도 합니다.

한편 헌법은 정치와 법의 경계선상에 놓여있다고 할 정도로 정치와 밀접한 관계에 있습니다. 헌법을 실현하는 것도 결국은 정치의 영역입니다. 따라서 헌법을 공부하려면 정치에 대한 이해가 필수적입니다. 단순히 조문에 대한 문리적 해석에만 머무른다면 헌법을 제대로 이해할 수가 없습니다. 똑같은 사안에 대한 헌법재판소의 결정도 주권자인 국민의 의사나 그때그때의 시대 상황에 달라지는 경우가 많은 것은, 바로 이 같은 헌법의 역사성, 정치성 때문입니다. 정치사회적인 현안에 대한 기민한 관심이 병행될 때 진정한 헌법 공부가 가능합니다.

헌법 공부를 올바르게 하려면 다른 나라의 헌법, 특히 서구의 헌법에 대해서도 알아야 합니다. 물론 이들 헌법을 따로 공부하라는 것은 아닙니다. 다만 헌법 공부를 할 때, 이들 나라의 헌법 이야기가 나오면 남의 나라 이야기라고 가볍게 여기지 말고 관심 있게 대해 달라는 말입니다. 헌법은 세계적 보편성이 있는 법규범입니다. 따라서 다른 나라 헌법에 대한 이해를 통해서 우리나라 헌법을 보다 입체적이고 뚜렷하게 이해할 수 있습니다. 다른 나라의 입법례는 우리나라 헌법을 어떻게 해석할 것인가에 참고가 되며 나아가 개헌의 방향을 정할 때에도 도움이 될 수 있습니다.

헌법재판소 판례(결정례)는 헌법 공부에서 매우 중요한 부분입니다. 구체적인 사건에서 헌법재판소가 헌법을 어떻게 해석하고 적용했는가를 살펴봄으로써 헌법이 현실에서 작동하는 생생한 현장을 목격할 수 있기 때문입니다. 그러나 헌법재판소의 판례 원문은 매우 길고 때로는 어렵게 서술되는 경우도 있어서 전문가들조차도 읽는데 부담을 느낄 정도입니다. 그럼에도 불구하고 중요한 사건의 헌법재판소 결정문 앞부분에 나오는 결정 요지는 직접 찾아서 읽어 보기를 권합니다.

이 책은 3부로 이루어져 있습니다. 제1부는 헌법의 기초 지식, 제2부는 기본권, 제3부는 통치구조입니다. 책은 처음부터 순서대로 읽어도 좋고, 강좌의 성격에 따라 필요한 부분만 읽어도 좋습니다. 부록에는 대한민국 헌정사와 헌법 개정 방향에 대한 최근 국회의 논의 현황, 그리고 헌법 조문이 실려 있습니다.

제1부에서는 헌법의 역사적, 사상적 배경과 우리 헌법의 전문, 총강에 담긴 의미, 그리고 경제 조항을 다루고 있습니다. 경제 조항은 헌법 조문의 뒷부분에 있어서 그 중요성에 비해 소홀히 다루기 쉽기 때문에 독자들의 관심도를 높이기 위해 앞부분에 배치했습니다.

제2부 기본권은 국민의 자유와 권리에 관한 내용이 담겨 있습니다. 기본권을 공부할 때는 먼저 기본권 전체에 대한 얼개를 이해하는 것이 중요합니다. 본문 중에 그림으로 우리 헌법상의 기본권 체계를 설명하고 있는 부분을 참고하시기 바랍니다. 기본권을 공부할 때는 기본권이 개인의 권리인 동시에 국가의 객관적 질서라는 점을 명심해야 합니다.

따라서 국가는 개인의 기본권을 함부로 침해해서는 안 될 뿐만 아니라 개인의 기본권 보호를 위해서 노력해야 할 의무도 있습니다. 아울러 기본권 주체는 국민이지 국가기관이 아니라는 점을 기억할 필요가 있습니다. 국가기관은 기본권의 주체가 아니라 수범자라는 것이 헌법재판소의 확고한 입장입니다.

　제3부 통치구조는 입법, 행정, 사법과 헌법재판, 선거관리에 대한 내용을 다루고 있습니다. 통치구조 학습에서 가장 중요한 것은 국가와 통치구조의 존재 이유가 국민의 기본권 보장이라는 점입니다. 이 점을 제대로 이해하지 못하면 헌법의 원취지와 달리 국가를 개인보다 우선시하는 국가주의적 헌법 해석으로 치달을 수 있습니다. 아울러 국가 운영의 기본 원칙인 법치주의도 국가에 대한 국민의 명령이지 국가가 국민에게 명령하는 것이 아님을 분명히 해야 합니다. 통치구조와 관련한 부분은 특히 현실 정치와 밀접한 관계에 있습니다. 따라서 대통령, 국회, 정당의 동향에 늘 관심을 가질 때 통치구조에 대한 현실적 이해가 가능합니다.

# 헌법을 알아야 나라의 주인 노릇을 할 수 있다.

헌법 전문은 "유구한 역사와 전통에 빛나는 우리 대한국민은…
1948년 7월 12일에 제정되고 8차에 걸쳐 개정된 헌법을 이제 국회의
의결을 거쳐 국민투표에 의하여 개정한다."고 하여, 헌법 제정과 개
정의 주체가 국민임을 분명히 하고 있습니다. 또 헌법 제1조 2항은
"대한민국의 주권은 국민에게 있다."고 선언합니다. 따라서 대한민국
의 주인인 국민이라면 누구나 헌법을 읽고 이해할 수 있어야 합니다.

고대 로마에서는 학생들이 로마의 성문법인 〈12표법〉을 통째로 암
기를 했다고 합니다. 〈12표법〉은 오늘날의 헌법과는 성질이 조금 다
르지만 시민의 권리를 보장하는 중요한 법전이었습니다. 유태인은 어
린 시절부터 유태 민족의 전통적인 법규범이 담긴 《토라(구약성경)》
와 《탈무드》를 읽으며 민족의 역사와 전통, 그 속에 담긴 지혜를 배
웁니다. 미국이나 유럽에서는 초등학생과 중·고등학생에게 헌법을
자세하게 가르칩니다. 미국은 오래 전부터 일선학교는 물론 '위더피
플We the People'과 같은 민간단체를 통해서 청소년과 시민을 대상으
로 헌법 교육을 실시해오고 있습니다.

최근에는 중국도 "헌법으로 나라를 다스린다依憲治國."는 국정 목표를 세우고 헌법 교육을 대학입시에 반영하는 등 헌법에 대한 대대적인 홍보와 교육을 시작했습니다.

헌법을 공부하면 시민으로서 살아가는 데 큰 힘이 됩니다. 헌법을 통해서 나에게 어떤 권리가 있는지, 국가가 어떤 원리에 의해서 운영되는지를 알 수 있습니다. 또 헌법을 통해서 내 나라의 역사를 공부하게 됩니다.

헌법은 다른 법규범과 달리 정치와 밀접한 관계가 있습니다. 또 헌법의 많은 부분들은 정치를 통해서 실생활에 구현될 수 있습니다. 그렇기 때문에 헌법을 공부하면 시민으로서 필요한 기초적인 덕목, 예를 들면 정치에 대한 관심과 참여 의식을 갖추게 됩니다. 또 글을 쓰는 능력, 독해하는 능력, 토론하고 말하는 능력, 그리고 논리적인 사고 능력이 개발됩니다. 그래서 선진국일수록 어린 학생 때부터 헌법 교육에 많은 시간을 쏟는 것입니다.

우리나라 옛 속담에 "알아야 면장을 한다."는 말이 있습니다. 우리 각자가 우리나라의 주인 노릇을 하려면 우리의 권리가 담겨 있는 헌법을 잘 알아 둬야 할 것입니다. 헌법은 법조인이나 학자들에게만 필요한 것이 아닙니다. 헌법은 모든 국민의 인격과 상식의 일부가 되어야 합니다.

법 공부는 법조문을 읽는 것에서 시작합니다. 헌법 선진국의 학생들은 헌법 조문을 여러 번 반복해서 소리 내어 읽는다고 합니다. 법을 공부하는 것은 외국어를 배우는 것과 같아서 눈과 귀, 그리고 입에 익어야 합니다. 그리고 여러 번 반복해서 거의 외우다시피 해야 합니다. 그렇게 해야 일상생활 속에서 자연스럽게 헌법을 떠올리고 인용할 수 있기 때문입니다.

그런데 헌법 조문만 읽어서는 그 속에 담겨 있는 깊은 의미를 다 알 수가 없습니다. 어느 헌법 조문이 어떤 이유로 만들어졌는지, 현실 생활에서 어떻게 적용이 되는지를 알아야 제대로 헌법을 이해했다고 할 수 있습니다. 이를 위해서는 헌법을 해설한 책을 읽어야 합니다. 그리고 사회에서 일어나는 여러 가지 현상을 헌법의 시각에서 바라보고 친구들과 함께 토론하는 훈련을 해야 합니다.

시민 헌법 교육은 법률 전문가를 길러내는 대학의 법학 교육과 달리 일반인과 초·중·고등학교 학생들이 민주시민으로서 갖추어야 할 헌법적 소양을 기르는 교육입니다. 헌법 교육은 인권 의식과 책임감, 인간의 존엄과 가치, 자유와 평등, 정의와 평화, 헌법 수호 의지와 민주주의에 대한 확신을 가진 주권자를 기르는 교육입니다.

유아 시절 조기교육에서 출발하여 성인이 된 이후까지 단계별로 특화된 반복 학습을 통해, 개인의 자율성과 사회 구성원으로서 상호작용을 할 수 있는 건강한 시민으로 양성하는 것이 헌법 교육의 진정한 목표입니다.

제1부

# 헌법의 기초 지식

# 헌법이란

헌법은 국민의 기본 권리와 국가의 조직 원리를 규정한 최고 법규범이다.

국가에는 많은 법규범이 있습니다. 법규범은 국민의 권리를 지키고 국가를 운영하기 위해서 국가의 구성원들이 합의한 약속입니다. 법규범 가운데 최상위에 있는 것이 바로 헌법입니다. 즉 헌법은 국가의 '최고 법규범'입니다. 헌법이 최고 법규범인 이유는 주권자인 국민이 국민투표를 통해서 직접 제정에 참여했기 때문입니다.

헌법은 최고 법규범이므로 그 아래에 있는 다른 모든 법규범, 즉 국회가 만든 법률, 정부가 만든 시행령(=대통령령)과 시행규칙(=총리령, 부령) 등은 헌법에 위배되어서는 안 됩니다. 예를 들면 헌법에서 직업 선택의 자유를 보장하고 있는데, 국회가 어떤 법률을 만들어서 국가가 개인의 직업을 결정하도록 규정한다면 이것은 위헌법률이 됩니다.

어떤 법규범이 헌법재판 절차를 통해서 위헌이라는 결정이 내려지면 그 법규범은 더 이상 효력이 없습니다. 그러므로 법률이나 시행령을 만들 때에는 항상 헌법에 위반되는 내용이 없는지 확인해야 합니다. 이것을 두고 '하위 법은 상위 법에 위배되어서는 안 된다.'고 말합니다. 즉, 헌법의 하위 법인 법률은 헌법에 위배되면 안 됩니다. 또 법률의 하위 법인 시행령은 헌법과 법률에 저촉되면 안 됩니다. 이것

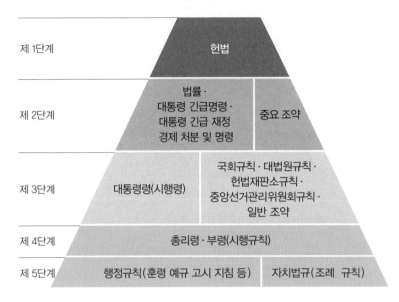

법규범의 위계질서

| 제 1단계 | 헌법 | |
| --- | --- | --- |
| 제 2단계 | 법률 · 대통령 긴급명령 · 대통령 긴급 재정 경제 처분 및 명령 | 중요 조약 |
| 제 3단계 | 대통령령(시행령) | 국회규칙 · 대법원규칙 · 헌법재판소규칙 · 중앙선거관리위원회규칙 · 일반 조약 |
| 제 4단계 | 총리령 · 부령(시행규칙) | |
| 제 5단계 | 행정규칙(훈령 예규 고시 지침 등) | 자치법규(조례 규칙) |

을 그림으로 표시하면 위와 같습니다.

헌법은 법체계의 정점에 위치함으로써 그 아래에 있는 모든 법규범들의 존립 및 정당성의 근거가 됩니다. 즉, 헌법은 국가의 모든 법규범의 모체가 되며, 법규범이 헌법에 위배되는 경우에는 헌법재판소의 '위헌법률 심판'의 대상이 됩니다. 그런데 이러한 헌법의 최고 법규범으로서의 효력은 법체계 속에서만 존재하는 것은 아닙니다. 국가의 모든 행위 역시 헌법에 위배되지 않아야 합니다. 국가의 행위가 헌법에 위배되면 '헌법소원'의 대상이 됩니다. 즉, 공권력의 행사 또는 불행사가 헌법에 위배되어 기본권을 침해당한 국민은 헌법재판소에 헌법소원 심판을 청구하여 구제받을 수 있습니다.

• 법 : 국가의 강제력을 수반하는 사회규범으로 헌법은 물론 법률, 시행령, 시행규칙, 지방자치단체의 자치법규(조례, 규칙)도 모두 법입니다. 법의 규범적 효력을 강조하여 법규범이라고 부르기도 합니다. 사회의 오랜 관습을 통해서 법적 확신을 가지게 된 관습법이나 국가 간의 약속인 조약, '약속은 지켜져야 한다.'는 것과 같은 법의 일반 원칙도 법의 일부를 이룹니다. 법 가운데 특히 국가기관에 의하여 성문화된 것을 법령이라고 합니다.

• 법률 : 국회가 만든 법규범을 법률이라고 부릅니다. 법률 가운데는 〈형법〉, 〈민법〉, 〈주택임대차보호법〉과 같이 끝에 '법'자가 들어가는 것이 있는데, 이 경우에는 위에서 살펴본 넓은 의미의 법이 아니라 법률의 의미로 사용된 것입니다.

• 대통령령(=시행령) : 헌법 제75조는 "대통령은 법률에서 구체적으로 범위를 정하여 위임받은 사항과 법률을 집행하기 위하여 필요한 사항에 관하여 대통령령을 발할 수 있다."고 하여 대통령령의 근거 규정을 두고 있습니다. '법률에서 구체적으로 범위를 정하여 위임받은 사항'에 관한 것을 위임명령이라고 하고, '법률을 집행하기 위하여 필요한 사항'에 관한 것을 집행명령이라고 합니다.

• 총리령·부령(=시행규칙) : 헌법 제95조는 "국무총리 또는 행정각부의 장은 소관 사무에 관하여 법률이나 대통령령의 위임 또는 직권으로 총리령 또는 부령을 발할 수 있다."고 하여 총리령·부령에 대한 근거 규정을 두고 있습니다.

## : 악법도 법이니까 반드시 지켜야 하는 것일까요?

고대 그리스의 철학자 소크라테스Socrates, B.C. 470경~B.C. 399는 신에 대한 불경과 청년들을 타락시켰다는 억울한 누명을 쓰고 재판에서 사형선고를 받았습니다. 친구들이 도망을 권했지만, 소크라테스는 "악법도 법이다."라고 말하면서 독배를 마셨다고 전해지고 있습니다. 과연 악법도 법이라는 말은 옳은 것일까요?

소크라테스가 "악법도 법이다."라고 말한 것은 사실이 아닙니다. 과거 군국주의 일본의 법학자들이 사람들을 억압하기 위해서 만들어낸 허구라고 합니다. 우리나라 헌법재판소도, 소크라테스가 "악법도 법이다."라고 말했다는 내용을 교과서에 싣고 학생 준법 교육에 활용하는 것은 잘못이라며 교육부에 시정을 요구했습니다. 준법이란 정당한 법, 정당한 법 집행을 전제로 하기 때문입니다. 악법도 법이라고 해서 지켜야 한다면 악법은 고쳐지지 않을 것입니다. 그리고 악법을 고치려는 노력마저도 법 위반이 되어 처벌 대상이 될 것입니다.

오늘날 어떤 법이 악법인지 여부를 판단하는 기준은 헌법입니다. 헌법재판소는 헌법을 위배한 악법에 대해서 위헌판결을 내림으로써 악법의 효력을 상실시킵니다. 따라서 악법도 법이라고 해서 무조건 따라야 한다는 말은 옳지 않습니다.

# 헌법의 탄생

## 헌법은 근대 입헌주의의 산물이다

오늘날 세계 각국이 채택하고 있는 헌법은 18세기~19세기 서구 시민혁명을 전후하여 등장한 '입헌주의'의 산물입니다. 입헌주의는 개인의 권리를 보호하기 위하여 국가의 조직 및 운영을 비롯한 정치의 기본 원칙을 헌법에 정해 놓아야 한다는 원칙을 말합니다. 입헌주의는 계몽주의, 자연법사상, 천부인권사상, 사회계약설의 영향을 받아 개인의 권리 보호를 강조합니다. 입헌주의에 기초하여 만들어진 근대 헌법을 '근대 입헌주의 헌법'이라고 부릅니다.

입헌주의 사상은 〈미국독립선언〉(1776)과 〈1789 인간과 시민의 권리선언〉(1789, 약칭 〈프랑스인권선언〉)에 잘 나타나 있습니다.

〈미국독립선언〉은 "모든 사람은 평등하게 태어났고, 창조주는 사람에게 몇 가지 양도할 수 없는 권리를 부여했다. 그 권리 가운데는 생명권과 자유권, 행복을 추구할 권리가 있다. 이 권리를 확보하기 위하여 인류는 정부를 조직했으며, 정부의 정당한 권력은 국민의 동의로부터 유래한다. 정부가 이러한 목적을 위배하는 경우에 국민은 언제든지 정부를 개혁하거나 폐지하여 국민의 안전과 행복을 가장 효과적으로 달성할 수 있는 새로운 정부를 조직할 권리가 있다."고 하여 평등권, 생명권, 자유권, 행복추구권, 저항권을 명시하고, 정부의 존재 이유가 국민의 권리 보호에 있다는 것을 밝혔습니다.

프랑스혁명기에 제3 신분(평민과 부르주아 계급)으로 구성된 제헌국민의회가 반포한 〈프랑스인권선언〉 제16조는 "권리의 보장이 확보되지 않고, 권력분립이 되어 있지 아니한 모든 사회는 헌법을 가졌다고 할 수 없다."고 하여 입헌주의 헌법의 의미를 압축적이고 간결하게 정리하고 있습니다. 〈프랑스인권선언〉은 국민주권, 법치주의, 자유권, 평등권, 저항권, 결사의 자유, 종교의 자유, 공무담임권, 죄형법정주의, 무죄추정의 원칙, 언론·출판의 자유, 재산권을 보장하였는데, 이는 오늘날 세계 모든 나라의 헌법에 절대적 영향을 미쳤습니다. 〈프랑스인권선언〉은 현행 프랑스 헌법의 일부로서 지금도 효력을 발휘하고 있습니다.

근대 입헌주의 헌법은 개인의 자유 보장에 치중하여 국가의 역할을 최소한의 치안 유지에 제한하고 있었습니다. 시민혁명에 이어 산업혁명이 일어나면서 자본주의가 본격적으로 발전하기 시작했습니

근대 입헌주의 헌법의 사상적 기초

계몽주의     자연법사상

근대 입헌주의 헌법

천부인권론     사회계약설

다. 과거에는 없었던 거대한 기업이 등장하고, 공장 노동에 종사하는 인구가 늘어나면서 빈부 격차가 점점 벌어졌습니다. 개인의 자유 보호와 국가권력의 제한에만 치중한 근대 입헌주의 헌법으로는 자본주의에서 파생되는 여러 문제들을 해결하기 어렵게 되었습니다.

이에 대한 대안으로 19세기 후반에서 20세기 초에 걸쳐서 '사회국가'라는 개념이 등장했습니다. 국가가 사회적 부조리 앞에서 팔짱만 끼고 있을 것이 아니라, 직접 나서서 불평등과 불공정을 바로잡고 어려운 처지에 놓인 국민의 삶을 돌봐주는 나라가 사회국가입니다. 사회국가는 모든 국민의 인간다운 삶을 보장하고 장애인, 노약자와 같이 독립적인 생계가 곤란하거나 국가의 도움이 필요한 사람들에게는 특별한 보호를 합니다.

1919년 독일의 〈바이마르헌법〉은 처음으로 '사회국가 원리'를 도입한 헌법입니다. 우리나라도 제헌헌법 시절부터 현행 헌법에 이르기까지 사회국가 원리를 채택해 왔습니다. 제2차 세계대전 이후 사회국가 헌법은 세계 각국 헌법의 보편적인 경향이 되었습니다.

근대 입헌주의 헌법에서는 개인의 소유권은 신성불가침한 것으로 보았습니다. 그러나 사회국가 헌법에서는 재산권에 대하여 공공복리를 위한 제약을 할 수 있게 했습니다. 또 사회국가 헌법은 근대 입헌주의 헌법에는 없는 사회적 기본권이라는 것을 규정하기 시작했습니다. 사회적 기본권이란 인간다운 생활을 할 권리를 말합니다. 이를 위해서 사회보장제도의 도입, 사회적 약자에 대한 배려, 교육을 받을 권리의 보장, 노동권의 보호, 환경권 등을 헌법에 규정하고 있습니다.

사회국가의 실현을 위해서는 개인의 자유에 대한 어느 정도의 국가 개입이 불가피합니다. 예를 들면 가난한 사람들을 도우려면 부자들로부터 세금을 더 걷어야 합니다. 하지만 사회국가 원리는 개인의 자유를 강조하는 근대 입헌주의 헌법 정신을 부정하는 것이 아니라, 오히려 모든 사람의 자유권을 실질적으로 보장하기 위한 것입니다.


: 헌법에 사회국가 원리를 도입했음에도 빈부 격차가 줄어들지 않는
　이유는 무엇일까요?


사회국가 원리를 헌법에 도입했음에도 불구하고 빈부 격차는 줄어들지 않고 사람들은 여전히 힘든 것 같습니다. 2016년 우리나라의 자살률은 인구 10만 명 가운데 28.7명으로 OECD 국가 가운데 최고를 기록하고 있으며, 빈부 격차도 날로 심해지고 있습니다. 일자리를 구하기가 어려워 결혼도 못하는 청년들이 늘어나고 있습니다. 그렇다면 과연 헌법이 무슨 소용이 있을까요?

헌법은 '데스노트'처럼 즉시 효력을 발휘하는 마법의 공책이 아닙니다. 아무리 헌법에 좋은 내용이 적혀 있어도 그것을 지키고 실천하려는 노력이 뒤따르지 않는다면 단지 종이쪽지에 불과합니다. 그래서 정치가 중요합니다. 헌법에 쓰여 있는 권리와 국가 목표는 정치를

통해서 실현되기 때문입니다. 현행 헌법에는 인간다운 삶을 보장하기 위한 여러 가지 조항들이 있지만 이것을 실현하는 것은 궁극적으로 국민의 몫입니다. 정치인들이 국회에서 또는 정부에서 헌법을 지키도록 감시하고, 다양한 의견을 제시하고, 그래도 말을 듣지 않으면 선거에서 심판해야 비로소 헌법이 빛을 발할 수 있습니다.

# 헌법 전문
헌법 전문은 헌법의 일부다

'헌법 전문前文'은 헌법이 지향하는 핵심 가치와 목표를 담고 있습니다. 그래서 헌법 전문은 헌법을 해석할 때 중요한 기준이 됩니다. 헌법 전문도 헌법의 일부를 이루기 때문에 규범으로서 효력을 가집니다. 따라서 헌법 전문은 본문의 개별 조항들과 함께 위헌성을 판단하는 근거가 됩니다.

만약 국회에서, 가난한 집 자녀와 부잣집 자녀가 같은 학교에서 공부하면 위화감이 조성되어 서로 피해를 줄 수 있으므로, 부모의 소득 수준에 따라서 입학할 수 있는 학교에 차등을 두는 법률을 만들었다고 가정합시다. 이 법률의 위헌성을 판단할 때 헌법 전문의 내용을 적용할 수 있을까요?

위의 사례에서는 우선 헌법상 '평등의 원칙'(제11조)과 '능력에 따라 균등한 교육을 받을 권리'(제31조 1항)에 위배되어 위헌이라고 할 수 있습니다. 또 한편으로는 헌법 전문의 '정치, 경제, 사회, 문화의 모든 영역에 있어서 각인의 기회를 균등히 하고, 능력을 최고도로 발휘하게' 한다는 구절에도 어긋나기 때문에 더욱 확실하게 위헌이라는 판단을 내릴 수 있게 되는 것입니다.

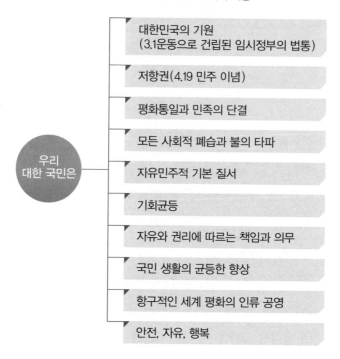

헌법 전문에 담겨 있는 10가지 내용

우리 대한 국민은
- 대한민국의 기원 (3.1운동으로 건립된 임시정부의 법통)
- 저항권(4.19 민주 이념)
- 평화통일과 민족의 단결
- 모든 사회적 폐습과 불의 타파
- 자유민주적 기본 질서
- 기회균등
- 자유와 권리에 따르는 책임과 의무
- 국민 생활의 균등한 향상
- 항구적인 세계 평화의 인류 공영
- 안전, 자유, 행복

　　현행 헌법 전문의 내용은 1948년 제헌헌법 당시와 크게 달라지지 않았습니다. 제헌헌법(1948)에는 "기미 삼일운동으로 대한민국을 건립하여 세계에 선포한 위대한 독립정신을 계승하여 이제 민주 독립국가를 재건함"이라고 되어 있는 구절이, 1987년에 개정한 현행헌법에는 "3.1 운동으로 건립된 대한민국임시정부의 법통을 계승"한다는 구절로 되어 있습니다. 이로써 우리 대한민국은 1919년 4월13일 중국 상하이에서 설립된 대한민국임시정부의 맥을 잇고 있음을 확인할 수 있습니다.

**:** 헌법 전문과 헌법 본문의 내용이 구체적인 사례에서 중복될 경우가 있는데 그 이유는 무엇인가요?

앞에서 우리가 가상의 사례로 살펴본 '소득에 따른 입학 차별'도 이러한 경우입니다. 한편 '평화통일'에 대해서도 전문에서는 "조국의 민주개혁과 평화적 통일의 사명에 입각하여 정의·인도와 동포애로써 민족의 단결을 공고히 하고"라고 규정하는 한편 본문 중에도 "대한민국은 통일을 지향하며, 자유민주적 기본 질서에 입각한 평화적 통일 정책을 수립하고 이를 추진한다."(제4조)는 조항이 있습니다.

이러한 경우에는 전문과 본문의 내용을 함께 종합적으로 고려해서 구체적인 사건에 적용함으로써 헌법의 규범적 힘을 더욱 강하게 발휘할 수 있습니다. 이밖에도 헌법 전문과 본문이 겹치는 부분으로는 자유민주적 기본 질서, 평화, 자유와 권리에 따르는 책임과 의무, 기회균등, 국민 생활의 균등한 향상 등이 있습니다.

헌법전을 펼쳐 놓고 전문과 본문이 겹치는 부분을 각자 찾아봅시다. 이처럼 전문과 본문의 내용이 겹치는 부분은 그것이 우리 헌법의 핵심 가치라는 것을 의미한다고 해석할 수 있습니다.

# 대한민국헌법

[현행, 헌법 제10호, 1987.10.29 전부 개정]

## 전문

유구한 역사와 전통에 빛나는 우리 대한국민은 3·1 운동으로 건립된 대한민국임시정부의 법통과 불의에 항거한 4·19 민주이념을 계승하고, 조국의 민주개혁과 평화적 통일의 사명에 입각하여 정의·인도와 동포애로써 민족의 단결을 공고히 하고, 모든 사회적 폐습과 불의를 타파하며, 자율과 조화를 바탕으로 자유민주적 기본 질서를 더욱 확고히 하여 정치·경제·사회·문화의 모든 영역에 있어서 각인의 기회를 균등히 하고, 능력을 최고도로 발휘하게 하며, 자유와 권리에 따르는 책임과 의무를 완수하게 하여, 안으로는 국민 생활의 균등한 향상을 기하고 밖으로는 항구적인 세계 평화와 인류 공영에 이바지함으로써 우리들과 우리들의 자손의 안전과 자유와 행복을 영원히 확보할 것을 다짐하면서, 1948년 7월 12일에 제정되고 8차에 걸쳐 개정된 헌법을 이제 국회의 의결을 거쳐 국민투표에 의하여 개정한다.

# 민주공화국과 국민주권
대한민국의 정체성을 밝히다

우리 헌법의 본문은 "대한민국은 민주공화국이다."(제1조 1항), "대한민국의 주권은 국민에게 있고 모든 권력은 국민으로부터 나온다."(제1조 2항)는 구절로 시작합니다. 그만큼 중요한 조항이라고 할 수 있습니다. 즉, 이 조항은 대한민국이 '국민의, 국민을 위한, 국민에 의한 나라'라는 국가의 정체성을 밝힌 조항입니다.

만약 어떤 정당이 "민주주의와 선거제도는 비효율적이고 혼란만 가져오므로 대한민국 헌법을 폐지하고 탁월한 영도자에게 모든 권력을 집중시켜서 독재를 실시하겠다."고 주장한다면, 그 정당은 위헌정당이 되어 헌법재판소의 심판으로 해산될 것입니다. 우리 헌법은 "정당의 목적이나 활동이 민주적 기본 질서에 위배될 때에는 정부는 헌법재판소에 그 해산을 제소할 수 있고, 정당은 헌법재판소의 심판에 의하여 해산된다."(제8조 4항)고 규정하고 있습니다.

민주공화국은 민주주의를 지향하며 독재자를 용납하지 않는 나라를 뜻합니다. 민주공화국은 누구도 국가 권력을 사적인 소유물로 누릴 수 없으며, 누구도 강압적 지배를 받지 않는 나라입니다.

공화국의 어원은 '공공의 것', '공공의 사물'이라는 뜻의 라틴어 레스 푸블리카res publica이며 여기에서 리퍼블릭republic, 즉 공화국이 나왔습니다. 공화국은 특정인, 특정 세력, 특정 가문, 특정 정당의 것이 아닌 모든 국민의 공동 소유에 속하는 국가를 말합니다. 조선 선조 때 선비 정여립이 "천하는 공물이다天下公物."라고 했는데, 이는 레스 푸블리카와 그 뜻이 일치합니다.

오늘날 지구상에는 수많은 공화국이 존재하고 있지만 상당수의 공화국은 이름만 공화국일 뿐 실제로는 독재자나 거대 기업에 의해 정치가 좌우되고 있는 것이 현실입니다. 진정한 의미의 공화국은 모든 국민이 평등한 관계에서 높은 시민 의식을 바탕으로 모두가 함께 잘 사는 사회를 추구하는 나라를 뜻합니다.


민주공화국이 국가의 정치 질서를 표현한 것이라면 국민주권은 국가를 존재하게 하는 힘의 원천, 즉 주권의 소재를 밝힌 것입니다. 주권은 국가를 만들고 헌법을 제정하고 국가의 최종적인 의사 결정을 내리는 힘입니다.

국민의 주권 행사를 위해서 헌법은 선거제도와 국민투표제도를 규정하고 있습니다. 그러나 선거권과 국민투표권이 주권의 전부는 아닙니다. 주권은 선거권과 국민투표권을 비롯한 국민이 누리는 모든 기본권의 원천이며 나아가 입법, 행정, 사법 권력구조에 대한 정당성의 근거입니다. 주권은 이 모든 것을 합친 것보다 더 크고 근원적인 국민의 힘입니다. 이러한 주권의 성질을 일컬어서 "주권은 누구에게도 양도할 수 없고(불가양성), 누구도 침해할 수 없으며(불가침성), 쪼

개어질 수도 없다(불가분성)."고 말하기도 합니다. 또 주권은 헌법을 제정할 수 있는 힘이기 때문에 헌법 제정 권력이라고도 하고, 헌법을 고칠 수도 있는 힘이므로 헌법 개정 권력이라고도 합니다. 따라서 다음과 같은 등식이 성립합니다.

주권 = 헌법 제정 권력 = 헌법 개정 권력
주권자 = 헌법 제정 권력자 = 헌법 개정 권력자

헌법 제정에는 어떠한 법적인 제한도 없습니다. 이 점에서 기존 헌법의 근본 테두리 내에서 이루어져야 하는 헌법 개정과 구별됩니다. 그러나 헌법 제정 권력도 인권이라는 인류 사회의 보편적 원칙을 무시할 수는 없을 것입니다. 주권자인 국민이 스스로 자신의 권리를 포기하는 헌법을 제정한다는 것은 모순이기 때문입니다.

그렇다면 헌법 제1조 2항 뒷부분의 "모든 권력은 국민으로부터 나온다."는 구절에서 모든 권력은 주권과 어떤 관계에 있을까요? 여기서 말하는 모든 권력은 주권에서 파생되는 권력으로 국가기관이 구체적인 경우에 헌법과 법률에 근거하여 행사하는 힘을 말합니다.

〈독일기본법〉은 이 부분을 다음과 같이 규정하고 있습니다.

"모든 국가권력은 국민으로부터 나온다. 국가권력은 국민에 의하여 선거와 투표로, 그리고 입법, 행정 및 사법의 특별 기관을 통하여 행사된다."(독일기본법 제20조 2항)

여기에서 밑줄 친 부분은 우리 헌법에는 없는 구절입니다. 그러나
이러한 〈독일기본법〉의 규정은 우리 헌법 제2조 1항을 해석하는 데
많은 참고가 될 수 있습니다. 즉, 권력은 직접적으로는 국민의 참정
권에 의한 선거와 투표 등 정치 참여에 의해서, 그리고 간접적으로는
입법, 행정, 사법을 담당한 기관들에 의해서 행사됩니다.

　지금까지 설명한 국민주권, 민주공화국, 국가권력은 모두 궁극적
으로 개인의 헌법상 권리, 즉 기본권을 보장하기 위한 것입니다. 이
들의 관계를 그림으로 표시하면 다음과 같습니다.

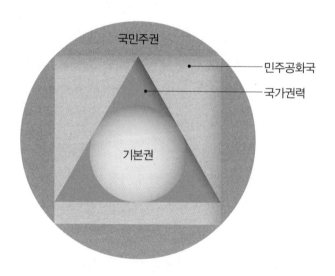

: 입헌군주국으로 왕이 존재하는 영국이나 일본의 주권은 누구에 있
    나요?


　영국이나 일본은 민주주의 국가이면서도 역사적 이유로 왕이 여
전히 존재하고 있습니다. 왕이 존재하기 때문에 이들 국가는 공화국
이 아니라 입헌군주국입니다. 하지만 이들 국가에도 주권은 국민에
게 있습니다.

　영국은 불문헌법 국가입니다. 불문헌법 국가란 단일 헌법전이 존
재하지 않고 헌법에 해당하는 역사적 문서(〈마그나카르타〉, 〈권리청
원〉, 〈권리장전〉 등)와 헌법 사항을 규정한 개별 법률들이 존재하고
있는 나라를 의미합니다. 영국은 전통적으로 의회주권의 관념이 강
했지만 오늘날 영국의 주권은 국민에게 있습니다.

　일본은 우리와 같은 성문헌법 국가입니다. 성문헌법 국가란 단일
의 헌법전이 존재하는 나라를 말합니다. 〈일본헌법〉 제1조는 "천황
은 일본국의 상징이며 일본국민 통합의 상징으로서, 그 지위는 주권
을 가지고 있는 일본국민의 총의에 기초한다."고 하여 국왕의 존재에
도 불구하고 주권은 국민에 있다는 사실을 분명히 하고 있습니다.

# 법치주의

국가의 모든 작용은 법에 근거해야 한다.

법치주의는 국가기관에 의한 권력의 행사는 법에 근거해야 한다는 원칙입니다. 즉, 법치주의를 한 마디로 정의하면 국가기관의 권력 행사를 제한하기 위한 것이라고 할 수 있습니다. 법치주의의 궁극적인 목적은 국민의 권리 보장입니다.

프랑스의 루이14세Louis XIV 1638~1715는 "짐이 곧 국가다."라고 말했습니다. 절대 권력을 가진 왕은 왕국의 주권자였고 왕의 말이 곧 법이었던 것입니다. 이를 두고 인치人治, 즉 '사람에 의한 정치'라고 합니다. 사람에 의한 정치, 이른바 인물 중심 정치는 권력의 인격화를 가져옵니다. 권력의 인격화는 권력자 본인은 물론이고 그와 가까운 사람들에게 국가 전체의 자원 배분 권한을 집중시키게 되고, 이는 부패와 부조리, 나아가 인권 탄압을 초래하게 됩니다.

이러한 인치 시스템은 서양의 근대 시민혁명과 입헌주의 사상의 등장으로 국민의 대표자들이 만든 법에 의해서 나라가 다스려져야 한다는 법치주의로 바뀌기 시작했습니다. 법치주의는 권력의 인격화를 부정합니다. 아직도 지구상에는 인치에 의해서 운영되는 나라들이 많습니다. 그러나 인치에서 법치로 바뀌는 것은 역사의 필연입니다. 한 사람에 의존하는 인치보다 모든 국민의 의사에 의거한 법치가 더 합리적이고 과학적인 국가 운영 원리이기 때문입니다.

법치주의의 사상적 기초는 순자荀子 B.C. 298경~B.C. 238경, 한비韓非 B.C. 280경~B.C. 233 등 동양의 사상가나 고대 그리스의 철학자 플라톤 Platon B.C. 427~B.C. 347까지 거슬러 올라갑니다.

플라톤은 그의 저서 《법률Nomoi》에서 "법이 정부의 주인이고 정부가 법의 노예라면 그 상황은 전도유망하고, 인간은 신이 국가에 퍼붓는 축복을 만끽할 것이다."라고 하여 법치주의의 필요성을 강조했습니다.

춘추전국시대에 법가사상을 집대성한 한비는 그의 저서 《한비자韓非子》에서 "늘 강성하거나 늘 약한 나라는 없다. 법을 지키는 자의 힘이 강하면 국가도 강해지고, 법을 지키는 자의 힘이 약하면 국가도 약해진다國無常强, 無常弱。奉法者强則國强, 奉法者弱則國弱."고 했습니다. 그의 말대로 법가사상을 채택한 진왕 정秦王政, 즉 진시황은 중국을 최초로 통일하고 황제가 되었습니다.

근대적 의미의 법치주의는 영국의 '법의 지배 rule of law' 원칙에서 비롯되었습니다. 1215년 영국에서 작성된 〈마그나카르타Magna Charta 대헌장〉는 "어떠한 자유인도 국법과 판결에 의하지 아니하고는 체포 또는 구금되거나 재산을 박탈당하거나 추방되지 않는다."고 규정하여 인권 보장과 법의 지배를 처음으로 규정하였습니다. 이후 '법의 지배' 원칙은 주로 영미권을 중심으로 입법, 사법, 행정 전반을 구속하는 국가 운영 원리로 발전하였습니다. 오늘날 세계 각국의 헌법재판제도에 의해서 보편화된 위헌법률심판제도도 원래 '법의 지배'의 산물입니다.

한편 독일을 중심으로 한 유럽 대륙에서는 '법치국가 원리'가 등장하였습니다. 법치국가 원리는 당초 국가 행정권이 형식적인 법률에 근거해서 이루어지기만 하면 된다는 이른바 '형식적 법치국가 원리'를 의미했습니다. 그러나 형식적 법치국가 원리는 법의 내용이 정의롭지 않은 경우에 이를 제재할 수 있는 길이 없었습니다. 독일 나찌가 대표적인 사례입니다. 히틀러의 나찌 치하에서 이루어진 만행들은 형식적으로는 법률에 의하여 합법적으로 이루어졌습니다.

1933년 독일제국의 총리에 임명된 히틀러는 〈국민 및 국가의 위기 극복에 관한 법률〉(약칭 〈수권법〉 또는 〈전권위임법〉)을 추진하여 국회에서 재적의원 647명 가운데 찬성 444명, 반대 94명으로 통과시켰습니다. 이 법률의 주요 내용은 국회가 가진 입법권을 히틀러가 이끄는 내각으로 넘기고, 내각이 만든 법률은 헌법과 다른 규정을 둘 수 있다는 것을 골자로 하고 있습니다. 이후 〈수권법〉에 의하여 〈창당 금지법〉, 〈제국문화부 설립법령〉, 〈편집인법〉, 〈영화법〉 등 기본권을 억압하는 많은 법률이 만들어졌습니다. 그 결과는 참혹했습니다. 세계는 전쟁의 참화에 휩싸였고, 유태인 등 수많은 사람들이 인권 탄압을 당하고 목숨을 잃었습니다.

제2차 세계대전 후 이 같은 형식적 법치국가 원리에 대한 반성으로 '실질적 법치국가 원리'가 등장했습니다. 실질적 법치국가 원리는 단순히 법률에 근거가 있는 것만으로는 충분하지 않고 법의 내용까지도 정당해야 한다는 것을 뜻합니다. 정당성의 판단 근거는 국가의 최고 법규범인 헌법입니다. 실질적 법치주의 하에서는 입법부가 법을 만들 때 헌법에 위반해서는 안 되고, 헌법에 위반되는 법률은 위헌법률 심판을 통해서 무효화될 수 있습니다. 형식적 법치국가에서 실질적 법치국가로 전환하면서 오늘날 '법치국가 원리'는 영국에서 발원한 '법의 지배 원리'와 큰 차이가 없게 되었습니다.

우리 헌법에는 법치주의라는 말을 사용하고 있지는 않습니다. 그러나 헌법에 규정된 위헌법률심판제도(제111조 1항), 권력분립(제40조, 제66조 4항, 제101조 1항), 적법절차의 원칙(제12조 1항), 기본권 규정(제10조~제37조), 기본권 제한의 법률유보 원칙(제37조 2항), 포괄위임입법 금지(제75조) 등을 통해서 실질적 법치주의를 지향하고 있습니다.

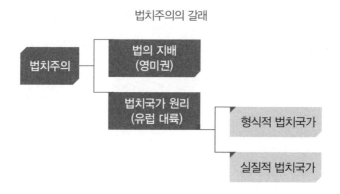

법치주의의 갈래

어떤 사람들은 법치주의를 국민들이 법질서에 잘 따르고 정부의 방침에 복종해야 한다는 의미로 사용하고 있는데 이것은 법치주의를 잘못 이해한 것입니다. 법치주의는 본질적으로 국가기관과 공무원(대통령, 국회의원 등 선출직 공무원을 포함)을 규제하여 국민의 권리를 보호하기 위한 것입니다.

: '입헌주의'와 '법치주의'는 어떤 차이가 있을까요?

입헌주의는 국가의 구성과 운영을 주권자가 제정한 헌법에 의해서 해야 한다는 원칙입니다. 반면 법치주의는 입헌주의에 의해서 조직된 모든 국가기관들의 작용이 법률에 의해서 이루어져야 한다는 원칙입니다. 입헌주의가 '주권'의 작동 원리라면 법치주의는 주권으로부터 파생되는 개별적인 '국가권력'의 작동 원리라고 할 수 있습니다. 즉 입헌주의가 주권자에게 권장되는 가이드라인이라면 법치주의는 국가기관의 구성원인 공무원에게 부과되는 의무입니다.

# 권력분립
권력분립의 목적은 기본권 보장이다

  오늘날 대부분의 국가는 '권력분립의 원칙'을 채택하고 있습니다. 구체적으로는 법을 만드는 입법권, 법을 집행하는 행정권, 그리고 구체적인 분쟁 사건에서 법을 해석하고 적용하는 사법권으로 나뉘어 있습니다. 이를 권력분립이라고 합니다. 권력분립은 국가권력을 제한함으로써 국민의 기본권을 보장하기 위한 것입니다.

  우리 헌법은 제1조 2항에서 "대한민국의 주권은 국민에게 있으며"라고 하여 주권의 소재가 국민에게 있다는 것을 명시하고, 이어서 "모든 권력은 국민으로부터 나온다."고 하여 국가기관이 행사하는 권력의 원천이 국민임을 밝히고 있습니다. 주권이 국가를 존재하게 하는 원초적인 힘이라면 국가권력은 주권으로부터 유래하는 개별 국가기관의 권한을 의미합니다.

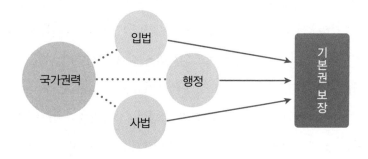

권력분립은 주권을 쪼개는 것이 아니라 주권에서 유래하는 국가권력을 기능별로 분장하는 것입니다. 앞의 그림에서 보듯이 권력분립의 목적은 기본권 보장입니다. 입법권, 행정권, 사법권을 하나의 국가기관이나 한 명의 사람에게 집중시키면 어떤 결과가 나올까요? 예를 들어 대통령이 이 세 가지 권력을 모두 가지고 있다고 가정합시다. 대통령은 자기 마음대로 법을 만들고, 자기가 만든 법에 따라서 행정을 하고, 나아가 자기가 만든 법을 자기 멋대로 해석해서 재판도 하게 될 것입니다. 대통령의 권력을 통제하거나 감시할 수 있는 장치가 아무 것도 없게 됩니다. 이처럼 권력이 한곳에 몰리면 필연적으로 부패하게 됩니다. 나라의 권력을 어느 한 개인이나 기관에 몰아주지 않고 분야별로 나누면 이런 결과를 방지할 수 있습니다. 권력분립을 통해서 국가기관 사이에 '견제와 균형'이 가능하고, 이를 통해 국민의 기본권을 보장할 수가 있습니다.

　권력분립을 처음으로 주장한 학자는 영국 시민혁명기에 활동했던 존 로크John Locke, 1632~1704입니다. 그는 입법권과 집행권을 나누는 '이권분립론'을 주장했습니다. 여기서 집행권에는 일반적인 행정권과 사법권이 함께 포함되어 있었습니다. 존 로크는 기존의 절대군주제를 부정하고, 국민의 저항권을 인정했습니다. 그가 이권분립론을 주장한 것도 왕의 권력을 제한하고 의회의 권한을 강화하기 위한 것이었습니다. 이후 프랑스의 법학자 몽테스키외Montesquieu, 1689~1755는 그의 저서 《법의 정신》에서 입법권, 행정권, 사법권을 나누는 '삼권분립론'을 주장했습니다. 몽테스키외의 삼권분립론은 미국독립혁명과 프랑스대혁명에 영향을 미쳐 이들 나라의 헌법에 반영되었습니다.

우리 헌법은 "입법권은 국회에 속한다."(제40조), "행정권은 대통령을 수반으로 하는 정부에 속한다."(제66조 3항), "사법권은 법관으로 구성된 법원에 속한다."(제101조)고 규정하여 삼권분립을 명시하고 있습니다.

### ⋮ '권력구조'란 무엇을 의미하나요?

신문기사를 보면 '권력구조'라는 말이 나옵니다. 그리고 개헌을 통해서 '권력구조'를 개편해야 한다는 주장을 하는 사람들도 있습니다. 이때 권력구조란 국가기관들, 특히 입법부와 행정부 사이에서 권력의 분배를 어떤 방식으로 하느냐에 따른 분류 방식으로, 예를 들면 '대통령중심제', '내각책임제', '이원집정부제' 등이 있습니다.

권력구조 개편이라는 것은 국가기관 사이의 권력의 분배구조를 바꾸는 것을 말합니다. 예컨대 대통령중심제에서 의원내각제로 바꾸는 경우를 권력구조 개편이라고 할 수 있습니다. 또는 대통령중심제를 그대로 유지하면서도 대통령의 권한 범위에 변경을 가져온다면 이 또한 권력구조 개편이라고 할 수 있습니다.

권력구조 가운데 대통령중심제는 엄격한 삼권분립을 특징으로 합니다. 반면 의원내각제의 경우에는 입법권과 행정권이 서로 융합되는 경향을 보입니다. 의회 다수당을 차지하는 정당의 당수가 행정권의 수반이 되고, 다수당 의원들이 행정부인 내각을 구성하기 때문입니다. 대통령제와 의원내각제의 근본적인 차이점은 행정부의 수반을 누가 선출하느냐에 있습니다. 대통령제의 경우 국민이 대통령을 선출하는 반면 의원내각제에서는 의원들이 정부 수반인 총리(수상)를 선출합니다. 권력구조에 대한 보다 자세한 내용은 권력구조 부분에서 다룹니다.

# 헌법 총강

## 〈대한민국헌법〉의 개성을 담다

　우리 헌법은 제1장 총강에서 '민주공화국과 국민주권'(제1조), '국민의 요건'(제2조), '영토 조항'(제3조), '평화통일 조항'(제4조), '국제 평화주의와 국군의 정치적 중립성'(제5조), '조약과 국제법규의 효력과 외국인의 법적 지위'(제6조), '공무원의 책임과 지위'(제7조), '정당 조항'(제8조), '문화국가 조항'(제9조)을 두고 있습니다.

　일반적으로 헌법은 국민의 권리와 국가기관의 조직 및 운영에 대한 내용으로 구성됩니다. 전자를 기본권 조항, 후자를 권력구조 조항이라고 부르기도 합니다. 그런데 이같은 보편적인 헌법 내용 이외에 우리나라가 처한 특수한 상황과 역사적 경험을 헌법에 반영한 부분이 바로 총강입니다.

### (1) 민주공화국

　"대한민국은 민주공화국이다."고 선언한 헌법 제1조 1항은 우리나라의 국가 형태와 정치의 대원칙을 밝히고 있습니다. 민주주의의 영문 표기인 데모크라시democracy는 민중demos에 의한 지배kartos를 뜻하는 그리스어 데모크라티아demokratia에서 유래합니다. 즉 민주주의는 사회를 구성하는 다수 민중의 뜻에 따라 통치하는 정치 질서를 뜻합니다. 따라서 무엇이 다수 민중의 뜻인가를 확인하기 위한 선거와 투표는 민주주의의 생명입니다.

그러나 민주주의에도 허점이 있습니다. 그것은 첫째 다수파 내지 다수를 움직일 수 있는 사회적 강자에 의한 횡포가 있을 수 있고, 둘째 이로 말미암아 소수자나 약자, 또는 다수와 다른 생각을 가진 사람들의 권리 보호에 소홀할 수 있다는 점입니다. 이러한 허점을 보완하기 위해서 필요한 것이 바로 '공화共和 republic'입니다. 공화의 어원인 라틴어 레스 푸블리카res publica는 '모두의 것', '공공의 것'이라는 의미입니다.

공화는 사회 구성원 누구도 누구를 지배하거나 누구에 의해서 지배당하지 않는 상태를 말합니다. 구성원 사이의 평등한 관계를 바탕으로 모든 개인이 시민적 덕성을 갖추고 정치에 적극 참여할 때 공화적 정치 질서가 실현될 수 있습니다. 이처럼 공화의 고유한 의미를 강조하는 입장을 공화주의라고 합니다.

공화의 의미에 대해서 종래에는 단순히 왕이 없는 정치체제를 의미하는 것으로 가르치는 경향이 있었습니다. 공화주의가 왕정을 무너뜨리는 과정에서 분출된 것은 사실입니다. 그러나 왕이 존재하지 않는 것만으로 공화가 실현되는 것은 아닙니다. 공화주의는 때로는 민주주의와 같은 의미로 쓰이기도 했습니다. 그러나 1980년대 이후 전세계적으로 민주화와 함께 사회적 불평등이 심화되면서 공화주의에 대한 조명이 새롭게 이루어지기 시작했습니다. 공화주의의 대표적 사상가로는 마키아벨리, 루소, 칸트, 몽테스키외 등이 있습니다.

지금까지 살펴본 내용을 정리하면, 우리 헌법상 '민주공화국'은 모든 국민이 국가의 주인으로서 서로 평등한 관계에서 크고 작은 정치적 의사 결정에 참여할 수 있고, 소수자와 약자, 그리고 다수 의견에 반대하는 사람의 권리 보호에도 소홀함이 없는 나라를 의미합니다. 우리 헌법은 바로 이같은 민주공화국의 목표 실현을 위해서 존재합니다.

### (2) 국민, 주권, 영토 및 평화통일 조항

독일의 법학자 옐리네크Georg Jellinek, 1851~1911는 하나의 국가가 국제사회에서 인정받기 위해서는 국민, 주권, 영토가 있어야 한다고 주장했습니다. 이를 국가의 3요소라고 부릅니다. 우리 헌법은 제1조 2항(국민주권), 제2조(국민의 요건), 제3조(영토)에서 대한민국 국가를 구성하는 3요소에 대하여 규정하고 있습니다. 아울러 분단국가의 특수성을 고려하여 제4조(평화통일)를 두고 있습니다.

### 국민

우리 헌법은 대한민국의 국민이 되는 요건을 직접 규정하지 않고 법률에 위임하고 있습니다. 이에 따라 국적의 취득과 상실, 복수국적자의 취급에 대해서는 〈국적법〉에서 상세하게 규정하고 있습니다.

〈국적법〉에 의하면 대한민국 국민이 되기 위해서는 부모 가운데 적어도 한 명이 대한민국의 국민이어야 합니다. 이것을 속인주의라고 합니다. 부모가 대한민국 국민이 아닌 경우에는 귀화 절차를 통해서 대한민국 국민이 될 수 있습니다.

한편 헌법은 국가에게 법률이 정하는 바에 의하여 재외 국민을 보호할 의무를 지우고 있습니다(제2조 2항). 이에 대해서는 〈재외국민등록법〉과 〈재외 동포의 출입국과 법적 지위에 관한 법률〉이 규율하고 있습니다.

'재외 국민'이란 외국의 일정한 지역에 계속하여 90일 이상 거주하거나 체류할 의사를 가지고 그 지역에 체류하는 대한민국 국민을 말합니다. 〈재외국민등록법〉은 재외 국민을 등록하도록 하여 재외 국민의 현황을 파악함으로써 재외 국민의 국내외 활동의 편익을 증진하고, 관련 행정 사무를 적절하게 처리하며, 그 밖에 재외국민 보호 정책의 수립에 이바지함을 목적으로 합니다.

한편 '재외 동포'는 다음 두 가지 유형이 있습니다.

첫째, 대한민국의 국민으로서 외국 영주권을 취득한 자 또는 영주할 목적으로 외국에 거주하고 있는 자.

둘째, 대한민국의 국적을 보유하였던 자(대한민국 정부 수립 전에 국외로 이주한 동포를 포함한다.) 또는 그 직계비속으로서 외국 국적을 취득한 자 중 대통령령으로 정하는 자.

재외 동포가 국내에 들어와 국내 거소 신고를 하면 부동산 거래, 금융거래, 건강보험 등에서 내국인과 동일한 보호를 받을 수 있습니다.

## 영토

영토와 관련하여 헌법 제3조는 "대한민국의 영토는 한반도와 그 부속도서로 한다."고 규정하고 있습니다. 이 조항에 의하면 한반도 전역이 대한민국의 영토이므로 북한 지방도 당연히 우리 대한민국의 영토이며 북한 주민도 대한민국 국민이 됩니다.

한편 우리 헌법은 전문에서 "평화적 통일의 사명"을 선언하고, 이어 제4조에서는 "대한민국은 통일을 지향하며, 자유민주적 기본 질서에 입각한 평화적 통일정책을 수립하고 이를 추진한다."고 규정하고 있습니다. 또한 헌법 제66조 3항은 "대통령은 조국의 평화적 통일을 위한 성실한 의무를 진다."고 하여 평화적 통일을 한번 더 강조하고 있습니다.

이처럼 영토 조항에 의하면 북한 지방은 반국가단체에 의하여 불법 점거되어 있는 상태가 되는 반면, 평화통일 조항에 의하면 북한 지방에 현실적으로 존재하는 정권도 평화통일을 위한 대화와 협력의 상대방이 될 수 있습니다. 헌법재판소도 이러한 점을 고려하여 "북한은 조국의 평화적 통일을 위한 대화와 협력의 동반자임과 동시에 대남적화노선을 고수하면서 우리 자유민주 체제의 전복을 획책하고 있는 반국가단체라는 성격도 함께 갖고 있음이 엄연한 현실"[1]이라고 밝혔습니다.

## (3) 국제 관계

헌법은 "대한민국은 국제 평화의 유지에 노력하고 침략적 전쟁을 부인한다."(제5조 1항)고 규정하여 평화 국가를 지향하고 있습니다. 이는 침략전쟁을 부인하는 것일 뿐 방위전쟁까지 부인하는 것은 아닙니다. 헌법재판소는 과거 2004년 국군의 이라크 파병이 침략전쟁에 가담한 것인지 여부에 대하여 "이라크 전쟁이 국제 규범에 어긋나는 침략전쟁인지 여부 등에 대한 판단은 대의기관인 대통령과 국회의 몫"이라면서 헌법재판소의 판단을 자제했습니다.[2] 침략전쟁의 금지는 1945년 〈국제연합헌장〉에 규정된 이후 오늘날 국제법상의 원칙으로 자리 잡았습니다.[3] 독일, 프랑스 등의 헌법은 명시적으로 침략전쟁을 부인하고 있습니다.[4]

또한 헌법은 조약과 국제법규에 대한 준수 의지를 천명하고 있습니다. 즉, "헌법에 의하여 체결·공포된 조약과 일반적으로 승인된 국제법규는 국내법과 같은 효력을" 가지며(제6조 1항), "외국인은 국제법과 조약이 정하는 바에 의하여 그 지위가 보장"됩니다(같은 조 2항).

'조약'이란 국가와 국가, 국가와 국제기구 또는 국제기구와 국제기구 간의 문서에 의한 합의를 말합니다. 우리나라가 외국과 체결한 대표적인 조약으로는 1953년 한미 양국 정부가 체결하고 1954년 양국 국회가 동의한 〈한미상호방위조약〉을 들 수 있습니다.

조약 가운데 헌법에 의하여 국회의 동의를 요하는 것은 법률과 같은 효력을, 국회의 동의를 요하지 않는 조약은 대통령령과 같은 효력을 갖습니다. '일반적으로 승인된 국제법규'는 주로 국제관습, 또는 우리나라가 가입하지 않았으나 국제적으로 준수되는 조약을 말합니다.

### (4) 국군의 정치적 중립

헌법은 군의 정치 개입을 막기 위해 "국군은 국가의 안전보장과 국토방위의 신성한 의무를 수행함을 사명으로 하며, 그 정치적 중립성은 준수된다."(제5조 2항)고 규정하고 있습니다. 이는 과거 두 차례에 걸친 군사 쿠데타와 헌정 중단을 되풀이하지 않기 위하여 현행 헌법에 특별히 두게 된 조항입니다.

### (5) 공무원의 지위

우리 헌법은 "대한민국의 주권은 국민에게 있고, 모든 권력은 국민으로부터 나온다."(제1조 2항)고 규정하고 있습니다. 이때 국민으로부터 나온 권력을 위임받아 행사하는 사람이 공무원입니다. 따라서 공무원이 주권자인 국민의 뜻을 잘 받들어서 성실하고 불편부당하게 업무를 처리하는 것은 국민의 권익 보호를 위해서 매우 중요한 일입니다. 이에 헌법은 "공무원은 국민 전체에 대한 봉사자이며, 국민에 대하여 책임을 진다."(제7조 1항), "공무원의 신분과 정치적 중립성은 법률이 정하는 바에 의하여 보장된다."(같은 조 2항)고 규정하였습니다. 특히 제7조 2항은 우리 헌법이 직업공무원제를 보장한 것으로 해석됩니다.

헌법재판소는 헌법 제7조에 대하여 "직업공무원제도가 국민주권 원리에 바탕을 둔 민주적이고 법치주의적인 공직제도임을 천명하고, 정권담당자에 따라 영향받지 않는 것은 물론 같은 정권하에서도 정당한 이유 없이 해임당하지 않는 것을 불가결의 요건으로 하는 직업공무원제도의 확립을 내용으로 하는 입법의 원리를 지시하고 있는 것"[5]이라고 해석하였습니다.

다만 이때 직업공무원제도에서 말하는 공무원은 국가 또는 공공단체와 근로관계를 맺고 이른바 공법상 특별 관계 아래 공무를 담당하는 것을 직업으로 하는 협의의 공무원을 말하며, 정치적 공무원이라든가 임시직 공무원은 포함되지 않습니다.


### (6) 정당

우리 헌법의 특징 중 하나가 정당에 대해서 매우 자세하게 규정하고 있다는 점입니다.

우리 헌법은 "정당의 설립은 자유이며, 복수정당제는 보장된다."(제8조 1항)고 규정합니다. 여기서 '정당 설립의 자유'는 포괄적으로 '정당의 자유'를 의미한다고 해석됩니다. 따라서 정당 활동의 자유,

정당 가입의 자유, 정당 탈퇴의 자유 등이 모두 포함됩니다. 정당 설립의 자유와 복수정당제는 동전의 양면과 같습니다. 복수정당제는 자유민주적 기본 질서의 핵심 요소로서 자유로운 선거에 의한 정권 교체와 대의민주주의를 가능하게 하는 토대가 됩니다.

헌법은 이처럼 정당 설립의 자유와 복수정당제를 보장하는 한편 정당이 일정한 조건을 갖출 것을 요구하고 있습니다. "정당은 그 목적·조직과 활동이 민주적이어야 하며, 국민의 정치적 의사 형성에 참여하는 데 필요한 조직을 가져야 한다."(같은 조 2항)는 것이 그것입니다.

정당의 '목적'이나 '활동'이 '민주적 기본 질서'에 위배될 때에는 정부는 헌법재판소에 그 해산을 제소할 수 있고, 정당은 헌법재판소의 정당해산심판에 의하여 해산됩니다(같은 조 4항).

한편 정당이 갖춰야 할 '국민의 정치적 의사 형성에 참여하는데 필요한 조직'과 관련해서는 〈정당법〉에서 규정하고 있습니다. 즉, 정당은 수도에 중앙당을 두고 최소한 5개 이상의 시·도당을 가져야 하며, 각 시·도당은 1천인 이상의 당원을 가져야 합니다. 이러한 요건을 갖추지 못하면 정당의 등록취소 사유가 됩니다.

정당은 법률이 정하는 바에 의하여 국가의 보호를 받으며, 국가는 법률이 정하는 바에 의하여 정당 운영에 필요한 자금을 보조할 수 있습니다(같은 조 제5항).

## (7) 문화국가 원리

우리 헌법은 "국가는 전통문화의 계승·발전과 민족문화의 창달에 노력해야 한다."(제9조)고 규정하고 있습니다. '전통문화'와 '민족문화'라고 표현하고 있으나 꼭 우리 민족 고유의 문화에 국한하는 것은 아니고 널리 문화 일반에 대한 국가의 창달 노력을 규정한 것으로 해석됩니다.

헌법재판소는 문예진흥기금 모금의 모금액·모금 대행기관의 지정·모금 수수료·모금 방법 및 관련 자료, 기타 필요한 사항을 대통령령에 위임하고 있는 구 〈문화예술진흥법〉 조항에 대한 위헌법률심판에서 해당 조항이 헌법의 '포괄위임입법 금지의 원칙'(제76조)에 위배되어 위헌이라고 판단했는데,[6] 이때 위헌 의견을 낸 8명의 재판관 가운데 4인은 헌법의 '문화국가 원리'(제9조)에 대해 언급했습니다. 즉 이들 재판관 4인은 문예진흥기금은 일종의 특별 부담금으로 헌법적 통제가 필요하다고 전제하고, 공연 관람자 등이 예술 감상에 의한 정신적 풍요를 느낀다면 그것은 헌법상의 문화국가 원리에 따라 국가가 적극 장려할 일이지, 이러한 정신적 풍요를 공연 관람자의 '수익'으로 보아서 그들에게 경제적 부담을 지우는 것은 헌법의 문화국가 원리에 역행하는 것이라고 판단했습니다.

## (8) '자유민주적 기본 질서'와 '민주적 기본 질서'

우리 헌법은 '자유민주적 기본 질서'(헌법 전문, 제4조 통일 조항)와 '민주적 기본 질서'(제8조 정당 조항)를 구별해서 쓰고 있습니다. 그렇다면 이 두 가지는 어떤 차이가 있을까요? 본질적인 차이가 있는 것은 아니지만 헌법재판소의 결정을 자세히 살펴보면 약간 차이가 있습니다.

헌법재판소는 〈국가보안법〉 제7조(반국가단체의 찬양, 고무 등)에 대한 한정합헌 결정[7]에서 자유민주적 기본 질서에 위해를 주는 행위를 열거하면서 간접적으로 '자유민주적 기본 질서'의 의미를 밝혔습니다. 즉 "자유민주적 기본 질서에 위해를 준다 함은, 모든 폭력적 지배와 자의적 지배 즉 반국가단체의 일인독재 내지 일당독재를 배제하고 다수의 의사에 의한 국민의 자치, 자유·평등의 기본 원칙에 의한 법치주의적 통치 질서의 유지를 어렵게 만드는 것으로서, 구체적으로는 기본적 인권의 존중, 권력분립, 의회제도, 복수정당제도, 선거제도, 사유재산과 시장경제를 골간으로 한 경제 질서 및 사법권의 독립 등 우리의 내부 체제를 파괴·변혁시키려는 것이다."고 하였습니다. 여기서 밑줄 친 부분이 자유민주적 기본 질서를 의미한다고 볼 수 있습니다.

한편 헌법재판소는 통합진보당 해산 사건에서 '민주적 기본 질서'의 의미를 밝혔습니다.[8] 즉 "민주적 기본 질서라 함은 개인의 자율적 이성을 신뢰하고 모든 정치적 견해들이 각각 상대적 진리성과 합리성을 지닌다고 전제하는 다원적 세계관에 입각한 것으로서, 모든 폭력적·자의적 지배를 배제하고, 다수를 존중하면서도 소수를 배려하는 민주적 의사 결정과 자유·평등을 기본 원리로 하여 구성되고 운영되는 정치적 질서를 말하며, 구체적으로는 국민주권의 원리, 기본적 인권의 존중, 권력분립제도, 복수정당제도 등이 현행 헌법상 주요한 요소라고 할 수 있다."고 하였습니다.

---

1  헌재 1993.7.29. 92헌바48 ; 헌재 1997.1.16 92헌바6 등(북한의 이중적 지위)
2  헌재 2004.4.29. 2003헌마814(이라크전 참전의 합헌성 여부 판단 자제)
3  한수웅,《헌법학》, 법문사, 2016. p.339
4  양건,《헌법강의》, 법문사, 2016. p.152
5  헌재 1989.12.18. 89헌마32(직업공무원제)
6  헌재 2003.12.18. 2002헌가2(문예진흥기금 모금에 필요한 사항을 대통령령에 위임하는 것은 포괄위임입법 금지의 원칙 위반)
7  헌재 1990.4.2. 89헌가113 (〈국가보안법〉 제7조 반국가단체의 찬양, 고무 등에 대한 한정합헌 결정) 이 사건에서 헌법재판소는 〈국가보안법〉 제7조 1항 및 5항의 규정은 각 그 소정의 행위가 국가의 존립·안전을 위태롭게 하거나 자유민주적 기본 질서에 위해를 줄 명백한 위험이 있을 경우에만 축소 적용되는 것으로 해석한다면 헌법에 위반되지 않는다고 판단했다. 이처럼 "~라고 해석하는 한 헌법에 위반되지 않는다."는 형태의 결정을 한정합헌 결정이라고 하며 한정합헌 결정은 한정위헌 결정(~라고 해석하는 한 위헌이다), 헌법불합치결정(위헌법률로 침해된 헌법 질서의 회복을 위해 개선 입법을 명함)과 더불어 위헌 결정의 일종이다.
8  헌재 2014.12.19. 2013헌다1(통합진보당 해산사건 관련 '민주적 기본 질서'의 의미)

# 경제 조항
## 사회적 시장경제 질서를 지향하다

우리 헌법은 제9장(제119조~제127조)에서 경제에 관하여 규정하고 있습니다. 그 내용은 우리 헌법상 경제 질서의 기본과 경제민주화(제119조), 광물 기타 중요한 자연자원의 개발 또는 이용에 대한 특허(제120조), 경자유전耕者有田의 원칙과 농지 소작제도의 금지(제121조), 국토의 효율적이고 균형 있는 이용 등(제122조), 농어촌 종합개발계획·지역 경제 육성·중소기업 보호 육성·농수산물 수급 균형·농어민과 중소기업 자조조직 육성(제123조), 소비자보호운동(제124조), 대외무역 육성(제125조), 사영기업 국공유화의 원칙적 금지(제126조), 과학기술 혁신과 국가표준제도(제127조) 등입니다.

헌법은 이러한 일련의 경제 조항을 통해서 사회적 시장경제 질서를 지향하고 있습니다. 헌법재판소는 우리 헌법상 사회적 시장경제 질서에 대해서 "사유재산제와 자유경쟁에 의한 자유시장경제 질서를 근간으로 하되, 이에 수반되는 모순을 제거하고 사회복지·사회정의를 실현하기 위하여 경제에 관한 규제와 조정을 가하는 경제 질서를 의미하는 것"으로 풀이하고 있습니다.[9]

## (1) 경제 질서의 기본과 경제민주화

헌법 제119조는 우리 헌법의 경제 질서 전반을 관통하는 핵심 원리를 담고 있습니다. 우선 "대한민국의 경제 질서는 개인과 기업의 경제상의 자유와 창의를 존중함을 기본으로 한다."(제119조 1항)고 규정하고 있습니다. '경제상의 자유와 창의 존중'은 우리 헌법이 채택한 직업 선택의 자유, 재산권 보장 등을 통해서 기본권 차원에서도 보장되고 있습니다.

그런데 기본권 보장만으로는 개인과 기업의 경제상의 자유와 창의를 보장하는 데 한계가 드러나고 있습니다. 빈익빈 부익부의 양극화와 사회적 불평등의 심화가 그것입니다. 따라서 국가가 정책적으로 정의로운 경제 질서를 조성하고 유지할 필요가 있습니다. 이를 위해서 헌법은 '경제상의 자유와 창의 존중'과 함께 '경제의 민주화'를 규정하였습니다. 즉 "국가는 균형 있는 국민경제의 성장 및 안정과 적정한 소득의 분배를 유지하고, 시장의 지배와 경제력의 남용을 방지하며, 경제주체 간의 조화를 통한 경제의 민주화를 위하여 경제에 관한 규제와 조정을 할 수 있다."(같은 조 2항)고 규정하고 있습니다.

'균형있는 국민경제의 성장 및 안정과 적정한 소득의 분배 유지'는 국가의 경제, 사회, 조세정책을 통해서, '경제적 강자에 의한 시장 지배와 경제력 남용 방지'는 〈상법〉이나 〈독점규제 및 공정거래에 관한 법률〉(약칭 〈공정거래법〉)과 같은 입법을 통해서 가능합니다.

〈공정거래법〉은 '사업자의 시장 지배적 지위의 남용과 과도한 경제력의 집중을 방지하고, 부당한 공동 행위 및 불공정거래 행위를 규제하여 공정하고 자유로운 경쟁을 촉진함으로써 창의적인 기업 활동을 조장하고 소비자를 보호함과 아울러 국민경제의 균형있는 발전을 도모함'을 목적으로 합니다(공정거래법 제1조).

헌법상의 '경제민주화 조항'의 규범적 효력과 관련하여 헌법재판소는, 이 조항이 경제 영역에서 정의로운 사회질서를 형성하기 위하여 추구할 수 있는 국가 목표로서 기본권을 제한하는 국가 행위를 정당화하는 헌법규범이라고 밝힌 바 있습니다.[10]

### (2) 광물 기타 중요한 자연자원의 원칙적 국유화

우리 헌법은 "광물 기타 중요한 지하자원·수산자원·수력과 경제상 이용할 수 있는 자연력은 법률이 정하는 바에 의하여 일정한 기간 그 채취·개발 또는 이용을 특허할 수 있다."(제120조 1항)고 규정하고 있습니다. 이는 광물 기타 중요한 자연자원이 국가의 소유임을 전제로 하여 예외적으로 법률에 의해 개인에게 그 이용을 허락할 수 있음을 밝힌 것입니다. 아울러 "국토와 자원은 국가의 보호를 받으며, 국가는 그 균형 있는 개발과 이용을 위하여 필요한 계획을 수립한다."(같은 조 2항)고 하였습니다.

## (3) 소작제도의 금지

우리 헌법은 "국가는 농지에 관하여 경자유전耕者有田의 원칙이 달성될 수 있도록 노력하여야 하며, 농지의 소작제도는 금지된다."(제121조 1항)고 규정하고 있습니다. 소작제도는 자기 토지가 없는 사람이 남의 토지에서 농사를 지어 주고 그 수확물의 일부를 토지 소유자에게 지급하는 봉건적인 생산양식을 말합니다. 소작제도는 소작인이 지주에게 예속되어 노동력을 수탈당하고 경제적 자립 능력을 잃게 되는 폐해가 있기 때문에, 우리나라에서는 1948년 농지개혁을 통해 소작제도를 없애고 모든 농민을 자영농화하였습니다. 헌법의 이 조항은 해방 이후 농지개혁의 성과를 이어가겠다는 국민적 합의를 담은 조항입니다. 다만 헌법은 농업과 농촌 현실을 감안하여 농업생산성의 제고와 농지의 합리적 이용을 위한 임대차 및 위탁경영은 법률이 정하는 바에 의하여 인정하고 있습니다(같은 조 제2항).

## (4) 국토의 균형 개발

우리 헌법은 "국가는 국민 모두의 생산 및 생활의 기반이 되는 국토의 효율적이고 균형 있는 이용·개발과 보전을 위하여 법률이 정하는 바에 의하여 그에 관한 필요한 제한과 의무를 과할 수 있다."(제122조)고 하였습니다. 토지는 그 속성상 공급이 한정되어 있고 모든 국민이 삶을 영위하는 공간이라는 특수성을 감안한 조항입니다. 이 조항은 재산권 행사의 공공복리 적합 의무를 명시한 헌법 규정(제23조 2항)과 아울러 개인의 재산권에 대한 제한을 명시하고 있습니다.

### (5) 농어업, 지역경제 및 중소기업 육성 등

우리 헌법은 국가의 경제정책에 관한 일반원칙으로 '경제민주화 조항(제119조 2항)'을 두는 한편, 특별히 국가가 신경을 써야 할 분야에 대한 경제정책의 방향을 제시하고 있습니다.[11]

첫째, 국가는 농업 및 어업을 보호·육성하기 위하여 농·어촌 종합개발과 그 지원 등 필요한 계획을 수립·시행하여야 합니다(제123조 1항).

둘째, 국가는 지역 간의 균형 있는 발전을 위하여 지역경제를 육성할 의무를 집니다(같은 조 2항).

셋째, 국가는 중소기업을 보호·육성하여야 합니다(같은 조 3항).

넷째, 국가는 농수산물의 수급 균형과 유통구조의 개선에 노력하여 가격안정을 도모함으로써 농·어민의 이익을 보호해야 합니다(같은 조 4항).

다섯째, 국가는 농·어민과 중소기업의 자조조직을 육성하여야 하며, 그 자율적 활동과 발전을 보장합니다(같은 조 5항).

농어민, 지역경제 그리고 중소기업은 경제의 기초체력에 해당합니다. 이들 영역이 건강해야 국민경제 전체가 건강하게 성장하고 발전할 수 있습니다.

### (6) 소비자보호

우리 헌법은 소비자보호운동 나아가 소비자의 권리를 보장하고 있습니다. "국가는 건전한 소비 행위를 계도하고 생산품의 품질향상을 촉구하기 위한 소비자보호운동을 법률이 정하는 바에 의하여 보장한다."(제124조)고 하였습니다. 이에 따라 〈소비자보호법〉이 제정되어 있습니다. 〈소비자보호법〉은 소비자집단분쟁 조정, 소비자단체 소송 등을 규정하고 있습니다.

### (7) 대외무역 육성

우리나라는 1960년대 이후 수출을 통해서 단기간에 고도성장을 이룩할 수 있었습니다. 최근에도 수출이 국내총생산에서 차지하는 비중이 40%를 웃돌 정도로(2016년 42.2%) 대외무역은 우리 경제에서 매우 큰 역할을 하고 있습니다.

우리 헌법은 "국가는 대외무역을 육성하며, 이를 규제·조정할 수 있다."(제125조)고 하여 대외무역에 대한 국가 차원의 정책적 의지를 명시하고 있습니다.

### (8) 사기업의 국공유화 제한

현행 헌법은 사기업을 국유 또는 공유화하는 것에 대한 제한을 가하고 있습니다. 즉 "국방상 또는 국민경제상 긴절한 필요로 인하여 법률이 정하는 경우를 제외하고는, 사영기업을 국유 또는 공유로 이전하거나 그 경영을 통제 또는 관리할 수 없다."(제126조)고 하여 국공유화의 요건을 '국방 또는 국민경제상의 긴절한 필요'로 엄격히 명시하고 그 경우에도 국공유화를 하려면 반드시 법률에 의하도록 하였습니다.

### (9) 과학기술 혁신 등

오늘날 경제성장은 과학기술 분야의 연구개발과 혁신이 뒷받침되지 않으면 어렵습니다. 특히 최근 인터넷과 정보통신, 생명공학과 첨단의료, 인공지능, 로봇, 데이터 기술의 발달로 세계는 새로운 과학 문명의 시대로 빠르게 진입하고 있습니다. 우리 헌법도 과학기술의 중요성을 강조하여 "국가는 과학기술의 혁신과 정보 및 인력의 개발을 통하여 국민경제의 발전에 노력하여야 한다."(제127조 1항)고 규정하고 있습니다. 그리고 대통령은 이러한 목적을 달성하기 위하여 필요한 자문기구를 둘 수 있게 하였습니다(같은 조 3항).

한편 과학기술의 원활한 발전을 위해서는 국가표준이 확립되어야 합니다. 이를 위해서 헌법은 국가표준제도의 확립을 명시하고 있습니다(같은 조 제2항). 과학기술 혁신과 산업구조 고도화 및 정보화사회의 촉진을 도모하기 위하여 〈국가표준기본법〉이 제정되어 있습니다.

**⋮ 독과점 방지와 지방 산업의 균형 발전을 명분으로 한 '자도自道 소주
구입명령제도'는 헌법에 위반될까요?**

정부는 특정 업체의 독과점 방지와 지방 산업의 균형 발전을 위하
여 1976년부터 자도 소주 구입명령제도를 시행하였습니다. 자도 소
주 구입명령제도는 소주 도매업자로 하여금 그 영업장 소재지에서
생산되는 자도 소주를 의무적으로 총구입액의 100분의 50 이상을
구입하도록 제도화함으로써 경쟁을 억제하고 소주시장의 현상태를
유지하기 위한 제도입니다. 이 제도는 1991년 소비자에 대한 서비스
향상과 자유경쟁을 통한 주류산업 경쟁력 제고를 위해 폐지되었다
가 1995년 〈주세법〉 개정으로 다시 시행되었습니다. 그러자 헌법재
판소에 이 법에 대한 위헌법률심판 청구가 제기되었습니다. 헌법재판
소는 어떻게 결정을 하였을까요?

헌법재판소는 자도 소주 구입명령제도가 위헌이라고 판단했습니
다.[12] 헌법재판소는 주류 판매에 대한 국가의 광범위한 규제는 국민
건강과 세수 확보를 위해 불가피하고, 이는 다른 나라들도 마찬가지
라는 점은 인정했습니다. 그러나 자도 소주 구입명령제도는 국민 건
강이나 세수 확보와는 무관한 규제로서 오로지 소주라는 일정한 주
류시장의 중소기업을 경쟁으로부터 보호하는 것을 목적으로 하는
것인데, 이는 소주 판매업자의 '직업의 자유'는 물론 소주 제조업자의
'경쟁 및 기업의 자유'를 지나치게 침해하는 위헌적인 규정이라고 판
단했습니다.

특히 헌법재판소는 이 제도를 헌법상 경제 조항에 대입하여 다음과 같이 판단했습니다.

첫째, 자도 소주 구입명령제도는 전국적으로 자유경쟁을 배제한 채 지역 할거주의를 인정하게 되고 그로 인하여 지역 독과점 현상의 고착화를 초래하므로, 헌법 제119조 2항의 독과점 규제를 달성하기 위한 조치로 보기 어렵다고 했습니다.

둘째, 헌법 제123조 2항에 명시된 지역경제 육성의 목적은 지역 간의 경제적 불균형의 축소에 있는데, 자도 소주 구입명령제에 의한 1도 1소주 제조업체의 존속 유지와 지역경제 육성 간에 상관관계가 없다고 했습니다.

셋째, 헌법 제123조 3항이 명시한 중소기업의 보호는 원칙적으로 경쟁 질서의 범주 내에서 이루어져야 하는데, 자도 소주 구입명령제도는 경쟁 질서에 역행한다고 판단했습니다.

9  헌재 2001.6.28. 2001헌마132 등(헌법상 사회적 시장경제 질서)
10  헌재 2004.10.28. 99헌바91(헌법상 경제민주화 조항의 규범적 효력)
11  한수웅, 《헌법학》, 법문사, 2016. p.328 이하
12  헌재 1996.12.26. 96헌가18(자도 소주 구입명령제도 위헌)

제2부

# 기본권

# 기본권 둘러보기
## 헌법의 존재 이유는 개인의 권리 보호다

헌법의 제1원칙은 모든 사람이 자유롭고 평등한 존재라는 것입니다. 이 원칙 아래 헌법을 비롯한 모든 법체계가 놓여 있습니다. 민주 공화국도 각종 국가기관도 바로 이 원칙을 실현하기 위해서 존재하는 것입니다.

자유롭고 평등한 사람들이 누리는 권리는 설령 헌법에 명시되어 있지 않더라도 당연히 자연법칙처럼 존중되어야 합니다. 세계 최초의 성문헌법인 〈미국헌법〉이 처음 만들어졌을 때 국가의 권력구조에 대해서만 규정하고 국민의 권리에 대한 조항이 없었던 것은 바로 이러한 이유에서입니다. 이를 자연권 또는 천부인권사상이라고 합니다.

국민이 누리는 권리를 학문적으로는 기본권이라고 부릅니다. 우리 헌법에서 말하는 '기본적 인권', '국민의 권리'도 바로 이러한 기본권을 의미합니다.

우리 헌법 제10조부터 제37조까지가 기본권 조항입니다. 이 가운데 "국민의 자유와 권리는 헌법에 열거되지 아니한 이유로 경시되지 않는다."고 하는 헌법 제37조 2항은 우리 헌법이 자연권 사상에 그 뿌리를 두고 있다는 것을 의미합니다.

1789년 프랑스혁명 직후 발표된 〈프랑스인권선언〉이 "인권에 대한 무지, 망각 또는 경시가 공공의 불행과 정부의 부패를 초래하는 유일한 원인"이라고 규정하고 "인간의 자연적이고 양도 불가능하며 신성불가침한 권리를 서술하기로 결정하였다."고 밝힌 것에서 알 수 있듯이, 헌법은 주권자인 국민이 자신의 권리를 영속적으로 보장하기 위한 선언입니다.

국회, 정부, 법원 등의 국가기관도 오직 국민의 기본권 보장을 위해서 존재합니다. 이러한 명제의 역사적 근거는 "권리를 확보하기 위하여 인류는 정부를 조직했으며, 정부의 권력은 국민의 동의에서 유래한다."(《미국독립선언》), "모든 정치적 결사의 목적은 인간의 자연적이며 훼손될 수 없는 권리를 보전하기 위한 것이다."(《프랑스인권선언》)라는 표현에서 찾아볼 수 있습니다.

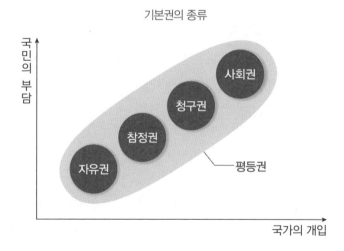

기본권의 종류

학자들은 기본권을 크게 자유권, 참정권, 청구권, 사회권의 네 가지로 분류합니다. 그리고 이 네 가지를 다룰 때 모두 고려되어야 하는 기본권인 평등권이 있습니다. 평등권은 기본권일 뿐만 아니라 국가의 모든 행위에 적용되는 원칙이므로 평등의 원칙이라고 하기도 합니다.

### 자유권

자유권은 개인이 타인에게 해를 끼치지 않는 범위에서 자유롭게 행동할 자유 또는 그러한 자유를 침해받지 않을 권리입니다. 신체의 자유, 표현의 자유, 양심의 자유 등이 자유권에 해당합니다. 자유권의 초기 형태는 영국의 〈자유헌장〉(1100), 〈대헌장〉(1215)에서 찾아볼 수 있으나, 당시는 주로 국왕이 귀족의 특권과 자유를 보장하는 내용에 치중하고 있었습니다. 이후 18세기 유럽 시민혁명을 거치면서 자유권이 일반 시민의 보편적 권리로 보장되었습니다. 지금도 프랑스 헌법전의 일부를 구성하고 있는 〈프랑스인권선언〉은 오늘날 대부분의 국가들이 채택한 자유권의 모델이 되었습니다.

### 참정권

참정권은 국가의 정치적 의사 결정에 참여할 권리로 선거권, 공무담임권, 국민투표권이 있습니다. 참정권은 신분, 소득, 인종, 성별에 따라서 오랫동안 차별이 있어 왔습니다. 이러한 차별을 극복하고 일정한 연령 이상의 모든 시민에게 참정권을 보장한 것은 20세기에 이루어졌습니다.

### 청구권

청구권은 권리를 침해받은 국민이 국가를 상대로 적극적으로 어떤 행위를 요구할 권리입니다. 재판청구권과 같이 오래 전부터 인정되던 청구권도 있지만 형사보상청구권이나 범죄피해자 구조청구권과 같이 최근에 인정된 권리도 있습니다.

### 사회권

사회권은 국가로부터 인간다운 생활을 보장받을 권리입니다. 사회권은 20세기에 들어와서 헌법에 들어온 기본권으로 생존권, 교육권, 환경권, 노동권 등이 그것입니다. 다른 유형의 기본권들과 달리 사회권은 입법을 통해서 구체화되어야 하고, 그 실현에 많은 국가 예산이 소요됩니다. 따라서 사회권의 실현은 정치의 영역과 상당히 겹친다고 할 수 있습니다. 사회권을 보장하기 위해서는 개인의 기본권(예: 재산권)에 대하여 어느 정도의 제한이 불가피합니다.

국민이 기본권을 누린다는 것은 뒤집어 말하면 국가가 국민의 기본권을 보호할 의무를 진다는 것을 의미합니다. 따라서 입법, 행정, 사법 등 국가의 작용에 의하여 개인의 기본권이 침해된 경우에는 다양한 구제 수단을 활용할 수 있습니다. 입법부가 기본권을 침해한 경우의 구제 수단으로는 청원, 위헌법률심판, 헌법소원이 있습니다.

기본권 침해 입법을 한 국회의원을 낙선시킴으로써 정치적으로 책임을 물을 수도 있습니다.

행정부에 의한 기본권 침해의 경우에는 행정심판, 행정소송, 헌법소원 등의 방법이 있습니다.

사법부에 의한 기본권 침해의 경우에는 재판에 대한 상소, 재심청구, 헌법소원(위헌법률심판 제청 신청을 법원이 기각하거나 헌법재판소에서 위헌으로 결정한 법률을 법원이 재판에 적용하는 경우) 등으로 구제받을 수 있습니다.

헌법에 명시된 각종 청구권, 예컨대 청원권, 재판청구권, 국가배상청구권, 형사보상청구권, 범죄피해자 구조청구권은 기본권이 침해된 경우의 구제 수단이라고 할 수 있습니다.


: 국가가 아닌 제3자(개인, 기업, 단체 등)에 의한 기본권 침해를 구제
   받는 방법은 무엇인가요?


전통적으로 기본권 침해는 주로 개인과 국가 사이의 문제로 다뤄졌습니다. 그러나 사회가 복잡해지면서 국가가 아닌 제3자(개인, 기업, 단체 등)에 의한 기본권 침해도 헌법의 중요한 관심사가 되었습니다. 예를 들면 대기업에 의한 환경오염으로 환경권이 침해되거나 제조물에 의해 개인의 건강이나 생명이 침해되는 경우를 들 수 있습니다. 언론·출판으로 타인의 명예가 훼손되는 경우도 있습니다.

이처럼 국가가 아닌 사적 영역에서 기본권 침해가 발생한 경우 이를 어떻게 해결할 것인가 하는 것을 '기본권의 제3자적 효력' 또는 '기본권의 대사인적對私人的 효력'의 문제라고 합니다. 제3자에 의한 기본권 침해는 일반적으로 〈형법〉, 〈민법〉 등 실정법 위반에 해당하여 형사처벌 대상이 되거나 민사상 손해배상 책임을 지게 됩니다. 국회는 입법을 통해서, 정부는 행정을 통해서, 사법부는 재판을 통해 제3자에 의한 기본권 침해로부터 개인을 보호합니다.

헌법상 기본권이 당연히 제3자적 효력을 전제하는 경우도 있습니다. 예를 들면 근로3권은 성질상 사인私人 간(사용자와 근로자 사이)에도 직접 적용되는 권리입니다. 또 헌법이 기본권 행사의 한계를 직접 규정함으로써 제3자의 권리를 보호하는 경우가 있습니다. 언론·출판의 자유에 관한 헌법 제21조 4항이 "언론·출판은 타인의 명예나 권리 또는 공중도덕이나 사회윤리를 침해하여서는 아니 되며 언론·출판이 타인의 명예나 권리를 침해한 때에는 피해자는 이에 대한 피해의 배상을 청구할 수 있다."라는 규정이 그 예입니다. 인간의 존엄과 가치, 환경권, 참정권도 제3자에 대하여 효력이 있습니다.

기본권의 제3자적 효력에 관하여는 학문적으로는 크게 '직접적용설', '간접적용설'이 대립합니다.

직접적용설은 헌법상 기본권이 개인의 주관적 권리일 뿐만 아니라 사회의 객관적 법질서를 구성하므로 사인 간에도 직접 적용될 수 있다고 합니다. 독일연방노동법원이 "혼인하면 퇴직한다."는 사인 간의 고용계약을 무효라고 판단한 것은 직접적용설을 따른 것입니다. 다만 직접적용설에 의하더라도 모든 기본권의 직접 적용을 인정하는 것은 아니고 기본권의 성질상 사인 간에 직접 적용될 수 있는 것에 한하여 인정됩니다. 간접적용설은 헌법상 기본권이 사법私法의 일반 원칙(예: 신의성실의 원칙, 권리남용금지의 원칙 등)을 매개로 하여 간접적으로 사인 간에 적용된다고 보는 입장입니다.

간접적용설은 독일연방헌법재판소에서도 채택한 바 있습니다. 결론적으로 기본권은 성질에 따라 제3자에게 직접 적용되는 경우도 있지만 때로는 간접적으로 적용되기도 합니다.

한편 미국에서는 기본권의 제3자적 효력에 관하여 독특한 이론들이 전개되고 있습니다. 통치 기능 이론, 사법적 집행 이론, 국유재산 이론, 국가 원조 이론 등이 그것입니다. 이들 이론은 개인의 행위를 어떠한 경우에 국가의 행위로 볼 것인가에 대한 판단의 기준을 제시하고 있습니다. 그 결과 개인의 행위가 국가 행위와 마찬가지로 평가될 경우에는 기본권의 제3자 효력을 인정합니다.

# 기본권의 주체

태아와 외국인, 법인도 기본권의 주체가 될 수 있다

기본권의 주체란 기본권을 향유하는 사람을 말합니다. 헌법에 수록된 권리들은 원칙적으로 모든 대한민국 국민이 향유합니다. 그러나 그 가운데에는 외국인에게도 보장되는 권리가 있습니다. 예를 들면 외국인에게도 인간의 존엄과 가치는 당연히 존중되어야 합니다. 또 신체의 자유, 종교의 자유, 양심의 자유, 표현의 자유와 같이 성질상 천부인권에 해당하는 것은 외국인도 권리의 주체가 됩니다. 이러한 권리가 침해된 경우의 재판청구권도 외국인에게 인정됩니다.

외국인도 일정한 요건을 갖추면 일부 참정권을 행사할 수 있습니다. 대통령 선거권과 국회의원 선거권은 대한민국 국적을 가진 국민에게만 인정되지만, 지방의원이나 지방자치단체장의 선거권은 영주 永住의 체류 자격을 취득하고 3년이 경과한 외국인으로 해당 지방자치단체의 외국인등록대장에 올라 있는 사람도 행사할 수 있습니다 (공직선거법 제15조 2항 3호). 다만 외국인은 피선거권이 없으며 정당에 가입하거나 선거운동을 할 수는 없습니다. 지방의원이나 지방자치단체장 선거에 일정한 요건을 갖춘 외국인의 선거권을 인정하는 것은 이들 선거가 '국민'의 권리이기 이전에 해당 지역 '주민'의 권리이기 때문입니다.

한편 외국인도 외국인 등록을 하는 등 일정한 요건하에 건강보험 혜택을 받을 수 있습니다. 나아가 대법원은 불법체류 외국인 노동자도 작업 중 부상을 당한 경우 〈산업재해보상보험법〉상의 요양급여를 받을 수 있으며,[13] 불법체류 외국인 노동자도 노동조합을 설립할 수 있다고 판단했습니다.[14]

기본권은 살아있는 자연인뿐만 아니라 경우에 따라서는 법인 등의 단체도 누릴 수 있습니다. 예컨대 표현의 자유, 직업의 자유, 재판청구권과 같은 기본권은 법인 등의 단체에게도 인정됩니다.

아직 태어나지 않은 태아도 생명권과 같은 기본권의 주체가 될 수 있습니다. 헌법재판소는 "모든 인간은 헌법상 생명권의 주체가 되며, 형성 중의 생명인 태아에게도 생명에 대한 권리가 인정되어야 한다."고 밝혔습니다.[15]

**∶ '언론의 자유'와 '인격권'이 충돌을 할 때는 어떻게 해야 할까요?**

식품회사인 A회사는 B신문사의 기사로 인해 인격권이 침해되었다는 이유로 〈정기간행물의 등록 등에 관한 법률〉에 의한 정정보도 청구권을 제기하여 법원에서 승소하였습니다. 그러자 B신문사는 이 법률이 '언론의 자유'를 침해하여 위헌이라고 주장하려고 합니다. 이 주장은 타당할까요?

이 사안과 같이 어떤 하나의 사건을 놓고 서로 다른 기본권 주체들이 각자의 기본권을 주장하는 경우에, 어느 한쪽의 기본권을 보호하기 위해서는 다른 한쪽의 기본권을 제한해야 하는 상황을 '기본권의 충돌'이라고 합니다. 이 사안에서는 B신문사의 언론의 자유와 A회사의 명예라고 하는 인격권이 충돌하였습니다.

이처럼 두 기본권이 서로 충돌할 경우에 헌법재판소는 "헌법의 통일성를 유지하기 위하여 상충하는 기본권 모두가 최대한으로 그 기능과 효력을 나타낼 수 있도록 하는 조화로운 방법이 모색되어야" 한다고 밝혔습니다.[16]

이 사건에서 헌법재판소는 정정보도청구권이 언론보도로 인해 인격권 등의 침해를 받은 피해자가 반론 게재를 요구할 수 있는 이른바 '반론권'을 뜻하는 것으로, 헌법상 보장된 인격권, 사생활의 비밀과 자유에 그 바탕을 둔 것이며, 피해자에게 반박 기회를 허용함으로써 언론보도의 공정성과 객관성를 향상시켜 제도로서의 언론 보장을 더욱 충실하게 할 수도 있다는 뜻도 함께 지니고 있다고 보았습니다. 따라서 정정보도청구권의 존재 자체가 곧바로 보도의 자유를 포함한 언론의 자유의 본질적 내용을 침해하는 것으로 볼 수 없다고 판단했습니다.

---

13 대법원 1995.9.15. 94누12067 (불법체류 외국인 노동자의 산업재해 요양급여 인정)
14 대법원 2015.6.25. 2007두4995 (불법체류 외국인 노동자의 노동조합 설립 인정)
15 헌재 2008.7.31. 2004헌바81 (태아의 생명권 인정)
16 헌재 1991.9.16. 89헌마165 (정정보도청구권 합헌)

# 기본권의 제한
'기본권의 제한'은 엄격히 제한된다.

기본권은 무제한적으로 보장되는 것은 아니며 경우에 따라서는 제한이 가해질 수 있습니다. 많은 사람들이 함께 어울려 살아가는 사회에서 조화로운 삶을 영위하고 모두의 기본권을 최대한 보장하기 위해서 어느 정도의 기본권 제한은 불가피합니다. 그러나 기본권 제한을 함부로 허용할 경우에는 필요 이상의 인권침해를 가져올 우려가 있기 때문에 기본권 제한에는 엄격한 통제장치가 필요합니다.

기본권 제한은 헌법과 법률에 의해서만 할 수 있습니다. 여기에는 다음 네 가지 경우가 있습니다.

첫째, 헌법에서 일반적인 기본권 제한 사유를 직접 규정하는 경우가 있습니다.

〈독일기본법〉 제2조 1항은 "누구든지 다른 사람의 권리를 침해하거나 헌법 질서 또는 도덕률에 반하지 않는 한 자기의 인격을 자유로이 실현할 권리를 가진다."고 규정하여 타인의 권리, 헌법 질서, 도덕률에 반하지 않을 것을 권리 행사의 제약 조건으로 명시하고 있습니다. 이처럼 헌법이 일반적인 기본권 제한 사유를 규정하는 것을 학자들은 '일반적 헌법유보'라고 합니다. 우리 헌법에는 일반적 헌법유보에 해당하는 조항이 없습니다.

둘째, 헌법에 개별적 기본권의 제한 사유를 직접 규정하는 경우가 있습니다.

우리 헌법은 "언론·출판은 타인의 명예나 권리 또는 공중도덕이나 사회윤리를 침해하여서는 아니 된다. 언론·출판이 타인의 명예나 권리를 침해한 때에는 피해자는 이에 대한 피해의 배상을 청구할 수 있다."(제21조 4항), "재산권의 행사는 공공복리에 적합하도록 하여야 한다."(제23조 2항)고 하여 개별 기본권 조항에 기본권 제한 사유를 직접 명시한 경우가 있습니다. 이러한 경우를 '개별적 헌법유보'라고 합니다.

셋째, 헌법이 일반적인 경우에 기본권 제한 사유를 법률에서 정하도록 위임한 경우입니다.

우리 헌법은 "국민의 모든 자유와 권리는 국가 안전보장·질서유지 또는 공공복리를 위하여 필요한 경우에 한하여 법률로써 제한할 수 있으며, 제한하는 경우에도 자유와 권리의 본질적인 내용을 침해할 수 없다."(제37조 2항)고 규정하고 있습니다. 이처럼 기본권 일반에 대하여 일정한 경우에 법률로써 제한할 수 있도록 헌법이 규정하고 있는 것을 '일반적 법률유보'라고 합니다.

넷째, 헌법이 개별적인 기본권 조항에 법률에 의한 제한 가능성을 규정하는 경우가 있습니다.

예를 들면 "누구든지 법률에 의하지 아니하고는 체포·구속·압수·수색 또는 심문을 받지 아니하며, 법률과 적법한 절차에 의하지 아니하고는 처벌·보안처분 또는 강제노역을 받지 아니한다."(제12조 1항), "공공 필요에 의한 재산권의 수용·사용 또는 제한 및 그에 대한 보상은 법률로써 하되, 정당한 보상을 지급하여야 한다."(제23조 3항)는 조항이 그것입니다. 이처럼 개별 기본권의 제한 사유를 법률에 맡기는 것을 '개별적 법률유보'라고 합니다.

: 텔레비전 방송 수신료를 한국방송공사(KBS)가 마음대로 정한다면 이는 헌법에 위배될까요?

수신료를 부과하는 것은 재산권에 대한 제한이므로 국회의 관여 없이 전적으로 한국방송공사에서 결정할 수 있게 하는 것은 기본권 제한을 법률에 의하도록 하는 '법률유보의 원칙'에 위배될 수 있습니다. 그래서 텔레비전 방송 수신료는 법률(방송법 제65조)에 의해 한국방송공사 이사회가 심의 의결한 후 행정기구인 방송통신위원회를 거쳐 국회의 승인을 얻어 확정하게 되어 있습니다.

우리 헌법의 기본권 체계

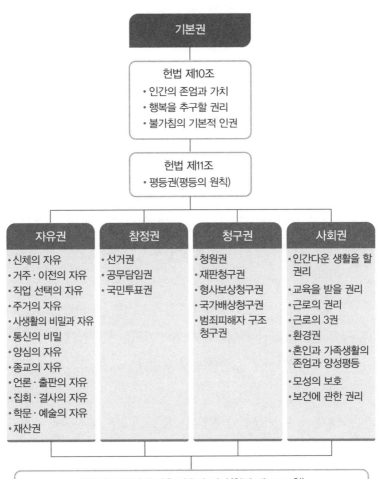

**기본권**

헌법 제10조
· 인간의 존엄과 가치
· 행복을 추구할 권리
· 불가침의 기본적 인권

헌법 제11조
· 평등권(평등의 원칙)

| 자유권 | 참정권 | 청구권 | 사회권 |
|---|---|---|---|
| · 신체의 자유<br>· 거주·이전의 자유<br>· 직업 선택의 자유<br>· 주거의 자유<br>· 사생활의 비밀과 자유<br>· 통신의 비밀<br>· 양심의 자유<br>· 종교의 자유<br>· 언론·출판의 자유<br>· 집회·결사의 자유<br>· 학문·예술의 자유<br>· 재산권 | · 선거권<br>· 공무담임권<br>· 국민투표권 | · 청원권<br>· 재판청구권<br>· 형사보상청구권<br>· 국가배상청구권<br>· 범죄피해자 구조<br>  청구권 | · 인간다운 생활을 할<br>  권리<br>· 교육을 받을 권리<br>· 근로의 권리<br>· 근로의 3권<br>· 환경권<br>· 혼인과 가족생활의<br>  존엄과 양성평등<br>· 모성의 보호<br>· 보건에 관한 권리 |

헌법에 열거되지 않은 자유와 권리(헌법 제37조 1항)
"국민의 자유와 권리는 헌법에 열거되지 아니한 이유로 경시되지 아니한다."

기본권 제한(헌법 제37조 2항)
"국민의 모든 자유와 권리는 국가 안전보장·질서유지 또는 공공복리를 위하여
필요한 경우에 한하여 법률로써 제한할 수 있으며, 제한하는 경우에도 자유와
권리의 본질적인 내용을 침해할 수 없다."

# 인간의 존엄과 가치
최고의 헌법적 가치이자 모든 기본권의 원천

모든 사람은 국민이기 이전에 인간입니다. 인간의 필요에 의해서 국가를 만들었지 국가가 인간을 만든 것은 아닙니다. 따라서 인간이 국가보다 근원적인 존재입니다. 국가는 인간, 즉 개인을 위해서 존재하는 것이지 전체주의 국가와 같이 국가를 위해서 개인이 존재하는 것은 아닙니다. 헌법은 이 점을 분명히 하고 있습니다.

> "모든 국민은 인간으로서의 존엄과 가치를 가지며, 행복을 추구할 권리를 가진다. 국가는 개인이 가지는 불가침의 기본적 인권을 확인하고 이를 보장할 의무를 진다."(제10조)

이 조항은 모든 기본권의 원천이 되는 조항으로 기본권의 해석과 적용을 이끄는 핵심 이념입니다.

인간의 존엄과 가치는 국가보다 우선하며 국가는 모든 국민이 누려야 할 인간의 존엄과 가치를 수호하기 위해 존재합니다. 따라서 국가권력은 어떠한 경우에도 인간의 존엄과 가치를 침해해서는 안 됩니다. 예를 들면 정치적 신념을 이유로 강제수용소에 가두거나 노예계약을 체결하는 행위, 고문이나 린치, 인신매매, 대량 학살을 자행하는 등의 행위는 절대적으로 금지됩니다.

인간의 존엄과 가치를 보장하기 위한 국가의 의무를 강조하여 우리 헌법은 "국가는 개인이 가지는 불가침의 기본적 인권을 확인하고 이를 보장할 의무를 진다."(제10조 뒷부분)고 규정하는 한편, "국민의 모든 자유와 권리는 국가 안전보장·질서유지 또는 공공복리를 위하여 필요한 경우에 한하여 법률로써 제한할 수 있으며, 제한하는 경우에도 자유와 권리의 본질적인 내용을 침해할 수 없다."(제37조 2항)고 규정하고 있습니다. 따라서 개별적인 기본권을 제한하는 경우에도 인간의 존엄과 가치를 훼손해서는 안 됩니다.

우리 헌법 제10조 '인간의 존엄과 가치' 조항은 〈미국독립선언〉 중 "창조주는 인간에게 양도할 수 없는 권리를 부여했으며, 그 권리 중에는 생명과 자유와 행복의 추구가 있다."는 구절과 〈프랑스인권선언〉 중 '인간의 자연적이고 양도 불가능하고 신성불가침한 권리' 등에서 연원하고 있고, 제2차 세계대전 이후 반인류적 범죄행위에 대한 반성으로 〈독일기본법〉과 〈일본헌법〉에 등장한 '인간의 존엄성 보장' 규정 등과 맥락을 같이하고 있습니다.


：'인간의 존엄과 가치'도 헌법상 개별적인 기본권이라고 볼 수 있나요?


'인간의 존엄과 가치'는 인간의 근원적 속성을 의미하기 때문에 개별적인 기본권과는 구별됩니다. 예컨대 교도소에 수감 중인 범죄자는 신체의 자유가 제한되지만 인간의 존엄과 가치라는 측면에서는 일반인과 차이가 없습니다. 인공호흡기에 의존해서 연명하는 의식불명의 환자는 헌법에 보장된 표현의 자유나 통신의 자유를 누릴 수는 없지만 정상인과 똑같이 인간의 존엄과 가치가 있는 것입니다.

'인간의 존엄과 가치'는 인간존재 그 자체라고도 말할 수 있습니다. 따라서 개별적 기본권은 경우에 따라 제한이 가능하지만 인간의 존엄과 가치는 어떠한 경우에도 훼손해서는 안 되는 것입니다.

한편 '인간의 존엄과 가치'가 개별 기본권은 아니지만 인격권이나 생명권처럼 우리 헌법에 명시되지 않은 기본권을 인정하는 근거로 학자들은 인간의 존엄과 가치를 들기도 합니다.

# 행복추구권
사람은 누구나 행복을 추구할 자유가 있다


행복은 주관적인 것입니다. 사람마다 행복의 기준이 다르고, 행복을 느끼는 감수성도 제각각입니다.

행복은 이처럼 주관적이기 때문에 나라에서 모든 국민을 행복하게 해 준다는 것은 불가능합니다. 그렇기 때문에 우리 헌법도 '행복권'이 아니라 '행복을 추구할 권리'라고 하고 있는 것입니다.

행복추구권은 국민이 국가에 대해서 행복하게 해 달라고 청구할 권리라기 보다는 개인이 자유롭게 행복을 추구하는 것을 방해당하지 않을 권리입니다. 이러한 점에서 행복추구권은 자유권의 일종이라고 볼 수 있습니다.

물론 헌법에는 개별적인 자유권 목록이 있습니다. 앞으로 살펴보게 될 신체의 자유, 표현의 자유, 직업의 자유, 거주·이전의 자유 등이 그것입니다. 그런데 사실 이들 개별적인 자유권 역시 개인의 행복추구를 위해서 필요한 것입니다.

그렇다면 행복추구권과 헌법에 명시된 개별적인 자유권은 어떤 관계에 있을까요? 헌법에 명시된 자유권 목록에 빠져 있거나 미처 예상하지 못했던 새로운 자유권을 행복추구권으로 메꾼다고 이해하면 됩니다. 이러한 관계를 "행복추구권은 개별적인 자유권에 대해서 보충적인 관계에 있다."고 표현하기도 합니다.

예를 들면 자기 취향대로 옷을 입거나 헤어스타일을 정할 권리, 서로 좋아하는 사람과 사귈 권리, 자기가 좋아하는 기호품이나 취미생활, 스포츠를 즐길 권리, 자기가 정한 상대방과 계약을 체결할 권리 등이 그것입니다. 이러한 것은 다른 개별적 기본권에 해당하지 않거나 해당 여부가 애매모호한 경우인데 이런 경우에 보충적으로 행복추구권이 적용되어 보호받을 수 있습니다.

행복추구권에서 파생되는 기본권으로 대표적인 것으로는 일반적 행동자유권, 개성과 인격의 자유로운 발현권이 있습니다. 일반적 행동자유권에는 계약의 자유, 성적性的 자기결정권, 자기 운명결정권 등이 있습니다. 개성과 인격의 자유로운 발현권으로부터는 생활 방식이나 취미 활동의 자유, 인격권(명예권, 초상권, 성명권, 개인정보 자기결정권) 등이 있습니다. 인격권은 행복추구권뿐만 아니라 인간의 존엄과 가치에도 그 뿌리를 두고 있습니다.

1776년 〈미국독립선언문〉은 생명, 자유, 행복추구를 신이 사람에게 부여한 양도할 수 없는 권리라고 하여 생명권, 자유권과 더불어 행복추구권의 불가침성을 강조했습니다. 제2차 세계대전 패전 후 일본은 헌법을 개정하면서 행복추구권을 명시했습니다. 우리 헌법은 1980년 헌법 개정에서 행복추구권을 도입하였습니다. 행복추구권의 구체적인 내용과 체계에 대해서는 아직 논란이 있습니다.

: '학교 정화구역 내의 극장 시설 및 영업을 금지하는 것'은 학생의 행복추구권을 침해하는 것일까요. 또 '자동차 좌석안전띠 착용을 의무화하는 것'은 행복추구권을 침해하는 것일까요?

아동과 청소년은 부모와 국가에 의한 단순한 보호 대상이 아닌 독자적 인격체이며, 그의 인격권은 성인과 마찬가지로 인간의 존엄성 및 행복추구권을 보장하는 헌법 제10조에 의하여 보호됩니다. 따라서 헌법이 보장하는 인간의 존엄성 및 행복추구권은 국가의 교육 권한과 부모의 교육권의 범주 내에서 아동에게도 자신의 교육환경에 관하여 스스로 결정할 권리, 그리고 자유롭게 문화를 향유할 권리를 부여한다고 할 수 있습니다. 이러한 점에서 볼 때 학교 정화구역 내의 극장 시설 및 영업을 금지하는 법률 조항(구 〈학교보건법〉)은, 아동·청소년의 문화 향유에 관한 권리 등 인격의 자유로운 발현과 형성을 충분히 고려하고 있지 않으므로 아동·청소년의 자유로운 문화향유에 관한 권리 등 행복추구권을 침해한다고 볼 수 있습니다.[17]

자동차 운전자가 좌석안전띠를 착용할지 여부는 본디 운전자의 자유입니다. 즉, 일반적 행동자유권의 범주에 속합니다. 그러나 우리 헌법 제37조 2항은 국가 안전보장, 질서유지, 공공복리를 위하여 필요한 경우에 한하여 법률로써 국민의 자유와 권리를 제한할 수 있다고 규정하고 있습니다. 교통사고 피해 감소라는 공공복리를 위해서는 자유에 대한 국가의 개입이 필요할 수 있습니다. 실제로 좌석안전띠 미착용에 대한 집중 단속을 실시하는 경우에 교통사고 사망자 수가 크게 감소하는 것이 통계적으로 입증되었습니다.

헌법재판소는 자동차 운전자에게 좌석안전띠 착용을 의무화하고 이를 위반한 경우에 범칙금을 부과하는 〈도로교통법〉의 관련 조항은 입법목적의 정당성(교통사고 피해 감소), 방법의 적절성(좌석안전띠 착용 의무화), 법익의 균형성(개인의 자유 보장과 국가의 재해 예방을 위한 개입 사이의 균형)을 충족하여 합헌이라고 보았습니다.[18]

---

17 헌재2004. 5. 27. 2003헌가1, 2004헌가4 (학교 정화구역 내 극장 시설 및 상영 금지 위헌)

18 헌재 2003.10.30. 2002헌마518 (좌석안전띠 착용 의무화 합헌)

# 평등권
모든 국민은 법 앞에 평등하다

누구든지 생활의 모든 영역에서 차별받지 않고 평등하게 대우받을 권리를 평등권이라고 하며, 그러한 원칙을 '평등의 원칙'이라고도 합니다.

평등은 자유와 더불어 인간이 날 때부터 누리는 천부인권으로 〈미국독립선언〉과 〈프랑스인권선언〉을 통해서 확인되었습니다.

1776년 〈미국독립선언〉은 "모든 사람은 평등하게 태어났다는 사실은 자명한 진리"라고 선언했습니다. 1789년 〈프랑스인권선언〉은 "인간은 법적으로 자유롭고 평등하게 태어나며 생존한다. 사회적 차별은 공동이익에 기초한 경우에 한해 행해질 수 있다."고 밝히고, 이어서 "법률은 만인에 대해서 평등해야 한다. 법률 앞에 평등한 모든 시민은 덕성과 재능에 의한 차별 이외에는 누구나 그의 능력에 따라서 공적인 고위직, 지위, 직무 등에 동등하게 임명될 수 있다."고 선언했습니다.

우리 헌법은 "모든 국민은 법 앞에 평등하다. 누구든지 성별·종교 또는 사회적 신분에 의하여 정치적·경제적·사회적·문화적 생활의 모든 영역에 있어서 차별을 받지 아니한다."(제11조 1항)고 하여 평등의 원칙을 선언하고, "사회적 특수 계급의 제도는 인정되지 아니하며, 어떠한 형태로도 이를 창설할 수 없다."(같은 조 2항)고 하여 특수 계급 창설을 금지하고 있습니다. 아울러 국가가 수여하는 "훈장 등의 영전은 이를 받은 자에게만 효력이 있고, 어떠한 특권도 이에 따르지 아니한다."(같은 조 3항)는 원칙을 밝혔습니다.

'법 앞에 평등하다.'는 말은 법 적용을 평등하게 해야 하는 것은 물론, 그 법의 내용까지도 평등해야 한다는 뜻으로 해석됩니다. 법의 내용이 차별적인 것이라면 그 법은 평등권을 침해하는 위헌법률이 되고 마는 것입니다. 이처럼 법의 적용은 물론 내용까지도 평등해야 한다는 것을 일컬어서 '실질적 평등'이라고 합니다. 과거에는 '형식적 평등' 즉 법 적용만 평등하면 된다고 보았지만, 오늘날에는 법 내용의 평등을 뜻하는 '실질적 평등'까지 요구받고 있습니다. 즉 국가는 입법 단계에서부터 불합리한 차별이 발생하지 않도록 고려할 의무가 있습니다.

헌법상의 기본권은 크게 자유권, 청구권, 참정권, 사회권으로 분류할 수 있지만 평등권은 이 분류 어디에도 속하지 않는 독립적인 권리이자 헌법 원리입니다. 또한 평등권은 모든 기본권의 해석과 적용에서 반드시 함께 고려해야 하는 기본권입니다. 국민의 권리를 제한하거나 이익을 주는 등의 국가의 모든 행위는 평등의 원칙에 따라야하며, 평등의 원칙에 위배되는 국가의 행위는 위헌이 됩니다.

우리 헌법은 성별, 종교, 사회적 신분에 의한 차별을 금지하고 있습니다. 여기에 열거한 '성별, 종교, 사회적 신분'은 하나의 예시라고 보아야 합니다. 즉 이외에도 출신 지역, 가문, 정치적 신념, 학력, 직업을 이유로 한 차별도 허용되지 않습니다.

한편 헌법에 의해서 금지되는 차별은 불합리한 차별입니다. 합리적 차별은 허용됩니다. 헌법재판소도 평등의 원칙은 일체의 차별적 대우를 부정하는 '절대적 평등'을 의미하는 것이 아니라 입법과 법의 적용에서 합리적 근거 없는 차별을 해서는 안 된다는 '상대적 평등'을 뜻하고, 따라서 합리적 근거 있는 차별 내지 불평등은 평등의 원칙에 반하지 않는다고 했습니다.[19]

예를 들면 여성에게 병역의무를 부과하지 않는 것은 여성의 신체적 특성을 감안한 합리적 차별이라고 할 수 있습니다. 의과대학을 졸업하고 자격을 취득한 사람에게만 의사라는 직업에 종사할 수 있도록 하는 것은 국민의 생명과 건강을 보호하기 위한 합리적 차별입니다.

그러나 무엇이 합리적 차별이고 무엇이 불합리한 차별인가를 구별하는 것은 쉽지 않은 일입니다. 또 합리적이냐 불합리하냐는 판단기준 역시 시대 변화에 따라 달라질 수 있습니다.

평등의 원칙은 모든 국민이 차별받지 않고 평등한 기회를 보장받을 것을 요구합니다. 이를 '기회의 평등'이라고 합니다. 그러나 오늘날에는 경제적인 측면에서 '결과의 불평등'이 날로 심화되고 있습니다. 결과의 불평등을 방치함으로써 그로 인한 계층 간 격차가 굳어지면

'기회의 평등'까지도 무너질 우려가 있습니다. 현대 헌법에서는 극심한 결과의 불평등을 바로잡기 위해 부의 적정한 분배와 인간다운 생활의 보장이 중요한 과제로 대두되고 있습니다.

우리 헌법은 제11조에서 평등의 원칙을 규정하는 것 이외에도 차별을 금지하는 여러 규정을 두고 있습니다. 능력에 따라 균등하게 교육을 받을 권리(제31조 1항), 고용·임금 및 근로조건에서 여성에 대한 부당한 차별 금지(제32조 4항), 혼인과 가족생활에서의 양성 평등(제36조 1항), 병역의무의 이행으로 인한 불이익한 처우 금지(제39조 2항), 보통선거와 평등선거의 원칙(제41조 1항, 제67조 1항) 등이 그것입니다.

　**┇ 제대군인에게 공무원시험에서 가산점을 주는 것은 '평등의 원칙'에 위배될까요?**

제대군인에게 공무원시험 가산점을 주는 것은 군복무를 할 수 없는 장애인이나 병역의무가 부과되지 않는 여성에 대한 불합리한 차별이므로 위헌이라는 것이 헌법재판소의 입장입니다.[20]

그러나 여기에 대해서는 이후에도 계속 다른 의견이 제기되고 있습니다. 그 이유는 정부의 병력 충원 계획에 의해서 사실상 일부 국민에게만 병역의무가 부과되고 상당수 국민이 다양한 이유로 병역이 면제되는 상황이기 때문입니다. 또한 일부 유명 운동선수에 대한 시혜적 성격의 군복무 면제, 상류층의 병역비리 또는 외국 국적 취득을 통한 병역면제 등으로 군복무 형평성에 대한 강한 불신이 국민정서에 폭넓게 자리 잡고 있습니다.

　미국의 경우 참전 제대군인에 대한 공무원 시험 가산점을 인정하고 있습니다.

19 헌재 1994.2.24. 92헌바43 (주택조합원을 무주택자에 한정하는 〈주택건설촉진법〉 합헌)
20 헌재 1999.12.23. 98헌마363 (제대군인 가산점 위헌)

# 자유권

세계사는 자유가 확대되온 역사입니다. 인류는 시민혁명을 통해서 천부인권을 쟁취했습니다. 천부인권의 내용은 주로 자유권에 해당하는 신체의 자유, 언론·출판·집회·결사 등 표현의 자유, 신앙 및 양심의 자유, 사생활의 비밀과 자유, 통신의 자유, 재산권 등입니다. 자유권은 개인이 국가의 부당한 간섭을 받지 않을 권리이며 국가보다 앞서서 존재하는 권리입니다. 따라서 자유권은 '국민의 권리'인 참정권이나 청구권과 달리 '인간의 권리'라고도 합니다. 국가는 국가 안전보장, 질서유지, 공공복리 등 필요한 경우에 한하여 법률로써 개인의 자유를 제한할 수 있으나 이 경우에도 자유와 권리의 본질적인 내용은 침해할 수 없습니다.

우리 헌법에 명시된 자유권적 기본권으로는 신체의 자유(제12조, 제13조), 거주·이전의 자유(제14조), 직업의 자유(제15조), 주거의 자유(제16조), 사생활의 비밀과 자유(제17조), 통신의 비밀(제18조), 양심의 자유(제19조), 종교의 자유(제20조), 언론·출판·집회·결사의 자유(제21조), 학문·예술의 자유(제22조), 재산권(제23조)이 있습니다. 이 밖에도 행복추구권(제10조)은 일반적 행동자유권 등 헌법에 열거되지 아니한 자유권의 근거가 됩니다.

# 신체의 자유

생명·신체의 안전 및 부당한 속박으로부터의 자유

우리 헌법은 "모든 국민은 신체의 자유를 가진다."(제12조 1항 앞부분)고 규정합니다. 신체의 자유는 신체의 안전을 침해받지 않을 자유, 신체를 속박당하지 않을 자유를 말합니다. 사람의 몸은 사람 그 자체이므로, 신체의 자유는 자유권의 가장 직접적이고 원초적인 보호대상입니다.

우리 헌법은 특히 형사사법절차에서 신체의 자유를 보호하기 위하여 자세한 규정을 두고 있습니다. 범죄 수사와 재판, 형벌 집행으로 이어지는 형사사법절차는 신체의 자유에 대한 제한을 수반하고, 항상 인권침해의 위험에 노출되어 있기 때문입니다.

우리 헌법은 형사사법절차로부터 인권을 보호하기 위해 죄형법정주의(제12조 1항 뒷부분, 제13조 1항 앞부분), 고문 금지 및 진술거부권(제12조 2항), 영장주의(제12조 3항), 변호인의 조력을 받을 권리(제12조 4항), 체포·구속의 이유를 고지 받을 권리(제12조 5항), 체포·구속에 대한 적부심사청구권(제12조 6항), 고문 등에 의한 자백의 증거능력 배제 및 정식재판에서 자백의 증명력 제한(제12조 7항), 일사부재리 원칙(제13조 1항 뒷부분), 연좌제 금지(제13조 3항), 무죄추정의 원칙(제27조 4항) 등을 규정하고 있습니다.

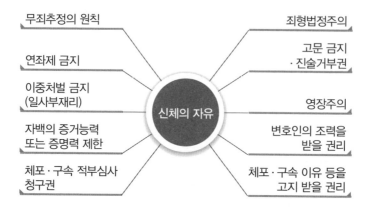

신체의 자유

무죄추정의 원칙

연좌제 금지

이중처벌 금지
(일사부재리)

자백의 증거능력
또는 증명력 제한

체포·구속 적부심사
청구권

신체의 자유

죄형법정주의

고문 금지
·진술거부권

영장주의

변호인의 조력을
받을 권리

체포·구속 이유 등을
고지 받을 권리

## (1) 죄형법정주의

죄형법정주의는 어떤 행위가 범죄가 되고, 그 범죄를 저지른 경우 어떤 형벌을 받게 되는지에 대하여 법률에 미리 규정되어 있어야 한다는 원칙을 말합니다. 죄형법정주의는 신체의 자유를 보장하기 위한 전제가 되는 원리입니다.

우리 헌법은 "모든 국민은 신체의 자유를 가진다. 누구든지 법률에 의하지 아니하고는 체포·구속·압수·수색 또는 심문을 받지 않으며, 법률과 적법한 절차에 의하지 아니하고는 처벌·보안처분 또는 강제 노역을 받지 아니한다."(제12조 1항)라고 하여 죄형법정주의를 선언하고 있습니다.

어떤 행위가 범죄가 되는지 안 되는지 법률에 미리 규정되어 있지 않다면, 수사기관이나 법원은 마음대로 사람들을 구속하고 처벌할 수 있고, 사람들은 언제 어떤 일로 자기가 처벌받을지 전혀 알 수 없습니다. 따라서 어떤 행위가 범죄가 되는지, 그리고 그 범죄행위에 대한 처벌은 어떤 것인지 미리 법률로 정해야 합니다. 죄형법정주의에는 몇 가지 세부적인 원칙이 있습니다. '명확성의 원칙', '유추해석 금지의 원칙', '형벌 불소급의 원칙' 등이 그것입니다.

법률은 명확해서 누구나 쉽게 이해할 수 있어야 합니다. 이것을 '명확성의 원칙'이라고 합니다. 예를 들면 "국익에 위배되는 행위를 한 사람은 처벌한다."는 법 규정이 있다고 가정합시다. 이는 국익의 개념 자체가 너무 포괄적이어서 무엇이 국익에 위배되는 행위인지 도저히 알 수 없기 때문에 명확성의 원칙에 위배됩니다. 명확성의 원칙은 헌법에 명문의 규정은 없지만 죄형법정주의의 기본 요소로 당연히 인정되는 것입니다.

명확성의 원칙과 더불어 유추해석도 금지됩니다. 법률에 명시된 문언의 범위를 넘어서 다른 행위에 대해서까지 법률을 확대 적용하는 것을 유추해석이라고 합니다. 예컨대 살인죄의 구성요건인 '사람을 살해한 자'에서 '사람'의 범위에 인공지능 로봇까지 포함시키는 것을 말합니다. 이러한 유추해석은 죄형법정주의에 반하기 때문에 허용되지 않습니다.

한편 어떤 범죄행위를 처벌하려면 그 행위가 이루어진 당시에 이미 처벌 법규가 존재하고 있어야 합니다. 이를 '행위시법주의'라고 합니다. 만약 행위 당시에는 범죄가 아니었는데 뒤늦게 법률을 만들어서 그 행위를 소급하여 범죄로 다스린다면, 사람들은 불안에 시달

릴 것입니다. 이처럼 범죄의 성립과 처벌에 관한 법률을 그 법률이 존재하기 이전 시점으로 소급하여 적용하는 것을 금지하는데 이를 '형벌 불소급의 원칙'이라고 합니다. 우리 헌법은 "모든 국민은 행위 시의 법률에 의하여 범죄를 구성하지 아니하는 행위로 소추되지 아니"한다(제13조 1항)고 하여 형벌 불소급의 원칙을 밝히고 있습니다. 형벌 불소급의 원칙은 형벌에 대하여만 적용되므로 성폭력 범죄자의 신상정보공개를 과거에 범죄를 저지른 자에게 소급하여 적용하는 것은 형벌 불소급의 원칙에 위반하지 않습니다.[21]

한편 헌법은 형벌뿐 아니라 소급입법에 의한 참정권 제한이나 재산권 박탈도 금지하고 있습니다(같은 조 2항).

범행 당시 법률에 의하면 범죄였던 행위가 범행 이후 법률이 변경되어서 더 이상 범죄가 되지 않거나 형량이 가벼워진 경우에도 형벌 불소급의 원칙이 적용될까요?

이 경우에는 바뀐 법률이 소급 적용되어도 헌법이 금지하는 소급입법에는 해당하지 않습니다. 과거에 범죄였던 행위가 법률의 변경으로 더 이상 범죄가 아니게 되거나 형량이 가벼워졌다는 것은 그 행위에 대한 처벌 필요성이 없어지거나 약해졌다는 것을 의미하고, 이런 경우에는 새 법률을 소급 적용하는 것이 인권을 보호하는 결과를 가져오기 때문입니다. 형벌 불소급의 원칙은 인권 보호를 목적으로 한다는 사실을 생각하면 이해가 쉽게 될 것입니다. 예를 들면 형법의 간통죄 조항이 헌법재판소에 의해 위헌으로 결정되면 간통

죄 조항은 소급하여 효력을 상실합니다. 일반적으로 헌법재판소 위헌 결정의 효력은 장래를 향하여 발생하지만 형벌 규정은 예외적으로 소급하여 효력을 상실합니다.

### (2) 고문 금지와 진술거부권

수사기관이 범죄 피의자의 자백을 얻어내거나 진술을 강요하기 위해서 신체적 정신적 고통을 가하는 것을 고문이라고 합니다. 우리 헌법은 "모든 국민은 고문을 받지 아니하며, 형사상 자기에게 불리한 진술을 강요당하지 아니한다."(제12조 2항)라고 하여 고문 금지를 명시하였습니다.[22]

또한 우리 헌법은 "모든 국민은…… 형사상 자기에게 불리한 진술을 강요당하지 아니한다."(같은 조 2항 뒷부분)라고 하여 진술거부권을 명시하고 있습니다. 진술거부권은 말하지 않을 권리이므로 묵비권이라고도 합니다. 진술거부권은 수사와 재판 등 형사사법절차는 물론 행정절차나 국회에서의 청문회 등 어디에서나 자기의 진술이 형사상 불리한 경우에 인정됩니다.

진술은 말이나 글로써 어떤 상황에 대하여 설명하는 것이므로 지문 날인이나 음주 측정은 진술거부권의 대상이 아닙니다.

교통사고를 일으킨 운전자에게 신고 의무를 부과한 〈도로교통법〉의 관련 규정에 대한 위헌심판에서, 헌법재판소는 '피해자 구호 및 교통질서 회복을 위한 조치'가 필요한 범위 내에서 교통사고의 객관적 내용만을 신고하도록 한 것으로 해석하고, 형사책임과 관련되는 사항에는 적용되지 아니하는 것으로 해석하는 한 헌법에 위반되지 않는다고 판시했습니다.

진술을 거부하면 뭔가 그 사람에게 불리한 사정이 있을 것으로 짐작하게 됩니다. 그러나 진술거부권을 행사했다는 사실 때문에 불이익을 받게 된다면 진술거부권을 보장한 의미가 없어집니다.

이에 〈형사소송법〉은 진술거부권 등의 고지에 대하여 보다 구체적으로 규정하고 있습니다. 즉, 검사 또는 사법경찰관은 피의자를 신문하기 전에 △일체의 진술을 하지 아니하거나 개개의 질문에 대하여 진술을 하지 아니할 수 있다는 것, △진술을 하지 아니하더라도 불이익을 받지 아니한다는 것, △진술을 거부할 권리를 포기하고 행한 진술은 법정에서 유죄의 증거로 사용될 수 있다는 것, △신문을 받을 때에는 변호인을 참여하게 하는 등 변호인의 조력을 받을 수 있다는 것을 알려 주어야 합니다(형사소송법 제244조의3).

### (3) 영장주의

영장주의란 체포·구속·압수·수색 등의 강제처분을 할 때에는 사법권의 독립에 의하여 그 신분이 보장되는 법관이 발부한 영장에 의해야만 한다는 원칙을 말합니다. 우리 헌법은 "체포·구속·압수 또는 수색을 할 때에는 적법한 절차에 따라 검사의 신청에 의하여 법관이 발부한 영장을 제시하여야 한다."(제12조 3항)고 하여 영장주의를 명시하고 있습니다.

영장주의의 본질은, 신체의 자유를 침해하는 강제처분을 할 때에는 중립적인 법관이 구체적 판단을 거쳐 발부한 영장에 의해서 해야만 한다는 데에 있습니다. 따라서 헌법에서 영장의 발부에 관하여 '검사의 신청'에 의할 것을 규정한 취지는, 모든 영장의 발부에 검사의 신청이 필요하다는 것이 아니라 '수사 단계'에서 영장의 발부를 신청할 수 있는 자를 검사로 한정함으로써, 검사 아닌 다른 수사기관의 영장 신청에서 오는 인권유린의 폐해를 방지하고자 함에 있습니다. 따라서 '공판 단계'에서 법원이 직권에 의하여 구속영장을 발부할 수 있음을 규정한 〈형사소송법〉 제70조 1항(죄를 범하였다고 의심할만한 상당한 이유가 있는 피고인이 △일정한 주거가 없거나 △증거인멸의 염려가 있거나 △도망하거나 도망할 염려가 있을 때 법원이 피고인을 구속할 수 있음) 및 제73조 중 "(법원이) 피고인을 …… 구인 또는 구금함에는 구속영장을 발부하여야 한다."고 한 부분은 앞에서 말한 헌법 조항(제12조 3항)에 위반되지 않습니다.[23]

영장은 체포·구속·압수·수색을 하기 전에 미리 발부되어야 합니다. 이를 '사전영장주의'라고 합니다. 다만, 우리 헌법은 "현행범인인 경우와 장기 3년 이상의 형에 해당하는 죄를 범하고 도피 또는 증거인멸의 염려가 있을 때에는 사후에 영장을 청구할 수 있다."(제12조 3항 단서)고 하여 사전영장주의의 예외를 인정합니다.

헌법은 체포·구속·압수·수색에 대한 영장주의를 명시하고 있지만 〈형사소송법〉은 '검증'의 경우에도 영장이 필요하다고 규정하고 있습니다(형사소송법 제215조). 검증이란 사람, 장소, 물건의 성질이나 형상을 감각기관의 작용에 의하여 인식하는 것을 말합니다. 예컨대 혈액 채취, 세포 채취, X선 촬영과 같은 신체검사나 사체의 해부, 분묘의 발굴 등이 검증에 해당합니다.

구속에는 반드시 영장주의가 적용되어야 합니다. 그러나 체포·압수·수색·검증은 〈형사소송법〉에 영장을 요하지 않는 경우가 명시되어 있습니다. 예를 들면 긴급체포, 현행범인 체포나 구속영장 집행 현장에서의 압수·수색·검증은 영장 없이도 할 수 있습니다(형사소송법 제216조).

### (4) 변호인의 조력을 받을 권리

피의자 또는 피고인이 변호인을 선임하여 수사 및 공판절차에서 상담 및 조언 등의 도움을 받고, 구속된 경우 변호인과 접견·교통을 할 권리를 '변호인의 조력을 받을 권리'라고 합니다. 변호인을 통한 소송관계 서류의 열람·등사권과 변호인과 주고받는 서신의 비밀보장, 국선변호인의 도움을 받을 권리도 여기에 포함됩니다.

우리 헌법은 "누구든지 체포 또는 구속을 당한 때에는 즉시 변호인의 조력을 받을 권리를 가진다."(제12조 4항)고 하여 변호인의 조력을 받을 권리가 헌법상의 권리임을 밝히고, "형사피고인이 스스로 변호인을 구할 수 없을 때에는 법률이 정하는 바에 의하여 국가가 변호인을 붙인다."(같은 조 4항 단서)고 하여 국선변호인 제도를 두고 있습니다.

또한 "누구든지 체포 또는 구속의 이유와 변호인의 조력을 받을 권리가 있음을 고지 받지 아니하고는 체포 또는 구속을 당하지 아니한다."(같은 조 5항)고 하여, 체포·구속 전에 반드시 변호인의 조력을 받을 권리가 있다는 사실을 고지하도록 의무화하고 있습니다.

변호인의 조력을 받을 권리의 필수적 내용은 '접견교통권'입니다. 접견교통권은 신체 구속을 당한 사람과 변호인의 접견에서 대화 내용에 대한 비밀이 완전히 보장되고 어떠한 제한·영향·압력 또는 부당한 간섭 없이 자유롭게 대화할 수 있는 권리입니다.

따라서 신체 구속을 당한 사람(미결수용자)이 변호인과 접견할 때는 시간과 횟수에 제한이 없으며 교도관이나 수사관 등 관계 공무원이 참여하지 못할 뿐만 아니라 그 내용을 청취 또는 녹음할 수도 없습니다.

변호인과의 자유로운 접견은 신체 구속을 당한 사람에게 보장된 변호인의 조력을 받을 권리의 가장 중요한 내용이어서 국가 안전보장, 질서유지, 공공복리 등 어떠한 명분으로도 제한할 수 없습니다.[24]

헌법은 '체포 또는 구속을 당한 사람'이 변호인의 조력을 받을 권리를 가진다고 규정하고 불구속 상태의 피의자·피고인에 대해서는 아무런 언급이 없습니다. 그러나 불구속 피의자·피고인도 헌법상 법치국가 원리, 적법절차 원칙에 의해 당연히 변호인의 조력을 받을 권리를 가집니다.

### (5) 체포·구속의 이유를 고지 받을 권리

우리 헌법은 "누구든지 체포 또는 구속의 이유와 변호인의 조력을 받을 권리가 있음을 고지 받지 아니하고는 체포 또는 구속을 당하지 아니한다. 체포 또는 구속을 당한 자의 가족 등 법률이 정하는 자에게는 그 이유와 일시·장소가 지체 없이 통지되어야 한다."(제12조 5항)고 규정하고 있습니다.

이 조항은 진술거부권의 고지와 더불어 이른바 '미란다의 원칙'을 규정하고 있는 것입니다. 미란다의 원칙이란 피의자 또는 피고인을 체포·구속하는 경우에 체포·구속 이유와 진술거부권, 변호사 선임권을 고지 받을 권리로 신체 구속을 당하는 자의 기본권 보장을 위한 핵심 요소입니다.

체포·구속의 이유와 변호인의 조력을 받을 권리를 '고지'하지 않거나 가족 등에 대한 '통지'를 하지 않는 것은 불법적인 공권력 행사이므로 거부할 수 있으며, 그 상태에서 수집된 증거는 위법 수집 증거이므로 피고인에게 불리한 증거로 사용할 수 없습니다.

'체포 또는 구속을 당한 자의 가족 중 법률이 정한 자'에 대하여는 〈형사소송법〉이 규정하고 있습니다. 즉, 변호인이 있는 경우에는 변호인에게, 변호인이 없는 경우에는 법정대리인, 배우자, 직계친족과 형제자매에게 고지하여야 합니다(형사소송법 제87조, 제30조 2항, 제200조의5, 제200조의6, 제209조 등).

수사기관이 위의 고지 및 통지 의무를 이행하지 않음으로써 〈형법〉상 직무유기죄 또는 불법체포감금죄를 구성하는 경우에는 형사처벌의 대상이 될 수도 있으므로 주의해야 합니다.

### (6) 체포·구속의 적부심사

체포와 구속은 신체의 자유에 대한 중대한 침해이므로 우리 헌법은 이 경우에 법관이 발부한 영장을 요구하고 있습니다. 나아가 헌법은 일단 체포·구속된 이후에도 피의자가 법원에 대하여 체포·구속이 적절한지 여부를 심사해 줄 것을 청구할 수 있도록 하여 인권 보호에 충실하고자 노력하고 있습니다.

즉 "누구든지 체포 또는 구속을 당한 때에는 적부의 심사를 법원에 청구할 권리"를 가집니다(제12조 6항). 이것을 보통 구속적부심사라고 하는데 구속의 경우뿐 아니라 체포를 당한 경우에도 적부심사를 청구할 수 있습니다.

구속적부심사와 구별해야 할 것으로 영장실질심사제도가 있습니다. 영장실질심사제도는 일단 체포된 피의자(체포영장에 의한 체포, 긴급체포, 현행범체포)에 대한 구속영장이 청구된 경우에, 구속영장 청구를 받은 판사가 구속영장을 발부하기 전에 '반드시' 피의자를 심문하여 영장 발부 여부를 결정하도록 하는 제도입니다. 체포되지 않은 피의자에 대하여 구속영장이 청구된 경우에는, 피의자가 죄를 범했다고 의심할 만한 이유가 있는 경우에 판사가 구인을 위한 구속영장을 발부하여 피의자를 구인한 후 심문하는 방식으로 영장실질심사를 할 수 있습니다(형사소송법 제201조의2).

우리 헌법은 비상계엄의 경우 법률이 정하는 바에 의하여 영장제도에 관하여 특별한 조치를 할 수 있다고 규정하고 있습니다(제77조 3항). 하지만 비상계엄 하에서도 인권에 대한 제약은 국가비상사태에 대비하기 위한 목적의 범위 내에서 필요 최소한도에 그쳐야 할 것입니다. 만약 비상계엄이 선포되었다는 이유만으로 영장 없이 사람을 구속할 수 있도록 한다면 이는 중대한 인권침해에 해당합니다. 헌법이 말하는 '영장제도에 관한 특별한 조치'가 영장제도의 원천적인 배제를 뜻하는 것은 아닙니다.

### (7) 자백의 증거능력 또는 증명력 제한

우리 헌법에 의하면 "자백이 고문·폭행·협박·구속의 부당한 장기화 또는 기망 기타의 방법에 의하여 자의로 진술한 것이 아니라고 인정될 때"에는 그 자백을 유죄의 증거로 삼거나 이를 이유로 처벌할 수 없습니다(제12조 7항). 즉 고문 등에 의한 자백은 증거능력(증거로서의 법률적 자격)이 절대적으로 부정되어 재판에서 증거로 사용할 수 없습니다. 약물을 투여해서 자백을 얻어 내려고 하는 것도 신체에 대한 폭행, 가혹 행위이므로 고문에 해당됩니다.

한편 헌법은 고문 등에 의한 것인지 여부를 묻지 않고, 자백이 정식재판에서 피고인에게 불리한 유일한 증거일 때에도 이를 증거로 삼거나 처벌할 수 없다고 하였습니다(같은 조 7항 뒷부분). 이런 경우에 자백만을 근거로 처벌할 수 있다면 피고인이 허위 자백을 하는 경우에 정작 진범을 놓치게 될 수도 있고, 무엇보다도 피고인의 자백을 받아내기 위한 무리한 수사로 인권침해가 우려되기 때문입니다.

자백이 정식재판에서 유일한 증거인 경우 그것이 고문 등에 의한 것이 아닌 한 '증거능력'은 인정됩니다. 다만 자백의 '증명력'이 제한되는 것입니다. 따라서 이 경우 피고인에게 유죄판결을 내리기 위해서는 자백의 진실성을 확인할 수 있는 보강증거가 반드시 있어야 합니다.

정식재판이 아닌 약식절차나 즉결심판절차에서는 피고인의 자백만으로도 처벌할 수 있습니다. 이 경우에도 피고인이 불복을 할 경우에는 정식재판을 받을 수 있으며, 정식재판으로 넘어가면 역시 자백만으로 처벌할 수 없습니다.

### (8) 이중 처벌 금지의 원칙(일사부재리의 원칙)

이중 처벌 금지의 원칙이란 어떤 사건에 대하여 판결이 확정되었을 경우, 동일 사건에 대하여 두 번 다시 공소의 제기를 허용하지 않는 원칙을 말합니다.

이중 처벌은 처벌 또는 제재가 동일한 행위를 대상으로 거듭 행해 질 때 발생하는 문제입니다.[25]

우리 헌법은 모든 국민은 "동일한 범죄에 대하여 거듭 처벌받지 아 니한다."(헌법 제13조 1항 뒷부분)고 하여 '이중 처벌 금지'를 규정하고 있습니다. 여기서 말하는 처벌은 형사처벌, 즉 형벌을 의미합니다. 따라서 형벌이 아닌 행정처분, 예컨대 과징금이나 보안처분 등을 형 벌과 함께 부과하는 것은 이중 처벌에 해당하지 않습니다.

형벌의 종류는 형법에 규정되어 있는데, 여기에는 사형, 징역, 금 고, 벌금, 구류, 과료, 몰수가 있습니다. 사형은 생명형, 징역·금고· 구류는 자유형, 벌금·과료·몰수는 재산형입니다. 벌금은 경우에 따 라서 자유형과 함께 부과될 수 있습니다. 과료는 2천 원 이상 5만 원 이하의 소액 벌금이지만 엄연히 형벌에 해당하므로 행정벌인 과태료 와 구별됩니다. 몰수는 "타형에 부가하여 과한다."고 〈형법〉에 정해 져 있으므로 이중 처벌에 해당하지 않습니다.

성범죄자를 처벌하면서 범죄자의 신상을 공개하는 것은 형벌과는 목적이나 심사 대상 등을 달리하는 보안처분에 해당하므로, 동일한 범죄행위에 대하여 형벌과 병과된다고 해도 이중 처벌 금지의 원칙 에 위반되지 않습니다.[26]

## (9) 연좌제 금지

우리 헌법은 "모든 국민은 자기의 행위가 아닌 친족의 행위로 인하여 불이익한 처우를 받지 않는다."(제13조 3항)고 하여 연좌제를 금지하고 있습니다. 여기서 말하는 불이익한 처우에는 형사처벌뿐만 아니라 공직 취임 제한, 승진이나 인사상의 불이익, 해외여행 제한 등 널리 사회적 불이익도 포함됩니다. 과거 정치범이나 사상범의 경우 연좌제로 인한 피해가 많았습니다. 그러나 이러한 연좌제는 '자기책임의 원칙'에 어긋나기 때문에 법치국가에서는 허용될 수 없는 전근대적인 제도입니다.

## (10) 무죄추정의 원칙

유죄가 확정되기 전까지는 피고인 또는 피의자를 무죄로 추정하는 '무죄추정의 원칙'은 우리 헌법상 재판청구권을 규정한 제27조에 명시되어 있습니다.

즉 헌법은 "형사피고인은 유죄의 판결이 확정될 때까지는 무죄로 추정된다."(제27조 4항)고 규정하고 있습니다. 헌법 조항은 형사피고인에 대한 무죄추정만을 규정하고 있으나 재판 전 수사 단계의 피의자에게도 당연히 무죄추정의 원칙이 적용됩니다. 헌법재판소도 "무죄추정의 원칙은 수사 절차에서 공판 절차에 이르기까지 형사 절차의 전과정을 지배하는 지도 원리로서 인신의 구속 자체를 제한하는 원

리로 작용한다."고 밝혔습니다.[27]

무죄추정의 원칙 때문에 형사사법절차에서 피의자 또는 피고인이 유죄라는 입증책임은 어디까지나 검사에게 있으며, 범죄의 확증이 없을 경우에는 '의심스러울 때는 피고인의 이익으로' 보아야 합니다. 또한 범죄 수사와 재판은 불구속이 원칙이며, 부득이 구속을 하더라도 그 기간은 최소한에 그쳐야 합니다. 수사기관이 피의 사실을 함부로 공개하는 것을 〈형법〉상 '피의사실공표죄'로 처벌하는 것도 무죄추정의 원칙에서 비롯됩니다.

21 헌재 2016.12.29. 2015헌바196 등 (성범죄자 신상정보 공개 소급 적용 합헌)
22 헌재 1990.8.27. 89헌가118 (교통사고 운전자의 신고 의무 한정합헌)
23 헌재 1997. 3. 27. 96헌바28 등 (법원의 직권에 의한 구속 합헌)
24 헌재 1992.1.28. 91헌마111 (미결수용자의 변호인 접견에 교도관 참여 위헌)
25 헌재 2005.7.21. 2003헌바98 (성범죄자 신상정보 공개는 이중 처벌에 해당하지 않음)
26 헌재 2005.7.21. 2003헌바98 (성범죄자 신상정보 공개는 이중 처벌에 해당하지 않음)
27 헌재 2003.11.27. 2002헌마193 (무죄추정의 원칙)

# 거주·이전의 자유
살고 싶은 곳에 살고, 가고 싶은 곳으로 갈 자유

거주·이전의 자유는 자기가 살거나 머물고 싶은 곳에 있을 자유와 그러한 장소로 이동할 자유를 말합니다. 우리 헌법은 "모든 국민은 거주·이전의 자유를 가진다."(제14조)고 하여 거주·이전의 자유를 보장합니다. 거주·이전의 자유는 국내에서의 거주·이전은 물론 해외여행과 이민의 자유, 국적 변경의 자유, 입국의 자유와 출국의 자유도 포함됩니다. 거주·이전의 자유가 보장되므로 강제 이주는 허용되지 않습니다. 거주·이전의 자유는 사람들이 국가 또는 왕의 소유물이 아니라는 것을 의미하는 중요한 자유권입니다.

거주·이전의 자유의 한 내용으로 해외여행의 자유가 인정되지만, 전쟁 중인 국가와 같이 해외 위난 지역에서 국민을 보호하기 위해 해당 지역을 방문하거나 체류하는 것을 금지하는 것은 거주·이전의 자유에 대한 침해가 아닙니다. 거주·이전의 자유도 국가 안전보장·질서유지 또는 공공복리를 위해서 제한될 수 있기 때문입니다. 마찬가지로 대한민국 국민이 북한을 방문할 때에도 이러한 이유로 제한이 있습니다. 그러나 북한 주민이 북한 지역을 탈출하여 남한 지역으로 귀순하는 것은 허용됩니다.

: 원자력발전소의 안전에 대한 불안 때문에 이사를 가려 하는데, 집
  이 팔리지 않아 이사를 갈 수 없는 마을 사람들이 주장할 수 있는
  헌법상 권리는 무엇일까요?

바닷가 작은 어촌 마을에 원자력발전소가 들어섰습니다. 그러자 마을 사람들은 안전에 대한 불안감으로 다른 지역으로 이사를 가기 위해 집을 내놓았습니다. 원자력발전소가 들어선 것은 이 마을 사람들만을 위한 것도 아니고 이 마을 사람들이 원해서도 아닙니다. 또 원자력발전소가 아무리 안전하다고 해도 마을 사람들의 불안감을 완전히 해소하는 방법은 결국 마을을 떠나는 것밖에 없습니다. 그러나 체르노빌 원전 사고, 후쿠시마 원전 사고와 같은 대형 원전 사고를 지켜본 다른 지역 사람들이 원자력발전소 부근으로 이사 올 가능성은 거의 없습니다. 살고 있는 집이 팔리지 않는 이상 시골마을 사람들이 다른 지역으로 이사를 간다는 것은 어려운 일입니다.

이 경우 시골마을 사람들은 헌법상 거주·이전의 자유가 침해되었음을 이유로 국가에 이주 지원을 요구해 볼 수 있을 것입니다. 이처럼 자유권의 '실질적 보장'을 위하여 국가의 개입을 필요로 하는 사례가 점차 늘고 있습니다.

# 직업의 자유
## 자유로운 직업 활동을 통한 자아실현

직업이란 사람이 생계를 유지하기 위해 계속 종사하는 경제활동을 뜻합니다. 고용된 직장인은 물론 자영업자, 기업도 직업의 자유를 누립니다. 우리 헌법은 "모든 국민은 직업 선택의 자유를 가진다."(제15조)고 규정하고 있습니다. '직업 선택의 자유'라고 표현했지만 직업 선택은 물론 직업 활동까지 포함하는 '직업의 자유'를 보장하는 것으로 해석됩니다.

직업의 자유는 재산권 보장과 더불어 경제활동과 관련된 대표적인 자유권입니다. 직업은 개인의 생계수단이 될 뿐만 아니라 자아실현과도 밀접한 관계에 있습니다. 따라서 어떤 직업에 종사할 것인가를 결정할 직업 선택의 자유는 최대한 보장되어야 합니다. 그러나 구체적인 직업 활동에 대해서는 다양한 공익적 이유에 의한 제한이 가능합니다.

직업의 자유에 대한 제한은 직업 활동의 자유에 대한 제한(영업시간 제한, 택시 합승 금지, 위생·안전 검사 등)과 직업 선택의 자유에 대한 제한으로 나눌 수 있습니다. 직업 선택의 자유에 대한 제한은 다시 주관적 사유에 의한 제한(시험 합격, 교육 이수 등)과 객관적 사유에 의한 제한(약국의 거리 제한, 총포·화약 등 영업 종목 제한 등)이 있습니다.

국가가 공익적 이유로 직업의 자유를 제한하는 경우에는 먼저 1단계로 기본권 제한의 정도가 상대적으로 낮은 직업 활동의 자유 제한을 먼저 고려하고, 2단계로 주관적 사유에 의한 직업 선택의 자유 제한을, 그리고 마지막 3단계로 객관적 사유에 의한 직업 선택의 자유 제한을 고려해야 합니다. 이는 객관적 사유에 의한 직업 선택의 자유 제한이 기본권 침해의 정도가 가장 높기 때문입니다. 이처럼 단계적으로 기본권 제한을 고려해야 한다는 이론을 직업의 자유 제한의 '단계이론'이라고 합니다.


: '직업의 자유'에서 직업은 사회적으로 해롭지 않은 직업만을 말하는 것인가요?


사회적으로 해롭지 않은 것만 직업의 자유에서 말하는 직업으로 볼 것인가 하는 것이 논란이 될 수 있습니다. 이른바 '공공 무해성公共無害性'의 문제입니다.

예컨대 우리나라 〈형법〉은 도박을 금지하고 있습니다. 그렇다면 도박이 행해지는 경마장이나 강원랜드 카지노에 종사하는 사람들은 사회적으로 해로운 일, 그것도 범죄행위에 가담하고 있는 것이기 때문에 직업의 자유로 보장받지 못한다는 결론이 됩니다.

헌법재판소는 '직업'이란 생활의 기본적 수요를 충족시키기 위한 계속적인 소득 활동을 의미하며, 그러한 내용의 활동인 한 그 종류나 성질을 묻지 않는다고 하여 공공 무해성을 요구하지 않고 있습니다.[28] 따라서 도박, 매춘, 밀수 등과 같은 직종도 일단은 헌법상 직업의 범위에 포함됩니다. 그런 다음 헌법에 나와 있는 기본권 제한의 일반 원리(제37조 2항)에 따라 필요한 경우에 한하여 법률로써 제한할 수 있는 것입니다. 헌법재판소가 직업의 개념에 공공 무해성을 요구하지 않는 것은 만약 이를 요구할 경우 많은 문제가 발생할 수 있기 때문입니다. 즉, 우선 무엇이 공공에 해로운 것인지 확정하기가 쉽지 않습니다. 예컨대 폭력적이고 선정적인 컴퓨터게임을 만드는 것이 해로운 것인지 무해한 것인지 일률적으로 판단하기 어렵습니다.

공공 무해성을 헌법상 직업의 개념 요소에 포함시키면 공공에 해롭다고 하는 직종에 대해서는 행정기관이 마음대로 제한을 가할 수 있게 될 것입니다. 이 경우 경제활동에 대한 무차별 침해 가능성이 우려됩니다. 따라서 헌법재판소는 설령 공공에 해로운 직종이라도 일단 '직업의 자유'의 범위에 포함시켜 놓고, 그 다음에 기본권 제한의 일반 원칙에 의해서 해결하려는 것으로 보입니다.

28 헌재 1997.3.27. 94헌마196 등 (학교 환경위생 정화구역 안에 당구장 시설을 할 수 없도록 규정한 〈학교보건법〉 위헌)

# 주거의 자유
## 나만의 공간을 침해받지 않을 권리

주거의 자유는 자기가 생활하는 공간을 침해받지 않을 권리를 말합니다. 우리 헌법은 "모든 국민은 주거의 자유를 침해받지 아니한다. 주거에 대한 압수나 수색은 검사의 신청에 의하여 법관이 발부한 영장을 제시하여야 한다."(제16조)고 하여 주거의 자유를 보호하고 있습니다. 주거에 대한 압수 수색에 영장을 요하는 것은 신체와 마찬가지로 주거의 불가침성을 강하게 보장하기 위한 것입니다.

여기서 말하는 주거에는 주택은 물론 호텔, 사무실, 강의실, 작업실도 포함됩니다. 가게나 식당과 같이 일반인에게 개방된 영업장도 경우에 따라서는 '주거의 자유'의 보호 대상이 될 수 있습니다. 예를 들면 범죄를 행할 목적으로 식당에 들어가면 식당 주인의 주거의 자유를 침해하게 됩니다. 만약 그 사실을 주인이 알았다면 못 들어오게 할 것이기 때문입니다.

주거의 자유는 주거의 소유자가 아니라 실제로 살고 있는 사람에게 인정되는 것입니다. 따라서 세입자도 주거의 자유를 누립니다. 집주인이라고 해서 세입자의 허락 없이 함부로 세입자의 주거 공간에 들어갈 수 있는 것은 아니며 원칙적으로 세입자의 허락을 받아야 합니다. 주거의 자유를 침해하면 〈형법〉상 주거침입죄로 처벌받습니다.

주거의 자유는 거주·이전의 자유와 구별됩니다.

거주·이전의 자유는 자기가 원하는 '지역'으로 가서 살거나 체류할 자유인 반면, 주거의 자유는 자기가 생활하는 '공간'을 '침해받지 않을' 자유입니다. 헌법 조문에도 "주거의 자유를 침해받지 아니한다." 고 하여 주거 공간의 불가침성을 강조하고 있습니다. 이 점에서 주거의 자유는 신체의 자유와 마찬가지로 국가권력이나 타인에 대한 '방어권'의 성격을 강하게 갖습니다. 헌법이 주거에 대한 압수 수색에 영장을 요하는 것도 이 때문입니다.

⋮ 주거의 자유에 의해서 보호되는 주거는 반드시 건축물이어야 하나요?

주거의 자유는 주거의 형태를 묻지 않고 사람이 기거하고 생활하는 공간이면 보호받습니다. 따라서 반드시 건축물일 필요는 없으며 캠핑 차량, 선박, 텐트도 주거가 될 수 있습니다. 단독주택의 마당도 주거에 포함됩니다.

# 사생활의 비밀과 자유
## 감추고 싶은 나만의 비밀을 침해받지 않을 권리

오늘날 정보통신 기술의 발달로 인하여 사생활에 관한 사항이 다른 사람들에게 노출되거나 유출될 가능성이 높아졌습니다. 이에 따라 사생활 보호의 필요성이 최근 들어 더욱 강조되고 있습니다. 특히 정부나 대기업이 대중의 개인정보를 다량으로 보관함에 따라 이들이 관리하는 나의 정보를 열람하고 고쳐 줄 것을 요구하는 것도 사생활의 비밀과 자유의 중요한 내용으로 대두되었습니다.

사생활의 '비밀'은 개인에 대한 정보나 그의 가족 관계, 신상 문제, 인간관계 등 사적인 내용이 파헤쳐지는 것을 막을 권리를 말합니다. 사생활의 '자유'는 개인이 자유롭게 자기의 사생활을 선택하고 영위해 나갈 수 있는 권리를 말합니다. 우리 헌법은 "모든 국민은 사생활의 비밀과 자유를 침해받지 아니한다."(제17조)고 하여 사생활의 비밀과 자유를 보호하고 있습니다. 앞에서 언급한 주거의 자유 그리고 뒤에서 살펴볼 통신의 비밀도 넓은 의미에서는 사생활의 비밀과 자유에 포함됩니다.

사생활의 비밀과 자유가 보호하는 이익은 개인의 내밀한 사생활 영역입니다. 그런데 경우에 따라 개인은 국가 또는 제3자에게 자신의 사생활을 지키기 위해 일정한 행위를 해 줄 것을 요구할 경우가 발생합니다. 특히 정보통신의 발달로 모든 정보가 전산화되면서 개인정보 보호는 물론 잘못된 내용을 바로잡거나 보완할 것을 청구할 권리의 필요성이 높아지고 있습니다. 또 자신에 관한 정보가 언제 누구에게 어느 범위까지 알려지고 또 이용되도록 할 것인지를 정보 주체가 스스로 결정할 수 있는 권리도 중요해지고 있습니다. 이러한 권리를 '개인정보 자기결정권'이라고 합니다. 즉, 개인정보 자기결정권은 정보 주체가 자기와 관련된 정보에 접근하여 잘못된 내용을 바로잡고 그 공개와 이용에 관하여 스스로 결정할 권리를 말합니다.

개인정보 자기결정권은 단순히 헌법 제17조에 규정된 소극적인 '사생활의 비밀과 자유' 영역에 머물지 않고 자기의 인격권을 지키기 위한 적극적인 권리로서, 헌법 제10조에 규정된 '인간의 존엄과 가치', '행복추구권'에도 그 근거를 두고 있습니다.

'개인정보 자기결정권의 보호 대상'은 개인의 신체, 신념, 사회적 지위, 신분, 행적 등과 같이 개인의 인격 주체성을 특징짓는 사항으로 개인의 동일성을 식별할 수 있게 하는 일체의 정보를 말합니다. 이는 반드시 개인의 내밀하고 사적인 영역의 정보에 국한되지 않고 공적 생활에서 형성되었거나 이미 공개된 개인정보까지 포함합니다.

: 주민등록번호의 변경에 관한 규정을 두고 있지 않은 〈주민등록법〉
   은 개인정보 자기결정권을 침해한다고 볼 수 있을까요?

주민등록번호는 우리나라에서 사실상 개인의 모든 정보를 통합하는 기능을 하고 있습니다. 그런데 최근 주민등록번호 유출 사고로 인한 피해가 증가하고 있습니다. 주민등록번호가 유출되는 경우에 개인의 사생활은 물론 생명, 신체, 재산에 대한 침해 가능성도 있기 때문에 이러한 경우에 부득이하게 주민등록번호를 변경할 필요가 있습니다.

따라서 〈주민등록법〉에서 주민등록번호 변경에 관한 규정을 두지 않은 것은 결과적으로 개인정보 자기결정권을 침해한다고 볼 수 있습니다. 헌법재판소는 이러한 〈주민등록법〉에 대해 헌법불합치 결정을 내리고 법 개정으로 주민등록 변경 절차를 규정할 것을 국회에 요구했습니다. 이에 따라 〈주민등록법〉이 개정되어 2017년 5월 30일부터 주민등록 변경 제도가 시행되고 있습니다.

# 통신의 비밀
멀리 있는 사람과의 의사소통을 감시당하지 않을 권리

통신의 비밀은 공간적으로 서로 멀리 떨어져 있는 사람들 사이의 의사소통을 국가나 제3자에 의하여 감시당하지 않을 권리를 말합니다. 우리 헌법은 "모든 국민은 통신의 비밀을 침해받지 아니한다."(제18조)고 하여 통신의 비밀을 보호합니다.

서로 마주보며 대화를 나누는 것은 통신의 비밀이 아니라 사생활의 비밀로 보호됩니다. 통신수단에는 우편, 전화, 전신과 같은 전통적인 통신수단 이외에도 문자메시지, 이메일, 인터넷을 통한 통신수단도 포함됩니다.

헌법이 통신의 비밀을 보장하기 때문에, 통신 내용을 도청 등의 방법으로 몰래 알아내거나 누구와 언제 어떻게 통신을 했는지에 관한 통신 사실을 몰래 파악하는 행위는 금지됩니다. 이를 어길 경우 〈형법〉, 〈통신비밀보호법〉 등 관련 법률에 의해서 처벌받습니다.

통신의 비밀과 관련하여 자주 문제되는 것이 수사기관에 의한 통신 제한 조치(이른바 감청)입니다. 수사기관은 국가 안전보장이나 중대한 범죄행위의 수사를 위하여, 법률이 정한 절차에 의해서 통신 내용이나 통신 상황을 감시할 수 있습니다. 이때 원칙적으로 법원의 허가가 필요합니다. 다만 긴급한 사유가 있을 경우에는 법원의 허가 없이도 할 수 있는데 이 경우에는 반드시 사후에 허가를 얻어야 합니다. 수사기관이 전기통신 사업자에게 통신 사실 확인 자료 제공을 요청하는 경우(통신 내역 조회)에도 법원의 허가가 필요합니다.

한편 〈통신비밀보호법〉은 수사기관에 의한 통신 제한 조치가 2월을 넘지 못한다고 규정하면서도 필요한 경우에는 기간을 연장할 수 있도록 했습니다. 그러나 총 연장 기간이나 총 연장 횟수에 대한 제한은 두지 않고 있기 때문에 문제가 되었습니다. 여기서 말하는 '통신 제한 조치'란 전기통신에 대하여 당사자의 동의 없이 통신의 내용을 지득하거나 채록하는 것, 즉 통신 감청을 말합니다.

헌법재판소는 통신 제한 조치의 총 연장 기간이나 총 연장 횟수에 제한을 두지 않고 계속해서 통신 제한 조치가 연장될 수 있게 한 것은 통신의 비밀을 과도하게 침해한다고 보아[29] 국회에 법 개정을 요구했습니다.

: 교도소에 수용된 사람이 외부로 발송하는 모든 서신을 봉함하지 않은 상태로 교도소 당국에 제출하도록 강제하는 것은 통신의 비밀을 침해하나요?

교도소와 같은 교정 시설의 안전과 질서유지, 범죄자의 교화 및 사회 복귀를 위해 수용자의 서신 발송에 제한이 필요하다면, 교도관이 '수용자 면전에서 서신에 금지 물품이 들어 있는지 확인하고 수용자로 하여금 서신을 봉함하게 하는 방법', '봉함된 상태로 제출된 서신을 엑스레이x-ray 검색기 등으로 확인한 후 의심이 있는 경우에만 개봉하여 확인하는 방법' 등으로도 얼마든지 가능할 것입니다. 그럼에도 불구하고 수용자가 보내려는 모든 서신에 대해 봉함되지 않은 상태로 제출을 강제하는 것은, 발송 서신 모두를 사실상 검열 가능한 상태에 놓이도록 하는 것입니다.

헌법재판소는 '수용자가 보내려는 모든 서신에 대해 봉함되지 않은 상태로 제출을 강제하는 것'은 기본권 제한의 최소 침해성 요건을 위반하여 수용자의 통신 비밀의 자유를 침해하는 것이라며 위헌 결정을 내렸습니다.[30]

29 헌재 2010.12.28. 2009헌가30 (통신 제한 조치의 총 연장 횟수, 총 연장 기간에 제한을 두지 않은 것은 헌법불합치)
30 헌재 2012.2.23. 2009헌마333 (교도소 수용자 서신 발송 시 개봉 강제 위헌)

# 양심의 자유

## 나만의 양심을 형성하고 양심대로 실천할 자유

양심은 옳고 그름, 선과 악에 대한 가치판단의 기준을 의미합니다. 양심의 자유에는 윤리적 가치판단은 물론이고 사회적 신조와 같은 사상의 자유도 포함됩니다. 양심의 자유는 매우 중요한 정신적 기본권이기 때문에 양심의 자유에 대한 침해나 제한은 엄격하게 규제되어야 합니다. 우리 헌법은 "모든 국민은 양심의 자유를 가진다."(제19조)고 하여 양심의 자유를 보장하고 있습니다.

양심의 자유는 사회 일반의 다수 의견과 다른 생각을 가진 소수의 양심도 당연히 보장합니다. 헌법상 양심의 자유는 이처럼 소수자, 약자의 양심을 보호할 때 비로소 그 취지가 빛을 발한다고 할 수 있습니다. 양심의 자유를 보장하기 위해서는 국가가 세계관적인 중립성과 개방성을 유지할 필요가 있습니다. 국가는 특정한 사상, 이념, 철학, 역사관의 도구가 되어서는 안 된다는 것이 헌법의 요구입니다.

양심의 자유에는 크게 '양심 형성의 자유'와 '양심 실현의 자유'가 있습니다. '양심 형성의 자유'는 양심 결정의 자유라고도 합니다. 양심 형성의 자유에는 양심의 자유로운 형성과 결정을 방해받지 않을 자유가 포함됩니다. 국가가 개인의 양심 형성에 개입하는 것은 양심의 자유를 침해하기 때문에 위헌입니다. 양심 형성의 자유는 인간 내면의 영역이기 때문에 절대적으로 보장됩니다. 양심 형성의 자유에 의해서 보호되는 양심은 반드시 이성적이고 합리적인 것이어야만 하는 것은 아니며, 그것이 타당한가 그렇지 않은가 또는 법질서나 사회규범, 도덕률과 일치하는가 하는 것은 양심을 판단하는 기준이 될 수 없습니다.

'양심 실현의 자유'에는 양심 표명의 자유(양심을 표명하지 않을 자유도 포함)와 양심대로 행동할 자유(양심에 반하는 행동을 강요받지 않을 자유도 포함)가 있습니다. 양심 실현의 자유는 헌법상 기본권 제한의 기본 원리에 따라 국가 안전보장, 질서유지, 공공복리를 위해서 제한되는 경우가 있습니다(제37조 2항 참조).

양심 표명의 자유와 관련하여, 예컨대 타인의 명예를 훼손한 경우 법원이 사죄 광고를 명하는 것은 존재하지도 않는 사죄 의사의 표명을 강요하는 것으로 양심의 자유를 침해합니다.[31]

양심대로 행동할 자유와 관련해서는 양심적 병역거부(정확한 표현은 '종교적 신념 또는 양심상의 이유에 의한 집총 거부')를 예로 들 수 있습니다. 양심적 병역거부자들을 위해서 살상 무기를 다루지 않는 대체복무를 인정하는 국가들도 있지만 우리나라는 아직 이를 인정하지 않고 있습니다. 그러나 최근 들어 하급심에서 양심적 병역거부에 대한 무죄판결이 나오고 있습니다.

양심의 자유와 구별해야 할 개념으로 헌법기관의 '직무상 양심'이 있습니다. 우리 헌법은 "국회의원은 국가이익을 우선하여 양심에 따라 직무를 행한다."(제46조 2항), "법관은 헌법과 법률에 의하여 그 양심에 따라 독립하여 심판한다."(제103조)고 하여 국회의원과 법관의 '양심'을 직무 수행의 기준으로 명시하고 있습니다.

여기서 말하는 '양심'은 양심의 자유에서 말하는 양심과는 성격이 다릅니다. 양심의 자유가 개인의 주관적이고 인격적인 가치관의 영역이라면, 국회의원과 법관의 양심은 직무 수행상의 독립성을 보장함으로써 그 역할을 충실히 수행할 수 있도록 하기 위한 '직무상 양심'을 뜻합니다. 국회의원과 법관의 직무상 양심은 '양심의 자유'의 보호 대상이 아니라 헌법기관으로서 누리는 법적 지위에 해당합니다.

: 양심의 자유를 이유로 자기의 양심과 어긋나는 법률에 대한 복종을 거부할 수 있을까요?

이는 국가정책이나 정부의 활동이 자신의 생각과 다르다는 이유로 법적 의무(예를 들면 납세)를 거부할 수 있는가 하는 문제입니다.

만약 양심상의 이유로 납세를 거부할 수 있다면 국가의 조세 행정은 마비될 것입니다. 다른 국민들은 납세의무를 이행하는데 홍길동이라는 사람만 납세를 하지 않는다면, 홍길동은 납세를 하지 않고서도 국가의 행정 서비스나 사회 기반 시설을 이용함으로써 부당한 이익을 얻는 결과가 될 것입니다.

만약 홍길동이 "나는 세금을 내지 않으니까 국가의 서비스도 받지 않겠다."고 하더라도, 과연 그것이 가능한지 의문입니다. 왜냐하면 국가의 행정 서비스는 광범위해서 마치 공기와 같이 우리를 둘러싸고 있기 때문입니다. 예컨대 국방, 치안, 교통, 환경, 질병 예방과 같은 것은 국민의 세금으로 이루어지는데, 국가 속에서 살면서 이러한 서비스를 받지 않는 것은 불가능하기 때문입니다.

'양심의 자유'는 개인의 주관적 가치관이기 때문에 객관적인 법률과 충돌할 가능성이 상존합니다. 하지만 주관적인 이유로 객관적인 가치 질서를 부정한다면 결국 국가의 존재를 부정하는 결과에 도달하게 될 것입니다. 헌법 질서가 개인의 양심의 자유를 존중하듯이, 개인도 국가의 법질서를 존중할 때 비로소 국가는 유지될 있습니다. 법률이나 조세체계가 불합리하여 헌법에 위배될 경우 입법청원, 헌법소원 등의 법적 수단을 동원하거나 정치적인 압력을 통해서 해결하는 것이 바람직합니다.

---

31 헌재 1991.4.1. 89헌마160 (〈민법〉 제764조의 명예회복에 적당한 처분에 사죄 광고를 포함시키는 것은 위헌)

# 종교의 자유
자유롭게 신앙생활을 할 자유

종교는 시공을 초월한 진리를 추구하고 이를 통해 고통으로부터 벗어나고자 하는 인간의 정신 활동입니다. 우리 헌법은 "모든 국민은 종교의 자유를 가진다."(제20조 1항)고 하여 종교의 자유를 보장합니다.

종교의 자유는 '신앙의 자유', '종교 활동의 자유'를 그 내용으로 합니다. 신앙의 자유에는 무신앙의 자유, 개종의 자유도 포함됩니다. 종교 활동의 자유에는 예배나 의식, 포교 활동, 사회봉사, 종교적 집회·결사의 자유도 포함됩니다.

종교가 정치나 국가의 영역에 작용할 경우 남용의 가능성이 있습니다. 우리 헌법은 "국교는 인정되지 아니하며, 종교와 정치는 분리된다."(같은 조 2항)고 하여 정교분리의 원칙을 명시했습니다. 정치인이나 국가기관이 특정 종교에 치우친 직무 수행을 하거나 종교가 선거운동에 직접 관여하는 것은 정교분리의 원칙에 위배됩니다. 그러나 종교가 사회문제에 대한 의견 개진을 하는 것은 정교분리의 원칙에 위반되는 것이 아닙니다.

종교의 자유는 양심의 자유와 마찬가지로 정신적 자유권에 해당하기 때문에 다른 기본권에 비해 두텁게 보장됩니다. 예를 들면 일반적인 집회는 사전 신고를 해야 하고 야간 옥외 집회가 제한되지만 종교적 집회는 이러한 제한이 없습니다. 또한 종교단체에 대해서는 조세와 관련하여 각종 혜택이 주어지고 있습니다. 종교단체에 대한 우리나라의 조세특혜는 외국과 비교했을 때 과도하다는 지적이 계속 제기되고 있습니다.

정교분리의 원칙상 국가는 특정 종교를 탄압하거나 지원할 수 없습니다. 국가가 종교에 대해서 종교적 동기가 아닌 행정적 이유에서 공평하게 지원을 하는 것은 허용됩니다.

다만 이 경우 종교를 믿지 않는 국민에 대한 형평성의 문제가 제기될 수 있습니다. 종교의 자유는 종교를 믿지 않을 자유도 포함하기 때문입니다. 종교적 문화재에 대한 국가의 보호는 "국가는 전통문화의 계승·발전과 민족문화의 창달에 노력하여야 한다."(제9조)는 헌법 규정에 의해서 허용됩니다.

**⋮ 학교에서 종교교육이나 종교 행사를 실시하는 것은 그 종교를 믿지 않는 학생의 종교의 자유를 침해할까요?**

우선 국공립학교는 정교분리의 원칙상 특정 종교의 종교교육이나 예배를 할 수 없습니다. 미국 연방대법원은 지방교육위원회가 특정 종파에 치우치지 않은 기도문을 작성하여 공립 초등학교의 수업

전에 낭독하도록 하는 것은, 설령 낭독에 참여 여부가 자유롭다 하더라도 헌법의 정교분리 규정상 허용되지 않는다고 밝힌 바 있습니다.[32]

종교단체에서 설립한 사립학교(종립학교)에서 종교교육이나 종교적 예배를 하는 것은 허용됩니다. 다만 학생들에게 종교교육이나 예배 참여를 강요할 경우 그 종교를 믿지 않는 학생들의 종교의 자유를 침해하므로 대체 과목을 제공해야 합니다.

일부 대학에서 실시하는 '채플 수업'도 이를 필수과목으로 하여 참여를 사실상 강제한다면, 해당 종교를 믿지 않는 학생들의 종교의 자유를 침해할 소지가 있습니다.

32 Engel v. Vitale, 370 U.S. 421, 1962

# 언론·출판의 자유
## 자유롭게 표현할 권리

언론·출판의 자유란 자신의 생각이나 의견을 자유롭게 외부에 표현하거나 이를 출판물이나 전자 매체를 통해서 펴낼 자유를 말합니다. 생각이나 의견을 표현하는 매체에는 특별한 제한이 없습니다. 일상적인 말과 글은 물론 신문, 방송, 연극, 영화, 연설, 토론, 음악, 가요, 사진, 광고, 문학, 미술 등을 통한 사상과 의견의 표명도 언론의 자유로 보호됩니다.

영어의 'freedom of speech & press'를 우리말로 '언론·출판의 자유'로 번역하다 보니 이를 언론인이나 출판인만 누리는 권리로 오해하는 경우가 많은데, 엄연히 모든 국민의 권리입니다. 따라서 언론사, 언론인, 출판사, 출판인은 물론이고 일반 국민도 모두 언론·출판의 자유의 주체가 됩니다.

우리 헌법은 "모든 국민은 언론·출판의 자유와 집회·결사의 자유를 가진다."(제21조 1항)고 하여 언론·출판의 자유를 집회·결사의 자유와 함께 보호하고 있습니다. 이 조항에 명시된 자유권을 포괄해서 '표현의 자유freedom of expression'라고 합니다.

〈미국수정헌법〉 제1조는 종교의 자유, 청원권과 함께 표현의 자유를 다음과 같이 규정하고 있습니다. 이 규정은 중요하므로 영어 원문을 함께 게재합니다.

연방의회는 국교를 정하거나 자유로운 신앙 행위를 금지하는 법률을 제정할 수 없다. 또한 언론·출판의 자유나 국민이 평화로이 집회할 권리 및 불만 사항의 구제를 위하여 정부에 청원할 권리를 제한하는 법률을 제정할 수 없다.

Congress shall make no law respecting an establishment of religion, or prohibiting the free exercise thereof; or abridging the freedom of speech, or of the press; or the right of the people peaceably to assemble, and to petition the government for a redress of grievances.

언론·출판의 자유는 민주정치 실현과 소수 의견 보호를 위해 특히 중요합니다. 따라서 다른 기본권에 비해 더욱 강하게 보호받습니다. 언론·출판의 자유를 제한할 때는 헌법상 기본권 제한의 일반 원칙은 물론 헌법에 명시된 '검열 금지', 그리고 학설과 판례에 의해 인정되는 '명백하고 현존하는 위험의 원칙' 등 엄격한 기준이 적용됩니다.

우리 헌법은 "언론·출판에 대한 허가나 검열과 집회·결사에 대한 허가는 인정되지 아니한다."(제21조 2항)고 하여 언론·출판에 대한

'검열 금지'를 명시하고 있습니다. '검열'이란 언론·출판이 발표되기 전에 행정기관이 그 내용을 심사, 선별하여 이를 통과한 내용만 발표할 수 있게 하는 것을 말합니다. 그리고 여기서 말하는 '허가'는 검열과 같은 의미입니다.

신문, 방송에 대한 행정기관의 사전 심의나 영화, 음반, 비디오물에 대한 정부 산하 위원회(예를 들면 '공연윤리위원회')의 사전 심의는 검열에 해당하여 허용되지 않습니다. 다만 청소년 보호를 위해 사전에 실시하는 영상물 등급 심사는 검열에 해당하지 않습니다. 또 개별 사건에 대하여 명예훼손이나 저작권 침해 등을 이유로 법원이 영화 상영금지 가처분, 출판물 판매 금지 가처분 등을 하는 것은 검열에 해당하지 않으므로 허용됩니다.

한편, 표현의 자유를 제한하는 조치를 취하기 위해서는 그 표현 행위를 방치할 경우 발생하는 해악이 명백하고 현존하는 것이어야 한다는 원칙이 있는데, 이 원칙을 '명백하고 현존하는 위험clear and present danger의 원칙'이라고 합니다. 미국 연방대법원에서 확립된 원칙으로 우리나라 대법원도 채택하고 있습니다.

표현의 자유에는 '익명에 의한' 표현도 포함됩니다. 따라서 인터넷 본인 확인제는 표현의 자유를 침해하므로 위헌입니다.[33] 그러나 인터넷 언론사가 선거운동 기간 중 홈페이지의 게시판 등에 정당·후보자에 대한 지지·반대의 정보를 게시할 수 있도록 하는 경우 실명을 확인하기 위한 기술적 조치를 하는 것은 여전히 허용되고 있습니다.[34]

언론·출판의 자유는 타인의 권리나 공익을 침해할 가능성도 있습니다. 이에 헌법은 "언론·출판은 타인의 명예나 권리 또는 공중도덕이나 사회윤리를 침해하여서는 아니 된다. 언론·출판이 타인의 명예나 권리를 침해한 때에는 피해자는 이에 대한 피해의 배상을 청구할수 있다."(제21조 4항)고 하여 언론·출판의 자유에 대한 제한 사유를특별히 명시하고 있습니다. 이처럼 헌법이 개별적인 기본권에 그 제한 사유를 직접 명시하는 것을 '개별적 헌법유보'라고 합니다.

표현의 자유를 보장하기 위해서는 그 전제 조건으로 정보를 자유롭게 수집할 수 있어야 합니다. 정치적, 사회적 현안에 대하여 의견을 개진하려면 우선 그 현안에 대한 정보를 알아야 합니다. 이처럼각종 정보를 자유롭게 수집하고, 정보 수집을 방해받지 않을 권리를'알권리'라고 합니다. 헌법재판소는 알권리가 헌법 제21조의 표현의자유의 한 내용이며, 알권리의 보장은 헌법상 국민주권주의(제1조),인간의 존엄과 가치(제10조), 인간다운 생활을 할 권리(제34조 1항)도아울러 신장시킬 수 있다고 밝혔습니다.[35]

알권리를 보장하기 위한 대표적인 장치가 〈공공기관의 정보공개에관한 법률〉에 의한 정보공개청구권 제도입니다. 이 법률은 "모든 국민은 정보의 공개를 청구할 권리를 가진다."(같은 법 제5조 1항)고 규정하고 있습니다.

: 표현의 자유나 알권리를 행사하는 것이 타인의 인격권을 침해하는
경우에는 어떻게 해야 하나요?


표현의 자유와 인격권(사생활, 명예권, 성명권, 초상권 등)은 모두 헌법상 기본권으로 보호를 받습니다. 그런데 A가 언론·출판을 통해 B의 인격권을 침해한 경우 과연 누구의 기본권이 우선적으로 보호받아야 할까요? 이는 개별적인 사안에 따라서 결론이 달라질 것입니다.

B가 공적인 인물, 예컨대 대통령, 국회의원, 고위 공직자거나 대기업 임원, 유명 연예인인 경우를 생각해 봅시다. 그런 유명 인사들은 공적인 관심사의 대상이 되는 것은 당연합니다. 그렇기 때문에 어느 정도까지는 인격권이 침해되는 것을 감내해야 할 것입니다. 이것이 이른바 '공적 인물의 이론'이라고 합니다. 그러나 공적 인물이라고 해서 언제나 인격권이 제한되는 것은 아닙니다.

예컨대 국가기관이 알권리를 내세워서 정치인이나 사회 저명인사의 사생활을 감시한다면, 이는 인격권 침해가 될 수 있습니다.

헌법재판소는 공적 인물 또는 공적 사안에 대한 표현의 자유와 인격권의 관계를 다음과 같이 밝혔습니다.

"신문 보도의 명예훼손적 표현의 피해자가 공적 인물인지 아니면 사인인지, 그 표현이 공적인 관심 사안에 관한 것인지 순수한 사적인 영역에 속하는 사안인지의 여부에 따라 헌법적 심사 기준에는 차이가 있어야 한다. 객관적으로 국민이 알아야 할 공공성·사회성을 갖

춘 사실은 민주제의 토대인 여론 형성이나 공개 토론에 기여하므로 형사 제재로 인하여 이러한 사안의 게재를 주저하게 만들어서는 안 된다. 신속한 보도를 생명으로 하는 신문의 속성상 허위를 진실한 것으로 믿고서 한 명예훼손적 표현에 정당성을 인정할 수 있거나, 중요한 내용이 아닌 사소한 부분에 대한 허위 보도는 모두 형사 제재의 위협으로부터 자유로워야 한다. 시간과 싸우는 신문 보도에 오류를 수반하는 표현은, 사상과 의견에 대한 아무런 제한없는 자유로운 표현을 보장하는 데 따른 불가피한 결과이고, 이러한 표현도 자유 토론과 진실 확인에 필요한 것이므로 함께 보호되어야 하기 때문이다. 그러나 허위라는 것을 알거나 진실이라고 믿을 수 있는 정당한 이유가 없는데도 진위를 알아보지 않고 게재한 허위 보도에 대하여는 면책을 주장할 수 없다."[36]

33 헌재2012.8.23. 2010헌마47 (〈정보통신망 이용촉진 및 정보보호 등에 관한 법률〉의 인터넷 게시판 본인 확인제 위헌)
34 헌재 2015.7.30. 2012헌마734 등 (〈공직선거법〉상 선거운동 기간 중 인터넷 언론사 게시판 실명확인제 합헌)
35 헌재 1991.5.13. 90헌마133 (알권리)
36 헌재 1999.6.24. 97헌마265 (공적 인물에 대한 표현의 자유의 범위와 한계)

# 집회·결사의 자유
자유롭게 집단적 표현을 할 권리

집회의 자유는 다중이 공동의 목적을 위해서 일시적으로 모일 자유를, 결사의 자유는 다중이 공동의 목적을 위하여 단체를 조직할 자유를 말합니다. 우리 헌법은 "모든 국민은… 집회·결사의 자유를 가진다."(제21조 1항), "… 집회·결사의 자유에 대한 허가는 인정되지 아니한다."(제21조 2항)고 하여 집회·결사의 자유를 규정하고 있습니다. 집회·결사의 자유는 언론·출판의 자유와 함께 '표현의 자유'로 분류하기도 합니다.

집회·결사의 자유는 반드시 정치적 의견 표명만을 위한 것은 아니지만, 민주주의 국가에서 정치적 소수 의견의 보호를 위해서 중요한 의미를 가집니다.

헌법은 집회·결사를 할 때 미리 정부의 허가를 받도록 하는 것을 금지하고 있습니다. '허가'라는 것은 국가가 국민의 어떤 행위를 원칙적으로 금지하고 심사를 통해서 예외적인 경우에 허용 하는 것을 의미합니다. 〈집회 및 시위에 관한 법률〉(약칭 〈집시법〉)은 집회를 하는 경우에 관할 경찰서에 사전 신고를 하도록 규정하는데 이는 허가제가 아닙니다. 다만 신고제가 사실상 허가제와 별 차이 없이 운영된다면 헌법에 위반될 가능성이 있습니다. '시위'는 움직이는 집회로 집회의 자유에 포함됩니다.

집회 및 시위는 다중이 모일 권리이기 때문에 사회질서에 영향을 미칠 수 있습니다. 예컨대 집회 장소 주변의 주민, 상인, 행인에게 불편을 줄 수 있습니다. 어느 정도의 소음이나 교통 불편은 집회 및 시위에 불가피하게 수반되는 것으로 용인하여야 합니다. 다만 집회 및 시위 참가자는 질서유지에 노력하여 주변에 미치는 불편을 최소화하도록 노력하는 것이 성숙한 시민의 자세일 것입니다.

〈집시법〉은 "누구든지 해가 뜨기 전이나 해가 진 후에는 옥외집회 또는 시위를 하여서는 아니 된다. 다만, 집회의 성격상 부득이하여 주최자가 질서유지인을 두고 미리 신고한 경우에는 관할 경찰관서장은 질서유지를 위한 조건을 붙여, 해가 뜨기 전이나 해가 진 후에도 옥외집회를 허용할 수 있다."(같은 법 제10조)고 하여 야간 옥외집회를 원칙적으로 금지하고 있었습니다. 그러나 헌법재판소는 야간 옥외집회 제한 조항을 '일몰 시간 후부터 같은 날 24시까지의 옥외집회 또는 시위'에 적용하는 것은 헌법에 위반된다고 하였습니다.[37] 즉, 일몰 시간 후부터 자정까지는 야간 옥외집회를 할 수 있다고 해석한 것입니다. 자정부터 일출 전까지의 옥외집회는 여전히 금지됩니다.

폭력 시위로 타인의 신체나 재산에 피해를 입히는 것은 허용되지 않습니다. 이 경우 폭력행위에 가담한 자는 당연히 민형사상의 책임을 져야 합니다. 그러나 폭력행위에 가담하지 않은 단순 시위 참가자까지 공범으로 엮어 책임을 지우는 것은 집회의 자유를 침해할 가능성이 있습니다. 어떤 집회가 평화적이냐 폭력적이냐 하는 것은 집회의 전체적인 흐름을 보고 판단해야 합니다. 약간의 물리적 충돌이 있다고 집회 전체를 폭력 집회로 단정하고 금지하는 것은 집회의 자유를 침해할 우려가 있습니다.

'결사의 자유'는 사람들이 자유롭게 단체를 만들 자유입니다. 여기서 말하는 단체에는 모든 형태의 단체가 포함됩니다. 그 가운데에는 〈민법〉상 법인이나 〈상법〉상의 회사와 같이 법적으로 까다로운 설립 절차를 요구하는 것도 있습니다. 그러나 이러한 조건을 요구하는 것은 그 단체에 특별한 법적 보호와 활동 능력을 부여하기 위한 것이므로 결사의 자유를 침해하는 것은 아닙니다. 정당도 결사의 일종이지만 우리 헌법은 정당에 대해서 일반 결사보다 특별한 보호를 하고 있습니다.

ː 같은 시간, 같은 시간대에 먼저 신고된 집회가 다른 집회의 개최를 봉쇄하기 위한 허위 집회신고인 경우에도 뒤에 신고된 집회를 금지해야 할까요?

A는 자신이 집회를 하고자 하는 장소에 B가 먼저 집회 신고를 반복하여 자신의 집회가 계속 금지당하자, 해당 장소에서 집회를 강행하였습니다. B는 집회 신고만 하고 실제로는 집회를 하지 않았습니

다.

B가 신고한 집회처럼 '다른 집회의 개최를 막기 위해 집회 신고만
해 놓고 실제로는 집회를 개최하지 않는 집회'를 일컬어 유령 집회라
고 합니다. 유령 집회는 동일한 장소, 시간대에 타인의 집회를 막기
위한 수단으로 악용되는 수단입니다. 과거에는 집회 또는 시위의 시
간·장소가 중복되는 2개 이상의 신고가 있는 경우에 뒤에 접수된
집회·시위를 금지할 수 있게 규정되어 있었고, 이로 인해서 유령 집
회가 남발되었습니다.

그러나 대법원이 유령 집회에 쐐기를 박았습니다. 대법원은 먼저
신고된 집회의 실제 개최 가능성과 두 집회의 상반 또는 방해 가능
성 등 제반 사정을 확인하여, 먼저 신고된 집회가 다른 집회의 개최
를 봉쇄하기 위한 허위 또는 가장 집회 신고에 해당함이 객관적으로
분명한 경우에는 뒤에 신고된 집회를 금지해서는 안 된다고 판시했
습니다.[38]

37 헌재 2014.3.27. 2010헌가2 등 (야간 옥외집회 금지 한정위헌)
38 대판 2014.12.11. 2011도13299 (유령 집회 남용 제한)

# 학문·예술의 자유
자유롭게 학문 연구와 예술 창작을 할 권리

우리 헌법은 "모든 국민은 학문과 예술의 자유를 가진다."(제22조 1항), "저작자·발명가·과학 기술자와 예술가의 권리는 법률로써 보호한다."(같은 조 2항)고 하여 '학문의 자유', '예술의 자유', 그리고 '지적 재산권'을 보호하고 있습니다.

과거 서양에서 종교적 이유로 지동설을 금지하고, 조선에서 성리학 이외의 학문을 배척했습니다. 또 과거에는 거의 모든 나라에서 체제 비판적인 문학가나 예술가의 창작 활동을 탄압해 왔습니다. 이처럼 학문과 예술은 기성 질서와 충돌하는 경우가 많았습니다. 학문의 자유는 자유화가 늦은 독일에서 발전시켜온 독특한 자유권입니다. 반면 시민혁명으로 일찌감치 자유화가 된 영국, 미국, 프랑스에서는 헌법에 학문의 자유를 규정하지 않아도 언론·출판·집회·결사의 자유, 양심의 자유 등으로 학문의 자유를 보장할 수 있었습니다.

학문의 자유는 교수나 학자들만의 자유가 아니라 모든 사람이 누리는 자유입니다. 학문의 자유는 연구의 자유, 연구 결과 발표의 자유, 교수의 자유, 대학의 자율성을 포함합니다.

학문은 객관적 사실을 바탕으로 비판적 성찰을 통하여 진리를 탐

구하는 활동입니다. 따라서 학문의 자유에는 기본권 제한의 일반적 기준 이외에 특별한 제약이 없습니다. 예컨대 대학교수는 정당 활동과 선거운동도 자유롭게 할 수 있습니다. 반면 초·중등학교 교원은 헌법에 명시된 교육의 정치적 중립성(제31조 4항) 때문에 정당 활동과 선거운동에 제한을 받습니다.

헌법은 학문의 자유(제22조 1항)와 함께 대학의 자율성(제31조 4항)을 모두 명시하고 있습니다. 대학의 자율성은 본래 학문의 자유에 포함되지만 우리 헌법은 교육에 관한 조항(제31조)에 규정하고 있습니다.

대학의 자율성은 공권력 등 외부 세력의 간섭을 배제하고 대학을 자주적으로 운영할 수 있도록 함으로써, 대학인으로 하여금 연구와 교육을 자유롭게 하여 대학의 기능을 충분히 발휘할 수 있도록 하기 위한 것으로, 학문의 자유에 대한 확실한 보장 수단으로 대학에 부여된 헌법상의 기본권입니다.[39] 대학의 자율성을 누리는 주체는 대학, 교수, 교수회는 물론 학생과 직원도 포함될 수 있습니다.[40] 다만 그 보장의 정도는 경우에 따라서 다를 수 있습니다.

┇ 1992년 발표한 '서울대학교 1994년 입시 요강'에서 일본어를 '인문계
열 제2외국어 선택과목'에서 제외한 것은 외국어 고등학교 일본어
과 학생들의 평등권과 교육권을 침해한 것일까요?

지난 1992년, 서울대학교가 1994년도 입시 요강을 발표하면서 2년
간의 유예기간을 두고 인문계열 제2외국어 선택과목에서 일본어를
제외하자, 외국어 고등학교 일본어과에 재학 중인 학생들이 자신들
의 평등권과 능력에 따라 균등하게 교육을 받을 권리가 침해되었다
는 이유로 헌법소원 심판을 청구하였습니다. 당시 서울대학교는 제2
외국어 선택과목으로 한문, 프랑스어, 독일어, 중국어, 스페인어의 5
과목 중 1과목을 선택하도록 정했습니다.

헌법상 기본권인 대학의 자율성은 대학 시설의 관리·운영만이 아
니라 학사 관리 등 전반적인 것에 미칩니다. 따라서 연구와 교육의
내용, 그 방법과 그 대상, 교과과정의 편성은 물론 학생의 선발, 학생
의 전형도 자율의 범위에 속해야 하고, 따라서 입학시험 제도도 자
주적으로 마련될 수 있어야 합니다.

위의 서울대학교 입시 요강으로 인해 고등학교에서 일본어를 선택
하여 공부한 학생은 다른 제2외국어를 선택한 학생에 비해 입시 경
쟁에서 불리한 입장에 놓이는 것은 사실입니다. 그러나 이러한 불이
익은 서울대학교가 헌법에 규정된 학문의 자유(제22조 1항)와 대학
의 자율권(제31조 4항)이라는 기본권의 주체로서 자신의 주체적인 학
문적 가치판단에 따른 적법한 자율권 행사의 결과 초래된 반사적 불

이익이어서 부득이한 것입니다.

또한 서울대학교가 일본어를 선택과목에서 **뺀** 대신 고등학교 교육과정의 필수과목인 한문을 다른 외국어와 함께 선택과목으로 채택하였을 뿐만 아니라, 입시 요강을 적어도 2년간의 준비 기간을 두고 발표함으로써 고등학교에서 일본어를 배우고 있는 1·2학년 학생들로 하여금 큰 지장이 없도록 배려하였으므로, 그들이 갖는 교육의 기회균등이 침해되었다고 할 수는 없습니다.[41]

39 헌재 1992.10.1. 92헌마68등 (대학의 자율성 의미)
40 헌재 2006.4.27. 2005헌마1047 (대학의 자율성 주체)
41 헌재 1992.10.1. 92헌마68 (서울대학교 입학시험에서 일본어 제외 합헌)

# 재산권 보장

재산권의 내용과 한계는 법률로 정한다.

우리 헌법은 "모든 국민의 재산권은 보장된다. 그 내용과 한계는 법률로 정한다."(제23조 1항), "재산권의 행사는 공공복리에 적합하도록 하여야 한다."(같은 조 2항)고 규정하고 있습니다.

재산권은 자유권의 일종이지만 지금까지 살펴본 다른 자유권과 달리 '그 내용과 한계'를 법률로 정하도록 하고 있습니다. 즉, 신체의 자유, 표현의 자유와 같은 일반적인 자유권은 법률로 내용이나 한계를 정할 필요 없이 당연히 보장되고 이를 제한하는 경우에 비로소 법률이 필요한 반면, 재산권은 그 내용과 한계를 법률로 정해야 비로소 보장된다는 점에서 큰 차이가 있습니다. 이것을 '기본권 형성적 법률유보'라고 합니다.[42]

재산권을 규정한 대표적인 법률은 〈민법〉입니다. 〈민법〉에 의하면 재산권은 크게 물건에 대한 권리인 '물권'과 다른 사람에게 특정한 행위를 청구할 수 있는 권리인 '채권'으로 나뉩니다. 이 밖에도 최근에 와서는 저작권(저작인격권, 저작재산권), 산업재산권(특허권, 실용신안권, 디자인권, 상표권, 서비스표권 등)과 같은 '지적재산권'의 중요성이 부각되고 있습니다.

물권은 '물권법정주의'라고 해서 법률에 정한 물권만 법적으로 인정됩니다. 예컨대 부동산에 대한 물권은 등기를 해야 법적인 권리가 성립됩니다.

채권은 당사자의 합의에 의하여 내용이 결정되지만 이 경우에도 그 합의가 선량한 풍속 기타 사회질서에 위배되거나 당사자의 경솔, 궁박 또는 무경험으로 인하여 현저하게 균형을 잃어서는 안 된다는 제약이 따릅니다.

지적재산권의 경우 저작권은 등록을 요하지 않지만, 산업재산권은 법률에 규정된 절차에 따라 등록을 해야 비로소 보호를 받을 수 있습니다

헌법이 보장하는 재산권은 개인에게 '사적 유용성'과 '원칙적 처분권'이 있는 구체적인 권리여야 합니다.[43] 따라서 이러한 조건을 갖추지 않은 것은 재산권이 아닙니다. 예를 들면 정년 단축으로 인한 경제적 불이익이나 피시(PC)방 금연 구역 지정으로 인한 영업이익 감소는 재산권 침해가 아닙니다. 개인에게 처분권이 있는 권리를 침해한 것이 아니기 때문입니다.

'유언의 자유'는 헌법이 보장하는 재산권에 포함됩니다. 유언을 통해서 상속재산을 처분할 권리가 법적으로 인정되고 있기 때문입니다.

재산권은 반드시 사법상의 권리여야 하는 것은 아닙니다. 따라서 공무원 연금수급권이나 국가유공자의 보상수급권과 같은 공법상의 권리도 재산권에 해당합니다.

우리 헌법은 재산권을 보장함으로써 동시에 사유재산제도를 보장하고 있습니다. 예컨대 생산수단에 대한 사적 소유권을 부정하고 모든 기업을 국유화하는 것은 현행 헌법에서는 허용되지 않습니다. 우리 헌법은 "국방상 또는 국민경제상 긴절한 필요로 인하여 법률이 정하는 경우를 제외하고는, 사영기업을 국유 또는 공유로 이전하거나 그 경영을 통제 또는 관리할 수 없다."(제126조)고 하여 기업의 국공유화 내지 경영 통제를 원칙적으로 금지하고 있습니다.

"재산권의 행사는 공공복리에 적합하도록 하여야 한다."(제23조 2항)는 규정으로부터 재산권의 '사회적 의무'(='사회적 책임성')가 도출됩니다. 재산권의 사회적 의무는 모든 재산에 획일적인 것이 아니라 재산의 성격에 따라 달라집니다. 예를 들면 대기업의 자본과 같이 사회적 의미가 큰 재산이나 토지와 같이 한정된 자원의 경우에는 강한 사회적 의무가 부여되는 반면, 개인이 소유한 거주용 주택과 가구, 생활 자금의 경우에는 사회적 의무가 적용될 여지가 그다지 많지 않을 것입니다. 재산권의 사회적 의무의 대표적인 사례로 그린벨트, 용도 제한 등을 들 수 있습니다. 재산권의 사회적 의무는 어떤 재산권이 내포한 사회성, 공공성으로 말미암아 부과되는 것이므로 보상을 요하지 않습니다.

한편 헌법은 공공 필요에 의한 재산권 침해를 허용하고 있습니다. 즉 "공공 필요에 의한 재산권의 수용·사용 또는 제한 및 그에 대한 보상은 법률로써 하되, 정당한 보상을 지급하여야 한다."(같은 조 3항)

고 규정하고 있습니다. 공공 필요에 의한 재산권의 수용, 사용, 제한을 공용수용, 공용사용, 공용제한이라고도 하며 통틀어서 공용침해라고 합니다. 주로 토지의 경우에 공용침해가 문제됩니다.

'수용'은 어떤 공익사업을 시행하기 위하여 공익사업의 주체가 타인의 재산권을 강제로 취득하는 것입니다. 개인의 권리를 강제로 박탈하는 것이기 때문에 반드시 법률의 근거가 필요하고 엄격한 절차를 밟아야 합니다.

'사용'은 어떤 공익사업의 주체가 그 사업을 하기 위하여 타인의 재산권을 강제로 일시적 또는 계속적으로 사용하는 것입니다. 계속적 사용은 개인의 재산권에 대한 상당한 침해가 수반되므로 역시 법률의 근거와 절차가 필요합니다.

수용 및 사용에 대한 사항을 규정한 일반 법률로 〈공익사업을 위한 토지 등의 취득 및 보상에 관한 법률〉이 있고, 이 밖에 〈국토의 계획 및 이용에 관한 법률〉, 〈도로법〉, 〈하천법〉, 〈주택법〉, 〈산업입지 및 개발에 관한 법률〉 등에도 관련 규정이 있습니다.

'제한'은 어떤 공익사업 또는 행정 목적을 위하여 개인의 재산권에 가해지는 공법적 제한입니다. 예를 들면 공익사업을 위해 개인의 사유지를 통과하는 경우를 말합니다. 이 경우에도 역시 법률에 의해 정당한 보상을 해야 합니다.

**：** 재산권의 '사회적 의무'와 '공용 침해'를 어떻게 구별해야 할까요?

　재산권은 공공복리에 적합하게 행사해야 할 '사회적 의무'가 있고 이 경우 원칙적으로 별도의 보상이 없습니다. 예를 들면 토지에 대한 개발제한구역(그린벨트) 지정은 사회적 의무에 해당하기 때문에 보상을 하지 않았습니다. 반면 수용, 사용, 제한의 경우에는 반드시 '정당한 보상'을 하도록 헌법에 규정되어 있습니다.

　그렇다면 재산권에 대한 제한이 사회적 의무에 의한 것인지 공용 침해인지를 어떻게 구별할까요? 여기에 대해서는 그러한 제한이 공공 필요에 의해 특정인에게 특별히 가해진 희생일 경우에는 공용 침해로 보고, 그렇지 않은 경우에는 사회적 의무로 보는 특별 희생 이론이 통설입니다.

---

42 헌재 1993.7.29. 92헌바20 (재산권의 기본권 형성적 법률유보)
43 헌재 2002.7.18. 99헌마574 (헌법상 재산권의 개념 요소)

# 참정권

국민이 국가의 의사 결정에 참여할 권리를 참정권 또는 정치적 기본권이라고 합니다. 국민은 주권자로서 참정권을 가집니다. 참정권의 행사 방식으로는 국민이 직접 참여하는 직접민주제와 선거를 통해서 뽑힌 대표가 참여하는 간접민주제(대의제)가 있습니다. 우리 헌법은 국민투표제를 통해서 직접민주제를, 선거제를 통해서 간접민주제를 병용하고 있습니다.

헌법에 규정된 참정권은 선거권(제24조), 공무담임권(제25조), 대통령이 부의한 외교, 국방, 통일 기타 국가 안위에 관한 중요 국가정책에 대한 국민투표권(제72조), 헌법 개정안에 대한 국민투표권(제130조 2항)이 있습니다.

주의할 점은 이러한 참정권만이 국민의 정치 활동과 관련한 기본권은 아니라는 사실입니다. 참정권 이외에도 언론·출판·집회·결사의 자유 등도 국민의 자유로운 정치적 의사 표시와 정치 활동을 보장하는 중요한 권리입니다. 또한 정당 설립의 자유와 복수정당제의 보장을 규정한 헌법의 정당 조항(제8조)도 국민의 정치 활동과 관련하여 중요한 의미를 가집니다.

# 선거권

모든 국민은 법률이 정하는 바에 의하여 선거권을 가진다.

선거권은 국민이 선출직 공직자를 선거에 의해 뽑을 권리입니다. 우리 헌법은 "모든 국민은 법률이 정하는 바에 의하여 선거권을 가진다."(제24조)라고 규정하고 있습니다. 헌법상 선거에 의해 뽑도록 규정된 공직은 국회의원과 대통령, 그리고 지방의원입니다. 지방자치단체장의 선임 방법은 법률에 위임되어 있습니다.

헌법은 선거의 대원칙으로 보통, 평등, 직접, 비밀선거의 4가지를 명시하고 있습니다(제41조 1항, 제67조 1항).

'보통선거의 원칙'은 일정한 연령 이상의 모든 국민이 투표에 참여할 수 있다는 원칙입니다. 현행 〈공직선거법〉상 19세 이상의 국민은 선거권이 있습니다.

'평등선거의 원칙'은 모든 표의 가치가 동일해야 한다는 원칙입니다. 1인 1표의 원칙이라고도 합니다.

'직접선거의 원칙'은 투표권을 반드시 유권자 본인이 직접 행사해야 한다는 원칙입니다.

'비밀선거의 원칙'은 투표에서 자신의 선택에 대한 비밀이 보장됨은 물론 비밀을 지켜야 하는 것을 말합니다.

또한 헌법에 명시되어 있지는 않지만 위에 언급한 선거의 4대 원칙이 실질적으로 보장되려면 '자유선거'가 당연히 전제되어야 합니다. 자유선거라 함은 선거에 참여할지 여부를 자유롭게 선택할 수 있고 선거운동이 자유롭게 이루어지는 선거를 말합니다.

### (1) 국회의원 선거

우리 헌법은 "국회는 국민의 보통·평등·직접·비밀선거에 의하여 선출된 국회의원으로 구성한다."(제41조 1항)라고 규정하고 있습니다. 여기에 명시된 보통·평등·직접·비밀선거의 원칙은 국회는 물론 모든 선출직 공무원에 대한 선거의 기본 원칙입니다. 대통령 선거에 관한 헌법 조항(제67조 1항)에도 같은 원칙이 규정되어 있습니다.

헌법은 국회의원의 수를 법률로 정하되, 200인 이상이어야 한다고 규정하고 있습니다(제41조 2항). 이에 따라 현행 〈공직선거법〉상 국회의원 정원은 지역구 국회의원과 비례대표 국회의원을 합하여 300명으로 하도록 되어 있습니다.

한편 헌법은 국회의원의 선거구와 비례대표제 기타 선거에 관한 사항을 법률로 정하도록 위임하고 있습니다(제41조 3항). 따라서 선거제도의 변경, 예컨대 소선구제를 중대선거구제로 바꾸거나 비례대표 선거 방식에 변경을 가하는 것은 개헌이 아닌 법률 개정만으로 가능합니다.

국회의원에는 지역구 국회의원과 비례대표 국회의원이 있습니다.

'지역구 국회의원'은 일정한 지역을 선거구로 하여 선출된 국회의원으로, 현행 〈공직선거법〉상 지역구 국회의원은 소선거구 다수대표제 방식으로 선출됩니다. '비례대표 국회의원'은 정당에서 작성한 비례대표 후보자 명부를 근거로 하여, 정당의 득표율과 의석수 등을 적절히 비교하여 할당된 의석수만큼 당선됩니다. 2017년 현재 대한민국에는 253명의 지역구 국회의원과 47명의 비례대표 국회의원이 있습니다.

소선거구제란 1개 지역구에서 1명만 선출하는 것을, 다수대표제란 후보들 가운데 최다 득표자를 선출하는 것을 말합니다. 소선거구제는 필연적으로 다수대표제와 연계됩니다. 소선거구 다수대표제와 대척점에 있는 것이 대선거구 소수대표제입니다. 대선거구제란 1개 지역구에서 2명 이상을 선출하는 것을, 소수대표제란 후보들 가운데 최다 득표자가 아니어도 선출이 가능하도록 하는 것을 말합니다. 소수대표제는 당연히 대선거구제에서만 가능한 대표제입니다. 경우에 따라서는 중선거구제를 따로 분류하여, 2~4명을 뽑는 경우를 중선거구제라 하고, 5명 이상을 뽑는 경우를 대선거구제라고 부르기도 합니다. 그리고 이들을 통칭하여 중대선거구제라고도 합니다.

소선거구 다수대표제는 1개 지역구에서 1명의 당선자만을 내기 때문에 국회의원과 유권자의 친밀도와 지역에 대한 책임감이 높고, 군소 정당의 난립을 막아 정국 안정에 도움이 됩니다. 그러나 소수자를 포함한 국민의 다양한 정치적 의사를 반영하기 어렵습니다. 또한 소선거구 다수대표제는 부패하고 무능한 지역 토호 세력에게는 유리한 반면, 능력과 도덕성이 있으면서도 지역 기반이 취약한 정치 신인에게는 불리하여 정치 개혁을 기대하기 어렵습니다. 이러한 폐해를 극복하기 위하여 고안된 것이 대선거구 소수대표제입니다. 다만 이 경우에는 군소 정당이 난립하여 정국에 혼란을 가져올 수 있습니다. 이런 경우에는 다수당이 뜻을 함께하는 군소 정당들과의 연정을 통해서 정국안정을 꾀하기도 합니다.

### (2) 대통령 선거

우리 헌법은 국회의원 선거와 마찬가지로 대통령도 "국민의 보통·평등·직접·비밀선거에 의하여 선출한다."(제67조 1항)라고 규정하고 있습니다. 대통령 선거에서 최고 득표자가 2인 이상인 때에는 국회의 재적 의원 과반수가 출석한 공개회의에서 다수표를 얻은 자를 당선자로 합니다(같은 조 2항). 대통령 선거에서 득표수가 같을 가능성은 매우 희박하기 때문에 이 조항이 적용될 가능성은 별로 없습니다. 다만, 이 조항으로 미루어 볼 때 우리 헌법은 대통령 선거에서 단 1표라도 앞선 후보가 당선되는 '상대다수 득표제'를 채택하고 있음을 알 수 있습니다. 반면 프랑스 등 많은 국가에서는 대통령 당선에 과반수 이상의 득표를 요구하고, 이에 미달할 경우 1, 2위 득표자의 결선투표를 통해 과반수 득표를 요구하는 '절대다수 득표제'를 채택하고 있습니다.

대통령 후보자가 1인일 때에는 그 득표수가 선거권자 총수의 3분의 1 이상이 아니면 대통령으로 선출될 수 없습니다(같은 조 3항).

대통령으로 선거될 수 있는 자는 국회의원의 피선거권이 있고 선거일 현재 40세에 달하여야 합니다(같은 조 4항).

### (3) 지방의원 선거

우리 헌법은 "지방자치단체에 의회를 둔다. 지방의회의 조직·권한·의원 선거와 지방자치단체의 장의 선임 방법 기타 지방자치단체의 조직과 운영에 관한 사항은 법률로 정한다."(118조)라고 규정하고 있습니다. 이 조항에 의하면 지방의원은 반드시 선거에 의해서 뽑아야 합니다. 반면 지방자치단체장은 '선거' 대신 '선임'이라는 용어를 쓰면서 선임 방법을 법률에 위임하고 있습니다. 이는 지방자치단체장의 경우 선거로 뽑든 아니면 다른 방법(예를 들면 '임명제')으로 뽑든 법률에서 정하도록 한 것입니다. 이에 따라 현행 〈공직선거법〉은 특별시장·광역시장·특별자치시장·도지사(통칭 '시·도지사'라 함)과 자치구의 구청장·시장·군수(통칭 '자치구·시·군의 장'이라고 함)를 선거로 뽑도록 정하고 있습니다.

재외 국민은 외국에 거주 또는 체류하고 있는 대한민국 국민을 말
합니다. 우리나라는 10년 전까지만 해도 '국내 거주자'에게만 선거권
을 주었습니다. 하지만 2007년 6월 헌법재판소는 재외 국민과 국외
거주자들에게 선거권을 주지 않는 것에 대해 헌법불합치 결정을 내
렸습니다. 그리고 2009년 2월에 〈공직선거법〉을 개정하여, 재외 국
민에게도 일정한 경우에 대통령 선거, 국회의원 선거, 지방선거에서
선거권을 부여했습니다.

한편 〈공직선거법〉은 국내에서 영주의 체류 자격 취득일 후 3년이
경과한 외국인으로서, 해당 지방자치단체의 외국인등록대장에 올라
있는 사람에게 지방선거의 선거권을 부여하고 있습니다. 다만 이 경
우에도 외국인은 정당 활동이나 선거운동은 할 수 없으며, 한국 국
적자가 아니므로 피선거권도 없습니다.

한편 외국인에게는 국민의 권리인 대통령 선거와 국회의원 선거권
이 없습니다.

# 공무담임권
## 피선거권과 공직에 취임할 권리

공무담임권이란 공무원이 될 수 있는 권리를 말합니다. 공무담임권에는 공직 선거에 출마할 수 있는 '피선거권'과 공무원 시험 등 채용 절차에 의해서 공무원이 될 수 있는 '공직 취임권'이 있습니다.

우리 헌법은 "모든 국민은 법률이 정하는 바에 의하여 공무담임권을 가진다."(제25조)라고 규정하고 있습니다. 공무담임권은 공직 취임의 기회에 대한 평등한 접근을 대전제로 합니다. 이는 헌법상 평등의 원칙(제11조)에 의해서 뒷받침됩니다. 공직 취임 기회의 평등한 보장은 프랑스혁명 당시에도 중요한 이슈였습니다. 〈프랑스인권선언〉(1789)에서도 "법 앞에 평등한 모든 시민은 덕성과 재능에 의한 차별 이외에는 누구나 그의 능력에 따라서 공적인 고위직, 지위, 직무 등에 동등하게 임명될 수 있다."고 하여 공직 취임의 기회균등을 보장하고 있습니다.

헌법은 공무원의 역할과 사명, 정치적 중립과 관련하여 "공무원은 국민 전체에 대한 봉사자이며 국민에 대하여 책임을 진다. 공무원의 신분과 정치적 중립성은 법률이 정하는 바에 의하여 보장된다."(제7조)고 하여 공무원의 역할과 정치적 중립성을 명시하고 있습니다. 공무원은 엄격한 정치적 중립성을 지켜야 하며 원칙적으로 선거운동이나 정치 활동을 할 수 없습니다. 다만 선거에 의해서 선출되는 정무직 공무원 중 국회의원이나 지방의원은 선거운동과 정치 활동이 가능합니다.

공직도 직업의 일종이므로 공무원이 되는 것은 '직업의 자유'에 의해서도 보호됩니다. 다만, 공직은 일반 직업과 달리 국가 목표 달성이라는 공적인 목적을 수행한다는 점에서 특수성이 있습니다. 특히 공직자를 선발할 때 능력에 따른 채용을 위한 객관적이고 공평하며 투명한 기준이 매우 중요합니다. 일단 공직에 취임한 자는 헌법과 법률이 정하는 바에 따라 국민에 대한 봉사자로서 복무해야 할 헌법상 의무가 있습니다. 이러한 점에서 공직자의 공무담임권은 일반적인 직업의 자유에 대한 특별규정입니다.

# 국민투표권
개헌 국민투표와 국가 중요 정책에 대한 국민투표

　선거제도가 국민의 정치적 대표자를 선출하는 간접민주제의 수단
이라면 국민투표권은 국민이 직접 투표를 통해 국가의사를 결정하
는 직접민주제의 수단입니다. 우리 헌법은 대통령이 부의한 중요 정
책에 대한 국민투표와 헌법 개정안의 확정을 위한 국민투표를 규정
하고 있습니다.

### (1) 중요 정책에 대한 국민투표

　우리 헌법은 "대통령은 필요하다고 인정할 때에는 외교·국방·통
일 기타 국가 안위에 관한 중요 정책을 국민투표에 붙일 수 있다."(제
72조)라고 규정하고 있습니다. 중요 정책에 대한 국민투표의 필요성
여부는 대통령이 임의로 결정합니다. 이 점에서 반드시 국민투표를
거쳐야 하는 '헌법 개정'의 경우와 차이가 있습니다.

　중요 정책에 대한 국민투표는 전적으로 대통령이 결정해서 실시하
기 때문에 자칫 대통령의 권력을 강화하는 수단으로 악용될 가능성
이 있습니다. 이러한 점을 고려하여 헌법재판소는 국민투표는 국민
에 의한 국가권력의 행사 방법의 하나로서 명시적인 헌법적 근거를

필요로 한다면서, 대통령의 재신임을 묻는 국민투표는 헌법 제72조의 '중요 정책'에 해당하지 않는다고 밝혔습니다. 특정한 정책에 대한 국민투표를 실시하면서 그 결과를 대통령에 대한 신임투표로 간주하겠다고 선언하는 것도 사실상 신임을 묻는 것으로, 대통령의 헌법상 권한을 벗어나는 것이라고 했습니다.[44]

### (2) 헌법 개정안에 대한 국민투표

헌법 개정을 위해서는 반드시 국민투표를 거쳐야 합니다. 이처럼 법률 등 다른 법령과 달리 국민투표를 요구하거나 국회에서의 의결 절차를 까다롭게 하여 개정이 어려운 헌법을 '경성헌법'이라고 합니다. 성문헌법은 대개 경성헌법입니다.

헌법 개정에 국민투표를 요구하는 것은 헌법을 제정하거나 개정할 수 있는 주체가 주권자인 국민이기 때문입니다. 즉 국민은 '헌법 제정 권력자'인 동시에 '헌법 개정 권력자'입니다. 그런데 헌법 제정은 헌법이 존재하지 않는 상태에서 헌법을 만들거나 기존에 존재하는 헌법을 완전히 폐기하고 새로운 헌법을 만드는 것이므로, 헌법에 미리 그 절차를 두는 것이 논리적으로 모순됩니다. 반면 헌법 개정에 대해서는 헌법 제10장(제128조~130조)에 상세하게 그 절차가 규정되어 있습니다.

헌법 개정안은 국회 재적 의원 과반수 또는 대통령의 발의로 제안됩니다. 즉 헌법 개정의 제안권자는 국회와 대통령입니다. 대통령의 임기 연장 또는 중임 변경을 위한 헌법 개정은 그 헌법 개정 제안 당시의 대통령에 대하여는 효력이 없습니다.

제안된 헌법 개정안은 대통령이 20일 이상의 기간 동안 '공고'해야 하며, 국회는 헌법 개정안이 공고된 날로부터 60일 이내에 개헌안에 대한 찬반을 '의결'해야 합니다. 이때 국회의 의결은 재적 의원 3분의 2 이상의 찬성을 얻어야 합니다. 개헌안에 대한 국회의 수정 의결은 공고 절차 위반이므로 불가능합니다. 만약 수정하고자 한다면 다시 개정안을 만들어서 공고 절차를 거쳐야 합니다.

국회가 의결한 후 30일 이내에 국민투표를 해야 합니다. 국민투표에서 '국회의원 선거권자 과반수의 투표'와 '투표자 과반수의 찬성'을 얻으면 헌법 개정이 '확정'됩니다. 대통령은 국민투표로 확정된 개헌안을 즉시 '공포'해야 합니다.

헌법에 명시된 국민투표 외에도 〈주민투표법〉은 주민투표 제도를 규정하고 있습니다. 주민투표는 헌법상의 참정권은 아니지만 법률에 의해서 인정되는 참정권이라고 할 수 있습니다.

지방자치단체의 장은 주민에게 과도한 부담을 주거나 중대한 영향을 미치는 지방자치단체의 주요 결정 사항 등에 대하여 주민투표에 붙일 수 있고(지방자치법 제14조 1항), 주민투표의 대상·발의자·발의 요건, 그 밖에 투표 절차 등에 관한 사항은 따로 법률로 정하도록 하였습니다(같은 법 제14조 2항).

**:** 헌법 개정을 통해서 어떤 조항이든지 바꾸거나 없앨 수 있나요?

개헌을 통해서 헌법의 모든 것을 바꿀 수 있는 것은 아닙니다. 우리 헌법에서 가장 중요한 가치 즉, 국민주권과 민주공화국, 기본권 보장, 권력분립, 복수정당제, 선거제도, 사법부의 독립 등과 같은 자유민주적 기본 질서의 핵심 가치는 헌법 개정으로도 훼손할 수 없습니다.

44 헌재 2004.5.14. 2004헌나1 (특정 정책에 대한 국민투표를 대통령에 대한 신임과 연계하는 것 불허)

# 청구권

국가에 대하여 특정한 행위를 요구할 권리

국민이 국가에 대하여 어떠한 행위를 적극적으로 요구할 헌법상의 권리를 '청구권' 또는 '청구권적 기본권'이라고 합니다. 청구권은 국민의 권리가 침해당한 경우에 그 권리 구제를 위하여 인정되는 기본권으로, 그 자체가 목적이 아니라 다른 기본권을 실현하기 위한 수단의 성격을 갖기 때문에 '기본권 보장을 위한 기본권'이라고 부르기도 합니다. 또한 헌법에 명시된 실체적 기본권(평등권, 자유권, 참정권, 사회권 등)에 대비하여 '절차적 기본권'이라고 부르기도 합니다.

우리 헌법은 청구권으로 △청원권 △재판청구권 △국가배상청구권 △형사보상청구권 △범죄피해자 구조청구권을 명시하고 있습니다.

# 청원권

국가기관에게 어떤 일을 해 달라고 문서로 청원할 권리

우리 헌법에 의하면 모든 국민은 법률이 정하는 바에 의하여 국가 기관에 문서로 청원할 권리를 가지며, 국가는 청원에 대하여 심사할 의무를 집니다(제26조).

일반적으로 청구권적 기본권은 국민이 권리를 침해당한 경우에 국가기관에 대해서 구제를 청구하는 권리입니다. 그러나 청원권은 반드시 권리를 침해당한 경우에만 행사할 수 있는 것은 아닙니다. 널리 국가기관에 대한 희망 사항이나 제도 개선을 요구하는 경우에도 행사할 수 있습니다. 청원권의 구체적인 행사 절차에 대해서는 〈청원법〉에 자세히 규정하고 있습니다.

〈청원법〉에 의하면 청원은 국가기관, 지방자치단체와 그 소속 기관, 그리고 법령에 의하여 행정 권한을 가지고 있거나 행정 권한을 위임 또는 위탁받은 법인·단체 또는 그러한 법인·단체의 기관이나 개인에게 제출할 수 있습니다.

청원을 할 수 있는 사항으로 〈청원법〉은 △피해의 구제 △공무원의 위법·부당한 행위에 대한 시정이나 징계 요구 △법률·명령·조례·규칙 등의 제정·개정 또는 폐지 △공공 제도 또는 시설의 운영 △그 밖에 국가기관 등의 권한에 속하는 것을 들고 있습니다.

〈청원법〉은 청원을 수리하지 않는 경우도 규정하고 있습니다. 즉, △감사·수사·재판·행정심판·조정·중재 등 다른 법령에 의한 조사·불복 또는 구제 절차가 진행 중인 때 △허위의 사실로 타인으로 하여금 형사처분 또는 징계처분을 받게 하거나, 국가기관 등을 중상모략하는 사항인 때 △사인 간의 권리 관계 또는 개인의 사생활에 관한 사항인 때에는 청원을 수리하지 않습니다. 다만 이러한 내용이 있다고 해서 일률적으로 수리하지 않는 것보다는 청원의 전체적인 내용을 고려해서 수리 여부를 신중히 판단하는 것이 바람직할 것입니다.

한편 헌법은 청원에 대한 국가기관의 심사 의무만을 규정하고 있지만, 〈청원법〉은 심사, 처리, 처리 결과를 청원인에게 통지할 의무까지 규정하여 청원권을 두텁게 보장하고 있습니다. 즉 청원을 관장하는 기관은 특별한 사유가 없는 한 90일 이내에 그 처리 결과를 청원인에게 통지해야 합니다.

청원은 국민이 직접 국정에 대한 의견을 표명하고 시정 및 개선을 요구할 수 있는 제도로서 대의제의 미비점을 보완하는 직접민주제적 요소를 내포하고 있습니다. 그동안 청원권은 크게 조명을 받지 못했으나 최근 들어 직접민주제에 대한 관심이 높아지면서 청원권의 중요성이 새롭게 부각되고 있습니다. 청원권이 실질적으로 국민의 권익을 높이고 사회 발전에 기여하도록 하기 위해서는 아직 미흡한 점이 많은 청원제도를 전반적으로 정비할 필요가 있습니다.

법률안을 제정 또는 개정할 것을 국회에 청원하는 것을 특히 입법 청원이라고 합니다. 현행법상 입법청원이라는 별도의 청원 절차가 있는 것은 아닙니다. 다만 〈국회법〉상 국회에 청원을 하는 절차가 마련되어 있습니다.

국회에 청원하려면 국회의원의 소개가 필요합니다. 국회에 청원이 접수되면 국회의장은 이를 각 의원에게 배포하고 소관위원회에 회부하여 심사를 하게 합니다. 국회가 채택한 청원 가운데 정부에서 처리하는 것이 타당하다고 인정되는 청원은 의견서를 첨부하여 정부에 이송합니다(국회법 제123조~126조 참조).


⋮ 청원에 대한 처리 결과가 청원인의 기대에 미치지 못할 경우 헌법소원을 할 수 있을까요?


공권력의 행사 또는 불행사로 기본권이 침해된 경우에는 헌법재판소에 헌법소원을 제기할 수 있습니다. 그렇다면 '국가기관의 청원 처리 결과가 청원인의 기대에 미치지 못했을 경우'도 '공권력의 행사 또는 불행사로 기본권이 침해된 경우'라고 볼 수 있는지가 문제입니다.

청원의 처리 결과가 항상 청원인의 기대에 흡족할 수는 없습니다. 청원 처리에는 재정 형편이나 법령상의 제한, 정책적 우선 순위, 국가 또는 지방자치단체의 계획, 다른 이해 관계자의 입장 등 다양한 사항을 고려하지 않을 수 없기 때문입니다. 따라서 청원에 대해서는 이를 심사해서 청원인에게 통지를 해 주는 것으로 〈청원법〉상의 의무를 다했다고 볼 수 있습니다. 설령 그 처리 내용이 청원인의 기대에 미치지 못한다고 하여 청원을 방치한 것이라고 볼 수 없기 때문에, 헌법소원의 대상이 되는 공권력의 행사 또는 불행사로 보기는 어렵다는 것이 헌법재판소의 입장입니다.[45]

45 헌재 2004.5.27. 2003헌마851 (청원에 대한 처리 내용은 헌법소원 대상으로 보기 어려움)

# 재판청구권
법관에 의한 신속하고 공정한 재판을 받을 권리

재판은 사람들 사이에 어떤 사안을 둘러싸고 법적인 다툼이 생겼을 때, 법원이 증거를 통하여 사실 관계를 밝히고 법률을 해석, 적용함으로써 다툼을 해결하는 과정을 말합니다.

우리 헌법은 "모든 국민은 헌법과 법률이 정한 법관에 의한 재판을 받을 권리를 가진다."(제27조 1항)라고 하여 재판청구권을 보장하고 있습니다. 헌법과 법률이 정한 법관이란 일정한 자격을 갖추고 독립된 지위에 있는 법관입니다. 법관은 재판을 할 때 누구로부터도 압력이나 간섭을 받아서는 안 되며 객관적이고 공정한 입장에서 재판함으로써 국민의 권리를 보호해야 합니다. 이것이 사법부의 독립을 인정한 취지입니다.

재판청구권은 적극적으로는 국가에 재판을 요구하는 권리이고, 소극적으로는 헌법과 법률이 정한 법관이 아닌 자에게 재판을 받지 않을 권리를 의미합니다.

민간인은 원칙적으로 군사재판을 받지 않습니다. 헌법은 "군인 또는 군무원이 아닌 국민은 대한민국의 영역 안에서는 중대한 군사상 기밀·초병·초소·유독 음식물 공급·포로·군용물에 관한 죄 중 법률이 정한 경우와 비상계엄이 선포된 경우를 제외하고는 군사법원의 재판을 받지 아니한다."(같은 조 2항)라고 하여 극히 예외적인 경우에 한하여 민간인에 대한 군사재판을 허용합니다.

재판은 국민의 권리를 구제해 주기 위한 절차입니다. 그런데 "지연된 정의는 불의다."라는 법언法諺처럼 재판이 오래도록 열리지 않거나 한없이 늘어진다면 국민이 제때에 필요한 권리 구제를 받지 못하는 결과가 초래될 수 있습니다.

헌법은 "모든 국민은 신속한 재판을 받을 권리를 가진다. 형사피고인은 상당한 이유가 없는 한 지체없이 공개재판을 받을 권리를 가진다."(같은 조 3항)라고 하여 신속한 재판을 받을 권리를 재판청구권의 한 내용으로 명시하고 있습니다.

헌법과 법률이 정한 법관이란 첫째, 헌법과 법률이 정한 자격과 절차(제104조 – 대법원장, 대법관, 판사의 임명 절차)에 의하여 임명되고, 둘째, 헌법과 법률에 의하여 양심에 따라 독립하여 심판하며(제103조), 셋째, 탄핵 또는 금고 이상의 형의 선고에 의하지 아니하고는 파면되지 않는(제106조), 즉 신분보장이 되는 법관을 말합니다. 이 세 가지가 사법부 독립의 핵심입니다. 이 가운데 제103조를 법관의 '재판상 독립' 또는 '물적 독립'이라고 하고, 제106조를 법관의 '신분상 독립' 또는 '인적 독립'이라고 합니다.

: 서울중앙지법 법원장이 〈집시법〉 위반 사건들을 보수 성향 판사들에게 임의 배정하고, 이메일로 사건을 빨리 처리하라고 독촉한 것은 '법관의 재판상 독립'을 침해한 것일까요?

집회에 참여하여 구속된 사람들에 대한 재판을 맡은 서울중앙지법 법원장이 이 사건을 보수 성향 판사들에게 임의로 배당하고, 그 판사들에게 이메일을 보내서 사건을 빨리 처리하라고 독촉을 했습니다. 이메일에서 법원장은 〈집회 및 시위에 관한 법률〉(약칭 〈집시법〉)상 야간 옥외집회 금지의 위헌성은 신경쓰지 말라고 썼습니다. 판사들 가운데 〈집시법〉상 야간 옥외집회 금지규정에 대하여 헌법재판소에 위헌법률심판을 제청한 사람이 있기 때문이었습니다. 한편 서울중앙지법 법원장은 당시 공석이 된 대법관의 유력한 후보자로 거론되고 있었습니다.

법관의 재판상 독립을 보장하고 사건 배당의 공정성과 투명성을 확보하기 위해, 사건 배당은 순번에 따라 기계적으로 하는 것을 원칙으로 하고 있습니다. 특별한 경우에만 법원장 등이 배당 재량권을 행사할 수 있습니다. 하지만 이 사건에서는 법원장이 배당 재량권을 행사하여야 할 특별한 사정이 없습니다. 더구나 사건 배당을 특정한 성향의 판사들에게 몰아주는 것은 재판의 공정성에 위배될 가능성이 높습니다.

한편 재판의 신속을 촉구하는 것은 얼핏 보면 문제가 없는 것처럼 보입니다. 하지만 〈집시법〉상 야간 옥외집회 금지에 대한 위헌성 논란이 있어서 판사들 가운데 일부가 헌법재판소에 위헌법률 심판제청을 했음에도 불구하고, 이메일에서 법원장은 야간 옥외집회 금지규정의 위헌성은 신경쓰지 말라고 했습니다. 이는 사실상 유죄판결을 주문한 것이나 마찬가지입니다. 이런 점에서도 법원장은 법관의 재판상 독립을 또 한번 침해했다고 볼 수 있습니다.

# 형사보상청구권

억울하게 구금되었던 피의자 또는 피고인의 권리

우리 헌법은 "형사 피의자 또는 형사피고인으로서 구금되었던 자가 법률이 정하는 불기소처분을 받거나 무죄판결을 받은 때에는 법률이 정하는 바에 의하여 국가에 정당한 보상을 청구할 수 있다."(제28조)라고 규정합니다. 이를 형사보상청구권이라고 합니다. '법률이 정하는 불기소처분'은 '형사 피의자'로서 구금되었던 자에게, '무죄판결을 받은 때'라는 부분은 '형사피고인'으로서 구금되었던 자에게 적용됩니다.

수사기관이 범죄를 수사하다 보면 뜻하지 않게 죄 없는 사람을 범죄자로 의심해서 가두는 경우가 생깁니다. 이런 경우 수사기관이 비록 합법적으로 피의자 또는 피고인을 구금했더라도, 결과적으로 죄 없는 사람에게 피해를 끼친 이상 그가 갇혀 있는 동안 입게 된 피해를 보상할 필요가 있습니다.

형사보상청구권의 행사 요건과 절차 등에 대해서는 〈형사보상 및 명예회복에 관한 법률〉(약칭 〈형사보상법〉)에서 상세히 규정하고 있습니다.

형사보상청구권에 대해서 국가는 '정당한 보상'을 하여야 합니다. 정당한 보상이란 손실에 대한 완전한 보상을 뜻하는데 구체적인 산정 기준은 형사보상법에서 정하고 있습니다.

한편, 형사보상법은 무죄판결을 받은 피고인의 재판서를 법무부 인터넷 홈페이지에 게재할 것을 청구할 수 있도록 규정하여, 명예회복에 도움이 되도록 하였습니다(형사보상법 제30조~제35조).

헌법이 보장하는 형사보상청구권은 미결수, 즉 재판이 확정되지 않은 상태에서 구금되었다가 불기소처분이나 무죄판결을 받은 사람에게 인정되는 권리입니다. 재판이 확정되어 교도소에서 형 집행을 받다가 재심에서 무죄로 판명되고, 이 경우 국가의 고의 또는 과실이 인정되면 형사보상청구권이 아니라 '국가배상청구권'을 행사할 수 있습니다.

또한 구금 여부와 상관없이 무죄판결이 확정된 피고인에게 재판에 소요된 비용을 보상하는 제도가 있습니다. 이것을 '비용보상청구권'이라고 하며 〈형사소송법〉에서 규정하고 있습니다(형사소송법 제194조의2~제194조의5). 예를 들면 변호사 비용은 형사보상청구권이 아닌 비용보상청구권에 의해서 보상받을 수 있습니다.

⋮ 국가의 고의 또는 과실로 인하여 구금된 사람은 형사보상청구권 이
  외에 다른 손해배상청구권도 행사할 수 있을까요?

형사보상청구권은 국가기관에 과실이 없어도 인정되는 이른바 '무

과실책임'으로 피해자가 입은 손실을 보상하기 위한 것입니다. 한편 〈형사보상법〉은 형사보상을 받을 자가 다른 법률에 따라 손해배상을 청구하는 것을 금지하지 않습니다. 〈형사보상법〉에 따른 보상을 받을 자가 같은 원인에 대하여 다른 법률에 따라 손해배상을 받은 경우에, 그 손해배상의 액수가 형사보상금 액수와 같거나 그보다 많을 때에는 보상하지 않고, 그 손해배상 액수가 형사보상금의 액수보다 적을 때에는 그 손해배상 금액을 빼고 형사보상금의 액수를 정합니다(형사보상법 제6조 1항~3항).

# 국가배상청구권
위법한 국가 작용으로 발생한 피해의 배상을 요구할 권리

우리 헌법은 "공무원의 직무상 불법행위로 손해를 받은 국민은 법률이 정하는 바에 의하여 국가 또는 공공단체에 정당한 배상을 청구할 수 있다. 이 경우 공무원 자신의 책임은 면제되지 아니한다."(제 29조 1항)라고 하여 국가배상청구권을 규정하고 있습니다. 여기서 말하는 공무원에는 국가공무원, 지방공무원과 같이 법률에 의하여 공무원 신분을 가진 자는 물론이고, 널리 공무를 위탁받아서 이에 종사하는 사람도 포함됩니다. 예를 들면 통장, 향토예비군, 구청 청소 차량의 운전기사, 법원의 집행관, 지방자치단체에서 선정한 교통 할 아버지도 국가배상 청구의 대상인 공무원에 해당합니다.

공무원의 '직무상' 행위에는 원칙적으로 입법, 행정, 사법의 모든 국가 행위가 포함됩니다. 다만 국회에 의한 입법의 경우, 대의제하에서 국회는 국민의 정치적 대표 기관으로서 정치적 책임을 지는 것이지 개별 국민에게 법적 책임을 지는 관계에 있다고 보기는 어렵습니다. 따라서 국회가 명백하게 헌법에 위반되는 입법을 한 경우와 같이 특수한 경우가 아닌 한 국가배상 청구의 대상이 되는 위법행위로 보기는 어려울 것입니다.[46]

국가배상 청구의 대상은 국가 또는 공공단체입니다. 공공단체에는

지방자치단체, 공공조합(농협, 수협 등), 영조물 법인(도로공사, 가스공사 등) 등이 있습니다. 국가배상청구권은 국가의 불법행위, 즉 고의·과실이 있을 경우에 인정됩니다. 국가에 과실이 없는 경우에는 국가배상청구권이 인정되지 않습니다.

한편 헌법에 의하면, 군인·군무원·경찰공무원 및 기타 법률이 정하는 자가 전투·훈련 등 직무 집행과 관련하여 받은 손해에 대하여는 법률이 정하는 보상 외에 국가 또는 공공단체에 공무원의 직무상 불법행위로 인한 배상은 청구할 수 없습니다(같은 조 2항). 이를 '이중 배상 금지의 원칙'이라고 하는데, 이는 군인, 경찰 등의 국가배상청구권을 약화시키는 조항으로 다른 나라에서는 유례를 찾기 어려운 조항입니다. 따라서 이 조항은 개선할 필요가 있다는 지적이 꾸준히 제기되어 왔습니다.


: 국가배상 책임은 원래 공무원이 져야 할 책임을 국가가 대신 지는 것일까요? 아니면 국가 자신의 책임을 지는 것일까요?


국가배상 책임에 대하여 헌법은 '공무원의 직무상 불법행위'에 대해서 '국가 또는 공공단체'에게 배상 청구를 할 수 있다고 합니다. 이러한 국가배상 책임의 성격에 대해서 학자들 사이에는 공무원의 책임을 국가가 대신 지는 것이라는 견해(대위 책임설), 처음부터 국가의 책임이라는 견해(국가 책임설), 공무원에게 고의 또는 중과실이 있을 때는 대위 책임, 그렇지 않을 경우에는 국가 책임이라는 견해(절충설) 등이 있습니다.

역사적으로 19세기까지는 국가가 위법한 행위를 한다는 것은 인정되지 않았기 때문에 공무원이 직무 수행에서 불법행위를 하면 공무원 개인의 책임으로 보았습니다. 20세기에 와서 국가의 활동 범위가 넓어지자 그에 비례해서 공무원의 불법행위도 늘어났습니다. 이에 공무원의 책임을 국가가 대신 지도록 함으로써 국민의 피해 구제를 강화할 필요성이 높아졌습니다. 특히 법치주의가 확립되면서 공무원의 행위는 곧 국가의 행위라는 전제하에 공무원의 불법행위는 국가가 당연히 책임을 져야 한다는 방향으로 발전하였습니다.

국가 또는 공공단체는 자연인이 아니기 때문에 결국은 자연인인 소속 공무원을 통해서 행위를 합니다. 그로부터 피해를 입은 국민은 국가 또는 공공단체의 관리·감독 소홀로 피해를 입었다고 생각하는 것이 어쩌면 당연할 것입니다. 따라서 국가배상 책임은 국가 또는 공공단체의 책임으로 보는 것이 국민의 기본권 보호에 부합됩니다.

국가가 국가배상을 한 경우에 공무원에 대해서 '구상권'을 행사하는 경우가 있습니다. 구상권이란 누군가가 다른 사람의 빚을 대신 갚은 경우에 상환을 청구할 권리를 말합니다. 공무원에 대한 구상권은 공무원에게 고의 또는 중대한 과실이 있는 경우에 인정됩니다.

46 대판 1997.6.13. 96다56115 (국회 입법은 특수한 경우가 아닌 한 국가배상 청구의 대상으로 보기 어려움)

# 범죄피해자 구조청구권

범죄로 인해 생명·신체에 피해를 입은 경우 행사할 수 있는 권리

우리 헌법은 "타인의 범죄행위로 인하여 생명·신체에 대한 피해를 받은 국민은 법률이 정하는 바에 의하여 국가로부터 구조를 받을 수 있다."(제30조)라고 규정합니다. 이를 '범죄피해자 구조청구권'이라고 합니다. 이는 국가가 범죄로부터 국민의 생명과 안전을 지킬 의무가 있다는 것을 전제로, 이러한 의무를 다하지 못한 것에 대한 국가의 책임을 명시한 것입니다.

범죄피해자 구조청구권은 범죄피해자의 복지 증진에 기여할 목적으로 인정되는 것이므로 청구권인 동시에 사회권적인 성격도 가진다고 할 수 있습니다.

이에 대한 법률로 〈범죄피해자보호법〉이 있습니다. 이 법률의 기본 이념은 △범죄피해자는 범죄피해 상황에서 빨리 벗어나 인간의 존엄성을 보장받을 권리가 있고, △범죄피해자의 명예와 사생활의 평온은 보호되어야 하며, △범죄피해자는 해당 사건과 관련하여 각종 법적 절차에 참여할 권리가 있다는 것입니다. 이에 따라 범죄피해자에 대한 보호·지원 정책을 수립하고 구조 대상 범죄피해에 대한 구조금을 지급할 것을 규정하고 있습니다.

〈범죄피해자보호법〉의 주요 내용을 살펴보면 다음과 같습니다.

구조 대상 범죄피해는 대한민국 영역 안에서 또는 대한민국 영역 밖에 있는 대한민국의 선박이나 항공기 안에서 행하여진 생명 또는 신체를 해치는 범죄로 인하여 사망, 장해, 또는 중상해를 입은 것을 말합니다. 생명 또는 신체를 해치는 범죄행위에 국한하므로 재산 범죄(예를 들면 절도죄, 강도죄, 사기죄 등)로 인한 피해는 포함되지 않습니다. 범죄피해 구조금을 지급받기 위해서는 △피해자가 피해의 전부 또는 일부를 범죄자로부터 배상받지 못하거나, △자기 또는 타인의 형사사건의 수사 또는 재판에서 고소·고발 등 수사 단서를 제공하거나 진술, 증언 또는 자료 제출을 하다가 피해자가 된 경우에 해당해야 합니다.

구조금에는 유족 구조금, 장해 구조금, 중상해 구조금으로 구분하며 일시금으로 지급합니다. 장해 구조금과 중상해 구조금은 피해 당사자에게 지급합니다.

유족 구조금의 지급은 다음의 순서에 따라 어느 하나에 해당하는 사람에게만 지급합니다.

1. 배우자(사실상 혼인 관계 포함) 및 피해자의 사망 당시 피해자의 수입으로 생계를 유지하고 있는 자녀

2. 피해자의 사망 당시 피해자의 수입으로 생계를 유지하고 있는 부모, 손자·손녀, 조부모 및 형제자매

3. 위에 해당하지 않는 피해자의 자녀, 부모, 손자·손녀, 조부모 및 형제자매

이때 2와 3의 경우에는 각각 열거한 순서에 따라 지급을 받습니다. 예컨대 1에 해당하는 사람이 없으면 2에 열거된 사람들 가운데 부모가 우선순위로 지급받고, 부모가 없으면 손자·손녀, 조부모 등의 순서로 지급을 받습니다.

한편, 범죄피해 당시에 가해자와 피해자 사이에 부부(사실상의 혼인 관계 포함), 직계혈족, 4촌 이내의 친족, 동거 친족의 관계가 있으면 구조금을 지급하지 않습니다. 또 피해자가 범죄를 유발하거나 보복범죄로 가해자 또는 그의 친족 등의 생명·신체를 해치는 범죄행위를 한 경우에도 구조금을 지급하지 않습니다.

구조 금액은 유족 구조금의 경우 사망 당시 월급이나 월수입액 또는 평균임금에 24개월 이상 48개월 이하의 범위에서 유족의 수와 연령 및 생계유지 상황 등을 고려하여 대통령령으로 정한 개월 수를 곱한 금액으로 합니다. 장해 구조금과 중상해 구조금은 피해자가 신체 손상을 입은 당시의 월급이나 월수입액 또는 평균임금에 2개월 이상 48개월 이하의 범위에서 장해 또는 중상해의 정도와 부양가족의 수 및 생계유지 상황 등을 고려하여 대통령령으로 정한 개월 수를 곱한 금액으로 합니다.

한편 피해자나 유족이 외국인인 경우에는 해당 국가의 상호 보증이 있는 경우에만 〈범죄피해자보호법〉의 적용을 받습니다.

범죄피해자를 위한 법률로는 위에 설명한 〈범죄피해자보호법〉 이외에 〈범죄피해자보호기금법〉, 〈가정폭력방지 및 피해자보호에 관한 법률〉, 〈성매매방지 및 피해자보호에 관한 법률〉 등이 있습니다.

: 범죄피해자 구조청구권과 국가배상청구권은 어떤 관계에 있을까요?

　범죄피해자 구조청구권은 국가가 범죄 예방의 의무를 다하지 못한 것에 대한 책임이라는 점에서 국가배상청구권과 유사한 성질을 가집니다. 그러나 범죄피해자 구조청구권은 공무원의 직무 수행상의 불법행위가 없는 경우에 인정된다는 점에서 국가배상청구권과 구별됩니다. 〈범죄피해자보호법〉은 "피해자나 유족이 해당 구조 대상 범죄 피해를 원인으로 하여 〈국가배상법〉이나 그 밖의 법령에 따른 급여 등을 받을 수 있는 경우에는 대통령령으로 정하는 바에 따라 구조금을 지급하지 아니한다."(같은 법 제20조)라고 규정하여 이 점을 분명히 하고 있습니다.

# 사회권

## 인간답게 살 권리

서구 시민혁명 이후 등장한 근대 입헌주의 헌법 체제는 국민의 기본적인 자유만 보장하면 저절로 모든 것이 조화를 이룰 수 있다고 보았습니다. 이처럼 자유 보장을 위해 국가의 간섭을 최소화하는 국가를 야경국가, 또는 경찰국가라고 합니다.

그러나 산업혁명을 거치면서 빈부 격차가 심해지고 서민층의 생활은 점점 더 어려워졌습니다. 국가가 팔짱만 끼고 있다가는 사회불안과 갈등이 걷잡을 수 없이 확산될 위기에 처했습니다. 헌법에 규정된 자유와 평등을 형식적으로 보장하는 자유방임주의적 국가 체제로는 극심한 사회 갈등을 치유하기 어렵다는 인식이 확산되었습니다.

그 과정에서 나타난 것이 사회주의 운동입니다. 사회주의는 극심한 불평등의 원인을 자본의 사유화에서 찾고, 노동자계급이 단결하여 자본을 사회적 소유로 바꾸고 사회적 관리를 통해서 자본 또는 자본가의 횡포를 종식시켜야 한다고 주장했습니다. 사회주의의 대두는 자본주의에 커다란 영향을 가져왔고, 이는 헌법에도 질적인 변화를 가져왔습니다. 그 결과 자유와 평등을 실질적으로 보장하는 새로운 국가관 즉, '사회국가' 개념이 등장했습니다. 사회국가란 한마디로 실질적인 자유와 평등을 달성하기 위하여 적극적으로 국민의 생존권과 인간다운 삶을 위해 노력하는 국가를 말합니다.

재산권은 재산이 없는 사람에게는 무용지물입니다. 따라서 재산이 없는 사람에게는 재산을 형성할 수 있도록 사회가 도와야 실질적으로 재산권 보장이 이루어질 수 있습니다. 또 헌법이 아무리 '직업의 자유'를 보장하고 있어도 일자리를 구하지 못한 사람에게는 공염불에 불과합니다. 국가가 실업 구제를 위해 적극적으로 개입을 해야 실질적인 직업의 자유가 보장될 수 있습니다. 또 아무리 '법 앞의 평등'을 강조해도 처음부터 법 자체가 불평등하게 만들어져 있다면 법 앞의 평등은 기만에 지나지 않을 것입니다. 따라서 입법 단계에서부터 '평등의 가치'에 대한 고려가 이루어질 필요가 있습니다.

우리 헌법은 일련의 사회권을 명시함으로써 사회국가 원리를 지향하고 있습니다. 우리 헌법에 명시된 사회적 기본권에는 △교육을 받을 권리 △인간다운 생활을 할 권리와 이를 위한 사회보장·사회복지 △사회적 약자 보호 △근로의 권리 및 근로3권 △환경권 등이 있습니다.

사회권은 지금까지 살펴본 다른 기본권 즉, 평등권, 자유권, 참정권, 청구권 등과 달리 많은 재정이 소요될 뿐만 아니라 국가 차원에서의 정책 우선순위 문제를 고려하지 않을 수 없습니다. 사회권은 입법을 통해 구체화되지 않을 경우 국가를 상대로 어떤 급부를 청구할 수 없다는 한계가 있습니다. 따라서 사회권은 국민의 지속적인 정치적 요구가 뒷받침될 때 비로소 실현되는 권리입니다.

# 교육을 받을 권리
모든 국민은 균등하게 교육을 받을 권리를 가진다

개인이 인간다운 삶을 누리려면 적절한 교육이 필수적입니다. 교육을 통해서 다른 사람과 함께 사는 법을 배우고, 사회생활에 필요한 지식을 습득할 수 있으며, 인격을 도야하고 잠재 능력을 계발할 수 있습니다. 교육은 직업과 경제적 자립을 위해서도 반드시 필요합니다.

### (1) 교육을 받을 권리

우리 헌법은 "모든 국민은 능력에 따라 균등하게 교육을 받을 권리를 가진다."(제31조 1항)라고 하여 전 국민이 교육을 받을 권리가 있음을 밝히고 있습니다. '균등'은 획일적인 것이 아니라 '능력에 따라' 균등하게 교육받을 권리를 의미합니다. 여기서 말하는 능력은 개인의 능력과 적성을 의미합니다. 이 조항은 능력과 적성에 따라 누구나 공평하게 교육 기회를 부여받아야 한다는 의미로 해석됩니다. 그 이면에는 경제적 능력에 따라 교육 기회에 차별이 있어서는 안 된다는 것과 교육의 기회균등을 위해서 국가가 노력해야 한다는 의미가 담겨 있습니다.

## (2) 의무교육

우리 헌법은 "모든 국민은 그 보호하는 자녀에게 적어도 초등교육과 법률이 정하는 교육을 받게 할 의무를 진다."(제31조 2항)라고 하여 의무교육을 명시하고 있습니다. 현재 우리나라는 중학교까지 의무교육을 실시하고 있습니다. 의무교육을 받게 할 '의무'의 주체는 학부모입니다.

헌법은 "의무교육은 무상으로 한다."(같은 조 3항)라고 하여 '무상의무교육의 원칙'을 선언하고 있습니다. 여기서 말하는 '무상'의 범위에 관하여 헌법재판소는 의무교육이 실질적이고 균등하게 이루어지기 위한 본질적 항목으로, 수업료나 입학금, 학교와 교사 등 인적·물적 시설 및 그 시설을 유지하기 위한 인건비와 시설 유지비, 의무교육을 받는 과정에 수반하는 비용으로서 의무교육의 실질적 균등보장을 위해 필수 불가결한 비용이 포함된다면서, 이러한 비용 이외의 비용을 무상의 범위에 포함시킬 것인지는 국가의 재정 상황과 국민의 소득수준, 학부모들의 경제적 수준 및 사회적 합의 등을 고려하여 입법자가 입법정책적으로 해결해야 할 문제라고 밝혔습니다.[47]

## (3) 평생교육

우리 헌법은 "국가는 평생교육을 진흥하여야 한다."(제31조 5항)고 하여 평생교육에 대한 국가의 책임을 강조하고 있습니다. 이를 위해

〈평생교육법〉이 제정되어 있습니다.

〈평생교육법〉에 의하면 '평생교육'은 학교의 정규교육 과정을 제외한 학력 보완 교육, 성인 문자 해득 교육, 직업 능력 향상 교육, 인문교양 교육, 문화 예술 교육, 시민 참여 교육 등을 포함하는 모든 형태의 조직적인 교육 활동을 의미합니다. 아울러 평생교육의 이념으로 △평생교육의 기회 균등 △자유로운 참여와 자발적인 학습 △정치적·개인적 편견의 선전을 위한 방편으로 이용하지 말 것 △이수자에게 자격 및 학력 인정 등 사회적 대우 부여를 명시하고 있습니다.

### (4) 교육제도 법정주의

우리 헌법은 "학교교육 및 평생교육을 포함한 교육제도와 그 운영, 교육재정 및 교원의 지위에 관한 기본적인 사항은 법률로 정한다."(제31조 6항)라고 하여 '교육제도 법정주의'를 택하고 있습니다. 교육제도 법정주의는 교육을 받을 권리가 행정권에 의해 침해되지 않도록 하고 교육의 자주성과 중립성을 유지하기 위하여 교육에 대한 기본 정책을 국회가 제정한 법률로서 정해야 한다는 원칙입니다.[48]

### (5) 교육의 자주성·전문성·정치적 중립성

우리 헌법은 "교육의 자주성·전문성·정치적 중립성 및 대학의 자율성은 법률이 정하는 바에 의하여 보장된다."(제31조 4항)라고 하여 교육에 대한 중요한 원칙을 밝히고 있습니다.

'교육의 자주성'이란 교육 내용과 교육 기구가 교육자에 의하여 자주적으로 결정되고 행정 권력에 의한 통제가 배제되어야 함을 의미합니다. 이는 교육 시설 설치자·교육 감독권자로부터 교원의 자유, 교육 내용에 대한 교육행정기관의 권력적 개입의 배제 및 교육 관리 기구의 공선제公選制 등을 포함합니다.

'교육의 전문성'이란 교육정책이나 그 집행은 가급적 교육 전문가가 담당하거나, 적어도 그들의 참여하에 이루어져야 함을 말합니다.[49]

'교육의 정치적 중립성'은 교육이 외부(정부, 정치권, 사회 세력 등)의 정치적 압력에서 자유로울 것을 요구하는 것은 물론이거니와 교육 내용 자체도 중립적이어야 한다는 헌법상의 원칙입니다. 특히 보통교육과정에 종사하는 교원은 그 직책상 불편부당不偏不黨한 중립적 가치를 제시함으로써 학생들이 스스로 정당한 가치관과 세계관을 세워나가도록 도와주어야 할 책무가 있습니다. 따라서 교원은 교육의 본질에 위배되는 정치적·사회적·종교적 세력 등에 의한 부당한 영향을 받지 않도록 신분이 보장되어야 하며, 이러한 영향을 거부하고 중립성을 지켜야 할 의무도 함께 지고 있습니다.[50]

이러한 교육의 자주성·전문성·정치적 중립성은, 국가의 안정적인 성장 발전을 위해서 교육이 외부 세력의 부당한 간섭에 영향받지 않도록 교육자 내지 교육 전문가에 의하여 주도되고 관할되어야 할 필요가 있다는 데서 비롯된 것입니다.[51]

'대학의 자율성'은 학문의 자유 부분을 참조하기 바랍니다.

: 한국사 국정교과서는 교육의 자주성, 전문성, 정치적 중립성을 침해할까요?

중·고등학교의 교과서에 대한 국가의 개입 여부에 따라 자유발행 교과서, 검인정교과서, 국정교과서의 세 가지가 있습니다. 자유발행제는 국가가 교과서의 편찬 및 채택에 관여하지 않는 것을 말합니다. 검인정제는 민간에서 편찬한 교과서에 대해서 국가기관의 인증을 받으면 교과서로 채택될 수 있도록 하는 제도입니다. 국정교과서는 국가가 직접 편찬하는 교과서를 말합니다. 한데 한국사와 같은 역사 과목에서 국정교과서 제도를 실시하는 것은, 국가가 특정한 이념이나 사상, 역사관을 강요하는 결과가 되어 학문의 자유를 침해할 수 있습니다.

우리나라는 검인정교과서 제도를 시행하던 국사 과목에 1974년부터 국정교과서 1종만을 채택하도록 했습니다. 그러다가 2002년 국정제인 국사에서 검인정제인 근현대사가 분리되었고, 2010년 기존 국사와 근현대사가 다시 합쳐지면서 다시 검인정제로 완전히 바뀌었습니다. 그런데 교육부가 2015년 중·고등학교 '한국사 교과서 국정화 방침'을 발표하면서 사회적 논란이 일어났습니다. 특히 근현대사 부분에서 편향된 역사관을 주입할 우려가 제기되었습니다. 대다수 시도교육청은 한국사 국정교과서에 반대하고, 개별 학교들도 국정교과서 채택을 거부하면서 결국 2017년 폐지되었습니다.

헌법재판소는 과거 중학교 국어 과목 국정교과서에 대한 헌법소원

사건에서 교과용 도서의 국정제는 학문의 자유나 언론·출판의 자유를 침해하지 않고, 교육의 자주성·전문성·정치적 중립성과도 양립 가능하다고 했지만,[52] 이는 무리한 해석으로 앞으로 바로 잡아야 합니다. 헌법재판소의 이 결정은 △교재 선택에 관하여 교원이 어떤 권리를 갖는지 불명확하다는 점 △교과서제도에 관한 국가 개입의 한계가 불명확하다는 점 △교재 선택에 관하여 부모가 어떤 권리를 갖는가에 대한 검토가 없다는 점 등이 지적되고 있습니다.[53]

당시 헌법재판소 결정에서도 변정수 헌법재판관은 "초·중·고등학교의 교과서에 관하여 교사의 저작 및 선택권을 완전히 배제하고 중앙정부가 이를 독점하도록 한 〈교육법〉 규정은, 정부로 하여금 정권의 지배이데올로기를 독점적으로 교화하여 청소년을 편협하고 보수적으로 의식화시킬 수 있는 기회를 부여하는 것이어서, 이는 교육의 자주성·전문성·정치적 중립성을 선언한 헌법 제31조 4항에 반하고, 교육 자유권의 본질적 내용을 침해하는 것이어서 헌법 제37조 2항에 반한다."라고 소수 의견을 개진한 바 있습니다.

47 헌재 2012.4.24. 2010헌바164 (의무교육에서 '무상'의 범위)
48 헌재 1991.2.11. 90헌가27 (교육제도 법정주의)
49 헌재 2001.11.29. 2000헌마278 (교육의 전문성)
50 헌재 1991.7.22. 89헌가106 (교육의 정치적 중립성)
51 헌재 1996.4.25. 94헌마119 (교육의 자주성, 전문성, 정치적 중립성)
52 헌재 1992.11.12. 89헌마88 (중학교 국어교과서 국정제 헌법소원사건)
53 양건, 〈헌법강의〉(제6판), 2016. p.992

# 근로의 권리

국가는 고용 증진과 적정 임금 보장에 노력하여야 한다.

    모든 국민으로 하여금 생활의 기본적인 수요를 충족시킬 수 있는 생활 수단을 확보할 수 있게 하고, 나아가 인격의 자유로운 발현과 인간의 존엄성을 보장하기 위하여 우리 헌법은 근로의 권리를 보장하고 있습니다. 우리 헌법은 "모든 국민은 근로의 권리를 가진다. 국가는 사회적·경제적 방법으로 근로자의 고용의 증진과 적정 임금의 보장에 노력하여야 하며, 법률이 정하는 바에 의하여 최저임금제를 시행하여야 한다."(제32조 1항)라고 하여 '근로의 권리'와 이를 위한 '국가의 의무', 그리고 '최저임금제의 시행'을 밝히고 있습니다.

  '근로의 권리'는 헌법에 규정된 '직업의 자유'(제15조)와 밀접한 관계가 있습니다. 직업의 자유는 개인이 자유롭게 자기의 직업을 선택하고 직업 활동을 영위할 자유를 뜻하며, 여기에는 타인에게 고용되어 임금노동에 종사할 권리도 당연히 포함됩니다. 이러한 직업의 자유는 자유권의 일종으로 원칙적으로 직업 활동에 대한 국가의 부당한 개입으로부터 벗어날 수 있는 권리입니다. 그런데 직업의 자유만 보장한 채 국가가 개입하지 않자, 임금노동에 종사하는 근로자들이 실업과 고용 불안, 저임금과 열악한 근로 환경으로 말미암아 인간다운 생활을 할 수 없는 처지에 놓이게 되었습니다. 이러한 상황을 개선하기 위해서 등장한 것이 '근로의 권리'입니다.

근로의 권리는 개인이 국가에 대해서 직접 일자리를 제공해 달라고 청구할 수 있는 권리는 아니라고 해석하는 것이 일반적입니다. 헌법재판소도 같은 입장입니다. 그 이유는 이렇습니다.

만약 국가가 개인에게 일자리를 제공하려면 우선 두 가지 방법을 생각할 수 있습니다. 첫째, 국가 스스로가 고용주가 되어서 일자리를 제공하는 방법입니다. 이는 공무원 숫자를 대폭 늘리는 것을 의미하는데 그렇게 하려면 엄청난 재정적 부담이 수반되기 때문에 한계가 있습니다. 둘째, 국가가 민간 기업에 대한 압력을 통해서 고용을 강제로 늘리도록 하는 방법입니다. 그러나 이 방법은 사실상 국가가 기업 경영에 개입하는 것이 되므로 결과적으로 '기업 활동의 자유'를 침해하게 됩니다. 위의 두 가지 방법을 배합하더라도 이러한 문제점들이 사라지는 것은 아닙니다.

그렇다면 근로의 권리는 실제로 어떻게 보장될까요? 근로의 권리에 상응하는 국가의 의무에 의하여 보장됩니다. 즉, '국가는 사회적·경제적 방법으로 근로자의 고용의 증진과 적정 임금의 보장에 노력'해야 한다는 헌법 제32조 제1항 두 번째 문장에 의하여 국가는 근로의 권리를 보장할 헌법적 의무를 지며, 국가가 그 의무를 게을리할 경우 개인은 헌법에 보장된 '근로의 권리'에 의하여 이와 같은 의무 이행, 즉 사회적·경제적 방법으로 고용을 증진하기 위한 정책의 수립과 시행을 요구할 수 있습니다.

근로의 권리와 관련하여 헌법은 국가유공자 등에 대한 특별한 배려를 하고 있습니다. 즉 "국가유공자·상이군경 및 전몰군경의 유가족은 법률이 정하는 바에 의하여 우선적으로 근로의 기회를 부여받는다."(제32조 6항)라고 하여 국가유공자 등에 대한 우선적 근로 기회 부여를 명시했습니다. 이는 헌법이 직접 명시한 합리적 차별로 '평등의 원칙'에 위배되지 않습니다.

헌법은 '근로의 권리'와 아울러 '근로조건'에 대해서도 규정하고 있습니다. 즉 "근로조건의 기준은 인간의 존엄성을 보장하도록 법률로 정한다."(같은 조 3항)라고 규정하고 있습니다. 근로조건이란 임금, 근로시간, 복리후생 등 사업장에서 근로자에게 주어지는 근무 여건을 말합니다. 사업장별로 근로조건의 구체적인 내용은 뒤에서 살펴볼 근로3권(단결권, 단체교섭권, 단체행동권)을 통해 사용자와 근로자 사이에서 결정되지만, 우리 헌법은 인간의 존엄성이 보장되는 근로조건의 기준을 법률로 정하도록 하여 근로조건에 대한 국가의 개입을 인정하고 있습니다.

헌법은 특히 약자의 근로를 두텁게 보호하고 있습니다. "여자의 근로는 특별한 보호를 받으며 고용·임금 및 근로조건에 있어서 부당한 차별을 받지 아니한다."(같은 조 4항), "연소자의 근로는 특별한 보호를 받는다."(같은 조 5항)라는 규정이 그것입니다.

한편 헌법은 "모든 국민은 근로의 의무를 진다. 국가는 근로의 의무의 내용과 조건을 민주주의 원칙에 따라 법률로 정한다."(같은 조 2항)라고 하여 근로의 의무도 규정하고 있습니다. 이 조항은 원래 불로소득이나 무위도식을 방지하고 모든 국민이 노동을 통해서 건강한 삶을 영위하게 할 목적으로 둔 것입니다. 그러나 실제로 근로의 의무를 지는 경우는 많지 않습니다. 강제 근로는 '인간의 존엄과 가치', '행복추구권'에 어긋나고 '신체의 자유'를 침해하기 때문입니다. 다만 천재지변이나 전쟁과 같은 위기 상황 또는 징역형을 받고 교도소에 복역중인 수형자의 경우 예외적으로 법률에 의하여 근로의 의무가 부과될 수 있습니다.

임금은 근로의 대가로 사용자가 근로자에게 지급하는 금품으로서, 근로자에게 계속적·정기적으로 지급되고 단체협약, 취업규칙, 급여 규정, 근로계약, 노동 관행 등에 의하여 사용자에게 그 지급 의무가 지워져 있는 것을 말합니다.

헌법에서는 "국가는…… 적정임금의 보장에 노력하여야 하며, 법률이 정하는 바에 의하여 최저임금을 시행하여야 한다."(같은 조 1항)라고 규정하여 '적정임금'과 '최저임금'이라는 말을 쓰고 있습니다.

적정임금과 최저임금의 구별에 대해 논란이 있습니다. 적정임금과 최저임금의 구별을 부정하는 견해도 있습니다. 그러나 적정임금은 건강하고 문화적인 생활을 할 수 있을 정도의 임금을, 최저임금은 최소한의 물질적 생활을 유지하기 위한 임금을 말한다는 견해(양건, 《헌법강의》, 2016)가 적정임금과 최저임금을 구별해서 명시한 헌법 조문에 보다 충실합니다. 이러한 해석에 의하면 적정임금은 최저임금보다 높은 수준에서 결정되므로, 근로자의 권익 보호를 위해서도 바람직합니다.

미국은 20세기 초부터 주별로 적정임금을 실시하고 있습니다. 미국 적정임금의 권위자인 유타대학교 피터 필립스Peter Philips 교수는 최저임금과 적정임금을 다음과 같이 구별하고 있습니다.

"최저임금법은 전체 노동시장을 규제하는 법이다. 맥도날드에서 근무하는 노동자들을 보호하려면 최저임금이 필요하다. 최저임금은 노동시장을 보다 공정하게 만든다. 반면 적정임금제도는 노동시장을 규제하자는 것이 아니다. 정부 예산이 투입된 공공 공사에서 적정임금을 지급해 공사 품질을 높이자는 것이다. 생산성을 높이기 위해서라도 적정임금제가 필요하다. 그동안 적정임금제를 도입한 주가 없는 주보다 공사 금액이 더 드는지 여러 차례 세밀하게 연구했다. 적정임금제를 도입한 경우 안전사고가 발생하지 않고, 생산성이 올라간다. 적정임금제가 있어도 공사 금액 차이는 없었다. 오히려 적정임금제가 없는 현장에서 공사 기간이 늘어나고 완공 후 보수하는 일이 발생했다."[54]

: 근로의 권리로부터 생계비나 직장존속청구권이 도출될 수 있을까요?

현행 헌법상 '근로의 권리'는 사회적 기본권으로서, 국가에 대하여 직접 일자리를 청구하거나 일자리에 갈음하는 생계비의 지급청구권을 의미하는 것이 아니라, 고용 증진을 위한 사회적, 경제적 정책을 요구할 수 있는 권리에 그치고 있습니다.

근로의 권리를 직접적인 일자리 청구권으로 이해하는 것은, 사회주의적 통제경제를 배제하고 사기업 주체의 경제상의 자유를 보장하는 우리 헌법의 경제질서 내지 기본권 규정들과 조화될 수 없습니다.

마찬가지로 직장이 문을 닫거나 다른 회사에 합병되는 경우에, 그 회사의 근로자들이 계속해서 근로할 수 있도록 해 달라는 '직장존속청구권'이 '근로의 권리'로부터 도출되는 것도 아닙니다. 다만 국가는 근로 관계 존속을 보호하기 위하여 고용보험, 법원을 통한 근로 관계 보호, 집단적 근로관계법 등에 의한 최소한의 보호 장치를 마련하고 있습니다.[55]

---

54 매일노동뉴스, 2016.11.21. http://www.labortoday.co.kr/news
55 헌재 2002.11.28. 2001헌바50 (직장존속청구권 부정)

# 근로3권
근로자는 단결권·단체교섭권 및 단체행동권을 가진다

우리 헌법은 "근로자는 근로조건의 향상을 위하여 자주적인 단결권·단체교섭권 및 단체행동권을 가진다."(제33조 1항)라고 하여 근로3권의 보장을 명시하고 있습니다. 여기서 단체는 노동조합을 말합니다. 노동조합이란 근로자가 자주적으로 단결하여 근로조건의 유지·개선, 기타 근로자의 경제적·사회적 지위 향상을 목적으로 조직하는 단체 또는 그 연합 단체를 말합니다. 단결권은 노동조합을 만들 권리를, 단체교섭권은 노동조합이 사용자측과 근로조건에 관한 교섭을 할 권리를, 단체행동권은 단체교섭 과정에서 노동쟁의가 발생하는 경우에 파업, 태업 등의 수단을 동원할 권리를 말합니다. 단결권과 단체행동권의 목적은 결국 단체교섭을 통한 근로조건 향상을 위한 것이므로 근로3권은 서로 불가분의 관계에 있습니다.

근로3권은 사회적 기본권의 일종으로 분류하지만 자유권의 성질도 가진다는 점에서 다른 사회권적 기본권과 차이가 있습니다. 근로3권은 국가에 의한 침해로부터 보호를 받을 뿐 아니라 사인간私人間즉 사용자와 근로자(또는 노동조합) 사이에서도 직접 효력이 있습니다. 따라서 적법하게 근로3권을 행사하는 이상 그로 인한 민사상, 형사상 책임을 지지 않습니다. 근로3권에 관하여는 〈노동조합 및 노동

관계 조정법〉(약칭 노조법)에서 상세하게 규정하고 있습니다.

## (1) 단결권

단결권은 근로자가 근로조건의 유지, 향상을 위해 노동조합을 결성, 가입하고 이를 통하여 활동할 권리를 말합니다. 단결권은 개별 근로자의 권리인 동시에 노동조합의 권리이기도 합니다. 노동조합은 근로자의 자주적인 조직이어야 하고 사용자 측과의 관계에서 근로조건의 향상을 위해 노력해야 합니다. 따라서 다음 중 어느 하나에 해당하는 경우에는 노동조합으로 인정되지 않습니다(노조법 제2조 4호).

　가. 사용자 또는 항상 그의 이익을 대표하여 행동하는 자의 참가를 허용하는 경우

　나. 경비의 주된 부분을 사용자로부터 원조받는 경우

　다. 공제·수양 기타 복리사업만을 목적으로 하는 경우

　라. 근로자가 아닌 자의 가입을 허용하는 경우. 다만, 해고된 자가 노동위원회에 부당노동행위의 구제 신청을 한 경우에는 중앙 노동위원회의 재심 판정이 있을 때까지는 근로자가 아닌 자로 해석하여서는 아니된다.

　마. 주로 정치 운동을 목적으로 하는 경우

　이 가운데 특히 가, 나의 경우를 '어용노조'라고 하는데, 이처럼 〈노조법〉은 어용노조를 노동조합으로 인정하지 않는다는 점을 주의해야 합니다.

단결권과 관련하여 '소극적 단결권'과 '적극적 단결권'의 문제가 있습니다. 원래 단결권은 노동조합을 결성하고 가입할 적극적 단결권을 중심으로 발전해 왔습니다. 유니언 숍union shop, 클로즈드 숍closed shop과 같은 조직 강제는 적극적 단결권을 한층 강화한 형태라고 할 수 있습니다. 반면소극적 단결권은 노동조합을 결성하지 않거나, 노동조합에 가입하지 않거나 탈퇴할 권리입니다.

소극적 단결권이 단결권에 포함되느냐에 대해서는 논란이 있습니다. 헌법재판소는 소극적 단결권은 헌법상의 단결권(제33조 1항)이 아니라 행복추구권에서 파생되는 일반적 행동자유권(제10조) 또는 결사의 자유(제21조 1항)에 의해 보장된다고 해석합니다.[56] 본래 단결권은 근로자가 노동조합을 통해 사용자와 대등한 관계에서 근로조건 형성에 영향을 미칠 수 있게 하는 '사회권적 성격을 띤 자유권'이므로 시민적 자유권인 결사의 자유, 일반적 행동자유권에 우선하는 특별법의 지위에 있다고 합니다. 이러한 견해에 의하면 적극적 단결권이 소극적 단결권보다 우선하게 됩니다.

이러한 맥락에서 헌법재판소는 근로자의 3분의 2 이상이 가입한 노동조합에 대해 단체협약으로 조직 강제(유니언 숍)를 허용하는 〈노조법〉 제81조 2호에 대해 합헌이라고 판단했습니다.[57] 이 조항은 "근로자가 어느 노동조합에 가입하지 아니할 것 또는 탈퇴할 것을 고용조건으로 하거나 특정한 노동조합의 조합원이 될 것을 고용조건으로 하는 행위"는 부당노동행위로 금지하되, "노동조합이 당해 사업장에 종사하는 근로자의 3분의 2 이상을 대표하고 있을 때에는, 근로자가 그 노동조합의 조합원이 될 것을 고용조건으로 하는 단체협약의 체결"은 예외적으로 허용하고 있습니다. 다만, 이 경우에도 사용자는 근로자가 그 노동조합에서 제명된 것 또는 그 노동조합을 탈퇴해 새로 노동조합을 조직하거나 다른 노동조합에 가입한 것을 이유로 근로자에게 신분상 불이익한 행위를 할 수 없도록 규정했습니다.

### (2) 단체교섭권

단체교섭은 근로자의 근로조건에 대한 합의를 도출하기 위하여 근로자단체(노동조합)가 사용자 또는 사용자단체와 벌이는 협상을 말합니다. 협상에 의해 합의된 단체협약은 임금, 근무시간, 후생복리, 보건 및 안전, 초과근무 등 근로조건에 대하여 규율합니다. 따라서 단체교섭권은 당연히 단체협약체결권을 포함하며, 단체협약은 사용자와 근로자 사이에서 일정한 기간 동안 법적인 구속력을 가집니다.

근로자측을 대신해 단체교섭과 단체협약을 체결할 권한은 노동조합의 대표자에게 있고, 복수노조가 있는 사업장의 경우 교섭대표 노동조합을 정해 그 대표자가 사용자측과 단체교섭 및 단체협약을 체결합니다(노조법 제29조). 단체교섭권은 헌법상의 권리이므로 노동조합과 사용자 또는 사용자단체는 정당한 이유없이 교섭 또는 단체협약체결을 거부하거나 게을리해서는 안 됩니다(노조법 제30조 2항).

한편, 근로자와 사용자의 관계를 자치적으로 규율하는 것으로는 단체협약 외에도 취업규칙과 근로계약이 있습니다. 취업규칙은 사용자가 근로조건에 관한 사항을 작성한 일종의 약관과 같은 것입니다. 현행 〈근로기준법〉(약칭 〈근기법〉)은 상시 10명 이상의 근로자를 사용하는 사용자에게 취업규칙 작성 의무를 부과하고 있습니다.

근로계약은 개별 근로자와 사용자 사이에서 근로자가 사용자에게 근로를 제공하고 사용자는 임금을 지급하는 것을 목적으로 체결하는 계약을 말합니다. 근로계약에는 임금, 근로시간, 휴일, 연차유급휴가, 그 밖에 대통령령으로 정하는 근로조건이 명시되어야 하며, 사용자는 이와 관련된 사항이 명시된 서면을 근로자에게 교부하여야 합니다(근기법 제17조). 단체협약에 정한 근로조건 기타 근로자의 대우에 관한 기준에 위반하는 취업규칙 또는 근로계약의 부분은 무효입니다(같은 법 제33조 1항). 이 경우 무효인 부분은 단체협약에 따릅니다(같은 법 같은 조 2항).

### (3) 단체행동권

단체행동권은 노동조합이 사용자 측을 상대로 근로조건의 유지, 개선을 위하여 파업, 태업 등 실력 행사를 할 권리를 말합니다. 단체행동권의 행사를 법률에서는 '쟁의행위'라고도 합니다. 쟁의행위는 근로조건 향상을 위한 것이어야 하므로 정치적 파업은 쟁의행위로 인정되지 않습니다. 쟁의행위는 불가피하게 업무의 정상적인 진행에 차질을 가져오는 결과를 초래합니다. 이 경우에 사용자 측에서 업무방해를 이유로 근로자 측에 책임을 묻는다면 쟁의행위를 보장한 헌법의 취지에 어긋나게 됩니다.

〈노조법〉은 '이 법에 의한 단체교섭 또는 쟁의행위'로 인하여 사용자가 손해를 입은 경우에, 노동조합 또는 근로자에게 배상을 청구할 수 없'도록 하여(노조법 제3조) 쟁의행위로 인한 민사상의 배상책임을 면제하고 있습니다. 또한, 단체교섭·쟁의행위 기타의 행위로서 〈노조법〉에 정한 목적을 달성하기 위하여 한 정당한 행위는 폭력이나 파괴 행위가 아닌 이상 〈형법〉상 정당행위로 본다고 규정하고 있습니다(같은 법 제4조). 아울러 근로자는 쟁의행위 기간 중에는 현행범 외에는 〈노조법〉 위반을 이유로 구속되지 않는다는 특례를 규정하고 있습니다(같은 법 제39조).

헌법은 공무원과 주요 방위산업체 종사자의 근로3권에 대한 제한 규정을 두고 있습니다. 먼저 "공무원인 근로자는 법률이 정하는 자에 한하여 단결권·단체교섭권 및 단체행동권을 가진다."(제33조 2항)라고 하고 있습니다. 이에 따라 〈국가공무원법〉과 〈지방공무원법〉은 '사실상 노무에 종사하는 공무원'에 한하여 근로3권을 허용하고 있습니다. 그리고 〈공무원의 노동조합 설립 및 운영 등에 관한 법률〉(약칭 〈공무원노조법〉)은 6급 이하 공무원의 경우 노동조합에 가입할 수 있도록 하고 있습니다. 다만 6급 이하 공무원이라도 노동조합 가입이 허용되지 않는 경우가 있습니다.[58] 이처럼 공무원의 근로3권을 제한하는 이유는 공무원이 국민 전체에 대한 봉사자로서 국민에게 책임을 져야 하는 헌법상의 특별한 지위에 있고(제7조), 이로부터 직무 수행의 공공성, 공정성, 성실성 및 중립성이 요구되기 때문입니다.[59]

국공립 및 사립 초·중·고교 교원은 〈교원의 노동조합 설립 및 운영 등에 관한 법률〉(약칭 〈교원노조법〉)에 의하여 단결권과 단체교섭권은 인정되지만 단체행동권은 허용되지 않습니다.

한편 헌법은 "법률이 정하는 주요 방위산업체에 종사하는 근로자의 단체행동권은 법률이 정하는 바에 의하여 이를 제한하거나 인정하지 아니할 수 있다."(제33조 3항)라고 하고 있습니다. 이밖에도 헌법상의 기본권 제한의 일반 원칙(제37조 2항)에 의해서 근로3권에 제한을 가할 수 있습니다. 이에 따라 현행 〈노조법〉에는 근로3권이 제한되는 경우를 규정하고 있습니다.

⋮ 〈노조법〉은 노동조합에게만 단체교섭권을 인정하고 있습니다(제29조 1항). 그렇다면 노동조합의 요건을 갖추지 못한 일시적인 쟁의단에게는 단체교섭권이 없나요?

일시적인 쟁의단은 법적인 노동조합이 아니므로 법률에 명시된 권리를 온전히 보장받기는 어렵습니다. 예컨대, 사용자 측이 노동조합의 단체교섭을 거부하는 경우에는 〈노조법〉상 부당노동행위에 해당하지만, 일시적인 쟁의단의 경우에는 단체교섭을 거부해도 부당노동행위가 되지는 않습니다. 이 점을 들어서 쟁의단은 단체교섭권이 없다고 주장하는 사람도 있습니다.

그러나 헌법은 '근로자'에게 단체교섭권을 포함한 근로3권을 보장하고 있기 때문에 〈노조법〉상 노동조합에게만 단체교섭권을 인정해야 할 이유는 없습니다. 따라서 근로자의 집단적 의사를 수렴할 수만 있다면 일시적인 쟁의단이라 할지라도 단체교섭의 당사자가 될 수 있다는 것이 일반적인 견해입니다. 다만, 일시적 쟁의단이 단체교섭에서 더 나아가 단체행동, 즉 쟁의행위를 하는 경우에는 노동조합에 의한 쟁의행위와 달리 〈노조법〉에 의한 보호를 받기는 어려울 것입니다.

56 헌재 2005.11.24. 2002헌바95(〈노동조합 및 노동관계조정법〉상 유니언 숍 용인 조항 합헌)
57 헌재 2005.11.24. 2002헌바95(〈노동조합 및 노동관계조정법〉상 유니언 숍 용인 조항 합헌)
58 〈공무원노조법〉 제6조(가입 범위) ① 노동조합에 가입할 수 있는 공무원의 범위는 다음 각 호와 같다.(개정 2011.5.23., 2012.12.11.)
　1. 6급 이하의 일반직공무원 및 이에 상당하는 일반직공무원
　2. 특정직공무원 중 6급 이하의 일반직공무원에 상당하는 외무행정·외교정보관리직 공무원
　3. 삭제 (2012.12.11.)
　4. 6급 이하의 일반직공무원에 상당하는 별정직공무원
　5. 삭제 (2011.5.23.)
　② 제1항에도 불구하고 다음 각 호의 어느 하나에 해당하는 공무원은 노동조합에 가입할 수 없다.
　1. 다른 공무원에 대하여 지휘·감독권을 행사하거나 다른 공무원의 업무를 총괄하는 업무에 종사하는 공무원
　2. 인사·보수에 관한 업무를 수행하는 공무원 등 노동조합과의 관계에서 행정기관의 입장에서 업무를 수행하는 공무원
　3. 교정·수사 또는 그 밖에 이와 유사한 업무에 종사하는 공무원
　4. 업무의 주된 내용이 노동관계의 조정·감독 등 노동조합의 조합원 지위를 가지고 수행하기에 적절하지 아니하다고 인정되는 업무에 종사하는 공무원
　③ 공무원이 면직·파면 또는 해임되어 〈노동조합 및 노동관계조정법〉 제82조 제1항에 따라 노동위원회에 부당노동행위의 구제 신청을 한 경우에는 〈노동위원회법〉 제2조에 따른 중앙노동위원회(이하 "중앙노동위원회"라 한다)의 재심 판정이 있을 때까지는 노동조합원의 지위를 상실하는 것으로 보아서는 아니 된다.
　④ 제2항에 따른 공무원의 범위는 대통령령으로 정한다.
59 헌재 1992.4.28. 90헌바27(공무원의 근로3권 제한 이유)

# 환경권

## 건강하고 쾌적한 환경에서 생활할 권리

환경권은 20세기 후반 환경문제의 중요성이 부각되면서 최근에 등장한 기본권으로 아직도 그 법적 성격, 적용 범위, 효력에 대하여는 다양한 견해들이 제시되고 있습니다.

우리 헌법은 "모든 국민은 건강하고 쾌적한 환경에서 생활할 권리를 가지며, 국가와 국민은 환경 보전을 위하여 노력하여야 한다."(제35조 1항)라고 하여 환경권을 규정하고 있습니다. 앞 부분은 환경권이 국민의 권리임을, 뒷부분은 환경 보전을 위한 국가와 국민의 의무를 밝히고 있습니다.

환경권의 법적 성격과 관련해서는 사회권으로 보는 견해, 사회권과 아울러 자유권의 성격도 가지는 종합적 기본권으로 보는 견해가 있습니다. 헌법재판소는 환경권이 "건강하고 쾌적한 생활을 유지하는 조건으로서 양호한 환경을 향유할 권리이고, 생명·신체의 자유를 보호하는 토대를 이루며, 궁극적으로 '삶의 질' 확보를 목표로 하는 권리"라고 전제하고, "국민은 국가로부터 건강하고 쾌적한 환경을 향유할 수 있는 '자유'를 침해당하지 않을 권리를 행사할 수 있고, 일정한 경우 국가에 대하여 건강하고 쾌적한 환경에서 생활할 수 있도록 요구할 수 있는 권리가 인정되기도 하는 바, 환경권은 그 자체 '종합적 기본권'의 성격을 지닌다."고 하였습니다.[60] 즉 환경권을 자유권과 사회권의 성격을 모두 갖는 종합적 기본권으로 보고 있습니다. 이에 대하여는 환경권에 자유권이 포함되어 있는 것이 아니라, 자유권(예컨대 생명권, 건강권, 신체불가침권, 재산권 등)에 환경보호의 기능이 포함되어 있는 것으로 보아야 한다는 반론도 있습니다.[61]

우리 헌법은 "환경권의 내용과 행사에 관하여는 법률로 정한다."(제35조 2항)고 규정하고 있습니다. 이에 따라 〈환경정책기본법〉을 비롯하여 많은 법률이 있습니다.

환경권이 침해된 경우에는 침해 주체가 누구냐에 따라 법적 구제 수단이 달라집니다. 국가가 주체인 경우에는 국가배상 청구, 행정소송, 헌법소원 등을 통해서, 개인이 주체인 경우에는 소유권 등에 기한 방해 배제 청구 또는 불법행위에 기한 손해배상 청구 등의 수단을 동원할 수 있습니다. 한편 헌법은 환경권과 함께 쾌적한 주거 생활을 위한 국가의 노력 의무도 명시하고 있습니다.


: 거리에서 지나친 소음을 발생시키는 행위가 타인의 환경권을 침해한다고 볼 수 있을까요?


'건강하고 쾌적한 환경에서 생활할 권리'를 보장하는 환경권의 보호 대상이 되는 환경에는 자연환경뿐만 아니라 인공적 환경과 같은 생활환경도 포함됩니다. 환경권을 구체화한 입법이라 할 〈환경정책

기본법〉제3조에서도 환경을 자연환경과 생활환경으로 분류하면서, 생활환경에 소음·진동 등 사람의 일상생활과 관계되는 환경을 포함시키고 있습니다. 그러므로 일상생활에서 소음을 제거·방지하여 정온한 환경에서 생활할 권리는 환경권의 한 내용을 구성한다고 볼 수 있습니다.[62]

60 헌재 2008.7.31. 2006헌마711 (환경권의 보호 범위)
61 한수웅, 〈헌법학〉, 제3판, 2013. 1038쪽
62 헌재 2008.7.31. 2006헌마711 (환경권의 보호 범위)

# 인간다운 생활을 할 권리

모든 국민은 인간다운 생활을 할 권리를 가진다.

"모든 국민은 인간다운 생활을 할 권리를 가진다."고 명시한 헌법 제34조 1항은 사회권에 관한 가장 포괄적이고 핵심적인 조항으로 모든 사회권의 이념적 목표이자 근거가 되는 조항입니다. 이어서 "국가는 사회보장, 사회복지의 증진에 노력할 의무를 진다."(같은 조 2항), "국가는 여자의 복지와 권익의 향상을 위하여 노력하여야 한다."(같은 조 3항), "국가는 노인과 청소년의 복지향상을 위한 정책을 실시할 의무를 진다."(같은 조 4항), "신체장애자 및 질병·노령 기타의 사유로 생활 능력이 없는 국민은 법률이 정하는 바에 의하여 국가의 보호를 받는다."(같은 조 5항), "국가는 재해를 예방하고 그 위험으로부터 국민을 보호하기 위하여 노력하여야 한다."(같은 조 6항)라고 규정하고 있습니다. 헌법 제34조의 전체적인 해석과 관련하여 헌법재판소는 다음과 같이 밝혔습니다.

"헌법은 제34조 1항에서 모든 국민의 '인간다운 생활을 할 권리'를 사회적 기본권으로 규정하면서, 제2항 내지 제6항에서 특정한 사회적 약자와 관련하여 '인간다운 생활을 할 권리'의 내용을 다양한 국가의 의무를 통하여 구체화하고 있다. 헌법이 제34조에서 여자, 노인·청소년, 신체장애자 등 특정 사회적 약자의 보호를 명시적으로 규정한 것은, '장애인과 같은 사회적 약자의 경우에는 개인 스스로가 자유 행사의 실질적 조건을 갖추는 데 어려움이 많으므로, 국가가 특히 이들에 대하여 자유를 실질적으로 행사할 수 있는 조건을 형성하고 유지해야 한다'는 점을 강조하고자 하는 것이다."[63]

## (1) 인간다운 생활을 할 권리의 내용

인간다운 생활을 할 권리의 내용에 대해서 헌법재판소는 다음과 같이 밝히고 있습니다.

"'인간다운 생활을 할 권리'는 여타 사회적 기본권에 관한 헌법 규범들의 이념적 목표를 제시하고 있는 동시에 국민이 인간적 생존의 최소한을 확보하는 데 필요한 최소한의 재화를 국가에게 요구할 수 있는 권리를 내용으로 하고 있다."[64]

## (2) 인간다운 생활을 할 권리의 행사 방법

헌법재판소는 인간다운 생활을 할 권리를 개인이 행사하기 위해서는 입법을 통한 구체화가 필요하다는 점을 함께 밝히고 있습니다.

"인간다운 생활을 할 권리로부터는 인간의 존엄에 상응하는 생활에 필요한 '최소한의 물질적인 생활'의 유지에 필요한 급부를 요구할 수 있는 구체적인 권리가 상황에 따라서는 직접 도출될 수 있다고 할 수 있어도, 동 기본권이 직접 그 이상의 급부를 내용으로 하는 구체적인 권리를 발생케 한다고는 볼 수 없다고 할 것이다. 이러한 구체적 권리는 국가가 재정 형편 등 여러 가지 상황들을 종합적으로 감안하여 법률을 통하여 구체화될 때 비로소 인정되는 법률적 차원의 권리라고 할 것이다."[65]

즉, 헌법에 명시된 '인간다운 생활을 할 권리'는 예외적인 경우를 제외하고는 법률에 근거가 있어야 급부를 청구할 수 있다는 것이 헌법재판소의 입장입니다.

### (3) 인간다운 생활을 할 권리가 침해된 경우의 사법적 구제 수단

인간다운 생활을 할 권리가 침해된 경우, 다시 말해서 국가가 그러한 권리 보호에 요구되는 의무를 제대로 이행하지 않은 경우에는 사법적 구제가 가능합니다. 다만 인간다운 생활을 할 권리를 보장하기 위한 국가의 작용은 국민소득 및 생활수준, 국가 재정 규모 등을 고려해야 하기 때문에 국가에 대하여 광범위한 재량권을 인정하지 않을 수 없습니다.

따라서 "국가가 인간다운 생활을 보장하기 위한 헌법적 의무를 다하였는지 여부가 사법적 심사의 대상이 된 경우에는, 국가가 생계보호에 관한 입법을 전혀 하지 아니하였다든가 그 내용이 현저히 불합리하여 헌법상 용인될 수 있는 재량의 범위를 명백히 일탈한 경우에 한하여 헌법에 위반된다."[66]는 것이 헌법재판소의 판단입니다.

한편 우리 헌법은 "신체장애자 및 질병·노령 기타의 사유로 생활 능력이 없는 국민은 법률이 정하는 바에 의하여 국가의 보호를 받는다."(제34조 5항)라고 하여 생활 능력이 없는 국민에 대한 국가의 보호를 법률로 정할 것을 명령하고 있습니다. 따라서 국회가 이를 위해 필요한 입법을 게을리한 경우에는 누구나 국회에 대하여 입법을 요구할 수 있습니다.

### (4) 사회보장·사회복지의 증진에 노력할 국가의 의무

모든 국민은 인간다운 생활을 할 권리를 가지며(제34조 1항), 이를 위해서 국가는 사회보장·사회복지의 증진에 노력할 의무를 집니다(같은 조 2항). 사회보장과 사회복지를 구별하여 쓰고 있지만 사회보장은 사회복지를 포함한 넓은 개념으로 보는 것이 일반적입니다.

헌법 제34조 2항에 근거하여 제정된 〈사회보장기본법〉은 사회보장의 개념을 "출산, 양육, 실업, 노령, 장애, 질병, 빈곤 및 사망 등의 사회적 위험으로부터 모든 국민을 보호하고 국민 삶의 질을 향상시키는 데 필요한 소득·서비스를 보장하는 사회보험, 공공부조, 사회서비스를 말한다."(사회보장기본법 제3조 1호)라고 규정합니다. 즉 사회보장에는 사회보험, 공공부조, 사회서비스가 포함됩니다.

'사회보험'이란 국민에게 발생하는 사회적 위험을 보험의 방식으로 대처함으로써 국민의 건강과 소득을 보장하는 제도를 의미합니다. 이에 따라 현재 국민연금, 건강보험, 고용보험, 산재보험의 이른바 4대 사회보험이 시행되고 있습니다.

'공공부조公共扶助'란 국가와 지방자치단체의 책임 하에 생활 유지 능력이 없거나 생활이 어려운 국민의 최저 생활을 보장하고 자립을 지원하는 제도를 말합니다. 공공부조를 위해 〈국민기초생활보장법〉이 시행되고 있습니다.

'사회서비스'란 국가·지방자치단체 및 민간 부문의 도움이 필요한 모든 국민에게 복지, 보건 의료, 교육, 고용, 주거, 문화, 환경 등의 분야에서 인간다운 생활을 보장하고, 상담, 재활, 돌봄, 정보의 제공, 관련 시설의 이용, 역량 개발, 사회참여 지원 등을 통하여 국민의 삶의 질이 향상되도록 지원하는 제도를 말합니다. 즉 '사회서비스'는 모든 국민의 인간다운 생활 보장과 삶의 질 향상을 위한 것으로, 이를 위해 〈아동복지법〉, 〈노인복지법〉, 〈장애인복지법〉, 〈근로복지기본법〉, 〈긴급복지지원법〉 등이 있습니다. 2016년에는 〈청소년복지지원법〉이 통과되어 2017년 6월 21일부터 시행되고 있습니다.


: 정부가 장애인 가구를 위한 별도의 최저생계비를 정하지 않은 채 가구별 인원수만을 기준으로 최저생계비를 결정한 것은 장애인 가구 구성원의 인간다운 생활을 할 권리를 침해한 것일까요?


보건복지부장관이 2002년도 〈국민기초생활보장법〉상의 최저생계비를 고시하였습니다. 그런데 이 때 장애인이 있는 가구의 경우, 장애로 인한 추가 지출 비용을 반영해 별도의 최저생계비를 결정하지 않은 채 가구별 인원수만을 기준으로 최저생계비를 결정했습니다.

그러자 장애인 A씨는 보건복지부 고시에 의하면 3인 가구의 경우 최저생계비는 월 786,827원인데, 자신은 장애로 인하여 월 158,000원(교통비, 교육비, 의료비, 보호·간병인비, 보장구 구입·유지비 등)이 추가로 소요되는데도 추가 비용이 고시에 반영되지 않았다고 주장하였습니다. 그리고 위의 최저생계비 고시가 생활 능력 없는 장애인 가구 구성원의 인간다운 생활을 할 권리를 침해한다면서 헌법소원 심판을 청구했습니다.

모든 국민은 인간다운 생활을 할 권리를 가지며, 특히 신체장애자 및 질병·노령 기타의 사유로 생활 능력이 없는 국민은 법률이 정하는 바에 의하여 국가의 보호를 받습니다. 따라서 장애인인 A씨의 입장에서 정부의 최저생계비 고시에 장애인을 위한 별도의 기준이 반영되지 않은 것은 헌법에 위반된다고 다투는 것은 일리가 있어 보입니다.

또 위 고시의 근거 법률인 〈국민기초생활보장법〉에 의하면 "이 법에 의한 급여는 건강하고 문화적인 최저 생활을 유지할 수 있는 것이어야 한다."(같은 법 제4조 1항)고 규정하고 있는데, 과연 장애인 가족이 포함된 3인 가구가 월 78만여 원으로 '건강하고 문화적인 최저 생활'을 영위할 수 있는지도 의문입니다.

그런데 이 사건에서 헌법재판소는 A씨의 청구를 기각하면서 그 이유를 다음과 같이 설명했습니다.[67]

"첫째, 생활이 어려운 장애인의 최저 생활 보장의 구체적 수준을 정하는 것은 입법부 또는 입법부에 의하여 다시 위임을 받은 행정부

등 해당 기관의 광범위한 재량에 맡겨져 있다고 보아야 한다.

둘째, 국가가 인간다운 생활을 보장하기 위한 헌법적 의무를 다하였는지 여부가 사법적 심사의 대상이 된 경우에는, 국가가 최저 생활을 위한 입법을 전혀 하지 아니하였거나 그 내용이 현저히 불합리하여 헌법상 용인될 수 있는 재량의 범위를 명백히 일탈한 경우에 한하여 헌법에 위반된다고 할 수 있다.

셋째, 국가가 생활 능력 없는 장애인의 인간다운 생활을 보장하기 위하여 행하는 사회부조에는 〈국민기초생활보장법〉에 의한 생계 급여 지급을 통한 최저 생활 보장 외에 다른 법령에 의하여 행하여지는 것도 있다.

넷째, 국가가 행하는 최저 생활 보장 수준이 인간다운 생활을 보장하기 위한 객관적 내용의 최소한을 보장하고 있는지 여부는 〈국민기초생활보장법〉에 의한 생계 급여만을 가지고 판단하여서는 안 되고, 그 외의 법령(예: 〈장애인복지법〉, 〈의료급여법〉, 〈지방세법〉, 〈특별소비세법〉, 〈전기통신사업법〉, 〈방송법〉, 〈유료도로법〉 등)에 의거하여 국가가 최저 생활 보장을 위하여 지급하는 각종 급여나 각종 부담의 감면 등을 총괄한 수준으로 판단하여야 한다."

63 헌재 2002.12.18. 2002헌마52 (헌법상 사회적 약자 보호의 의미)
64 헌재 1995.7.21. 93헌가14 (헌법상 인간다운 생활을 할 권리의 내용)
65 헌재 1995.7.21. 93헌가14 (인간다운 생활을 할 권리에서 구체적인 급부를 청구할 권리가 도출되기 위한 조건)
66 헌재 1997.5.29. 94헌마33 (국가가 인간다운 생활을 보장하기 위한 헌법적 의무를 다하였는지 여부에 대한 사법적 심사의 판단 기준)
67 헌재 2004.10.28. 2002헌마328 (생활 능력 없는 장애인의 인간다운 생활을 보장하기 위한 국가의 의무)

# 혼인과 가족생활 보장, 모성보호, 보건

혼인과 가족생활의 기초는 양성평등이다.

혼인과 가족생활 등에 대한 내용을 담고 있는 헌법 제36조는 3개 항으로 이루어져 있습니다. 1항은 혼인과 가족생활에서 개인의 존엄과 양성평등 및 국가에 의한 보장, 2항은 모성보호를 위한 국가의 노력, 3항은 모든 국민의 보건에 관한 국가의 보호를 규정합니다.

이 가운데 2항과 3항이 사회권에 속한다는 점에 대하여는 특별한 문제가 없습니다. 즉, 국가는 모성보호와 보건을 위한 입법을 하고 이를 시행해야 할 헌법적 의무가 있습니다.

문제는 "혼인과 가족생활은 개인의 존엄과 양성의 평등을 기초로 성립되고 유지되어야 하며, 국가는 이를 보장한다."(제36조 1항)라는 조항입니다. 이 조항은 사회권이라기보다는 자유권이나 제도 보장의 성격을 띠고 있습니다. 혼인이나 가족생활은 개인 간의 사적인 영역이므로 국가는 물론 외부의 간섭이 있어서는 안 됩니다. 이 점에서 자유권의 성격을 가집니다. 또 혼인제도와 가족제도를 국가가 인정하고 보호한다는 뜻에서 제도 보장에도 해당합니다. 헌법재판소도 이와 같은 입장에서 이 조항의 성격에 대해서 다음과 같이 설명하고 있습니다.

"헌법 제36조 1항은 혼인과 가족생활을 스스로 결정하고 형성할 수 있는 자유를 기본권으로서 보장하고, 혼인과 가족에 대한 제도를 보장한다. 그리고 헌법 제36조 1항은 혼인과 가족에 관련되는 공법 및 사법의 모든 영역에 영향을 미치는 헌법 원리 내지 원칙 규범으로서의 성격도 가지는데, 이는 적극적으로는 적절한 조치를 통해서 혼인과 가족을 지원하고 제3자에 의한 침해 앞에서 혼인과 가족을 보호해야 할 국가의 과제를 포함하며, 소극적으로는 불이익을 야기하는 제한 조치를 통해서 혼인과 가족을 차별하는 것을 금지해야 할 국가의 의무를 포함한다."[68]

혼인과 가족생활은 개인의 존엄과 양성평등을 기초로 해야 하므로 혼인은 당사자의 자유의사(혼인 의사)가 필수적입니다. 따라서 〈민법〉은 당사자 간에 혼인의 합의가 없으면 그 혼인은 무효라고 규정합니다.[69] 또한 개인의 존엄과 양성평등을 침해하는 축첩이나 중혼(배우자가 있는 자가 또 혼인을 하는 행위)은 허용되지 않습니다. 혼인과 가족생활에서 남녀평등이 지켜져야 하므로 상속에서 성별에 의한 차별 역시 허용되지 않습니다. 또 내국인 아버지와 외국인 어머니 사이에서 태어난 자에게는 대한민국 국적 취득을 인정하면서, 내국인 어머니와 외국인 아버지 사이에서 태어난 자에게는 대한민국 국적을 부여하지 않는 것은 혼인 생활에서 양성평등의 원칙에 위배됩니다.[70]

과거 우리 〈민법〉은 호주제를 유지해 왔습니다. 헌법재판소에 의하면 호주제는 '호주를 정점으로 가(家)라는 관념적 집합체를 구성·유지하고, 이러한 가를 원칙적으로 직계비속 남자에게 승계시키는 제도로서 남계 혈통을 중심으로 가족 집단을 구성하고 이를 대대로 영속시키는 데 필요한 여러 법적 장치'입니다.[71] 즉, 호주제는 단순히 집안의 대표자를 정하여 이를 호주라는 명칭으로 부르고 호주를 기준으로 호적을 편제하는 제도가 아니라, 남성을 중심에 놓는 '가(家)의 구성'과 '호주 승계'를 핵심 구성 요소로 하고 있었습니다. 그러나 호주제는 2005년 〈민법〉 개정으로 폐지되었습니다. 헌법재판소는 호주제에 대한 헌법불합치 결정을 내리면서 그 이유를 다음과 같이 설명했습니다.

"헌법 제36조 1항은 혼인과 가족생활에서 양성의 평등 대우를 명하고 있으므로 남녀의 성을 근거로 하여 차별하는 것은 원칙적으로 금지되고, 성질상 오로지 남성 또는 여성에게만 특유하게 나타나는 문제의 해결을 위하여 필요한 예외적 경우에만 성차별적 규율이 정당화된다. 과거 전통적으로 남녀의 생활 관계가 일정한 형태로 형성되어 왔다는 사실이나 관념에 기인하는 차별, 즉 성 역할에 관한 고정관념에 기초한 차별은 허용되지 않는다 …(중략)… 호주제의 남녀 차별은 가족 내에서의 남성의 우월적 지위, 여성의 종속적 지위라는 전래적 여성상에 뿌리박은 차별로서 성 역할에 관한 고정관념에 기초한 차별에 지나지 않는다."[72]

: 자녀가 아버지의 성을 따르도록 하는 '부성주의父姓主義'는 혼인과 가
족생활에서 개인의 존엄과 양성평등을 규정한 헌법에 위반될까요?

과거 〈민법〉은 자녀가 아버지의 성을 따르도록 강제하는 이른바
부성주의를 채택하고 있었습니다. 그러나 헌법재판소는 부성주의가
"혼인과 가족생활은 개인의 존엄과 양성의 평등을 기초로 성립되고
유지되어야 하며, 국가는 이를 보장한다."고 규정한 헌법 제36조 1항
에 위반된다고 보아 헌법불합치 결정을 하였습니다.

이에 따라 현행 〈민법〉은 "자는 부의 성과 본을 따른다. 다만, 부
모가 혼인신고 시 모의 성과 본을 따르기로 협의한 경우에는 모의
성과 본을 따른다."(같은 법 제781조 1항)고 하여, 혼인신고를 할 때 미
리 정한 경우에는 어머니의 성과 본을 따를 수 있게 되었습니다. 뿐
만 아니라 "자의 복리를 위하여 자의 성과 본을 변경할 필요가 있을
때에는 부, 모 또는 자의 청구에 의하여 법원의 허가를 받아 이를 변
경할 수 있다."(같은 법 같은 조 제2항)고 하여 자녀의 복리를 위한 성
과 본의 변경까지도 인정하고 있습니다.

68 헌재 2002. 8. 29. 2001헌바82 (부부 자산 소득의 합산 과세를 규정한 〈소득세법〉 제
   61조 제1항은 혼인과 가족생활을 보호하는 헌법 제36조 1항에 위반)
69 〈민법〉 제815조 제1호
70 헌재 2000.8.31. 97헌가12 (외국인인 아버지와 내국인인 어머니 사이에서 태어난 자녀
   에게 대한민국 국적을 부여하지 않는 것은 위헌)
71 헌재 2005.2.3. 2001헌가9 등 (호주제의 의미)
72 헌재 2005.2.3. 2001헌가9 등 (호주제 위헌)

# 세계인권선언

보편적인 인권을 밝힌 문서

1948년 유엔총회에서 채택된 〈세계인권선언〉은 보편적인 인권을 밝힌 중요한 국제적 문서입니다. 여기에서는 자유권과 참정권은 물론 경제적, 사회적, 문화적 권리에 대해서도 규정하고 있습니다.

〈세계인권선언〉 가운데 우리 헌법상 사회적 기본권에 해당하는 부분을 살펴보면 다음과 같습니다.[73]

제22조　모든 사람에게는 사회의 일원으로서 사회보장을 요구할 권리가 있으며, 국가적 노력과 국제적 협력을 통해, 또한 각국의 조직과 자원에 따라 자신의 존엄성과 자신의 인격의 자유로운 발전에 필수불가결한 경제적이고 사회적이고 문화적인 권리들을 실현할 자격이 있다.

제23조　① 모든 사람에게는 노동, 자유로운 직업 선택, 적절하고 알맞은 노동조건, 실업에 대한 보호를 요구할 권리가 있다.

② 모든 사람에게는 아무런 차별 없이 동일한 노동에 대해 동등한 보수를 요구할 권리가 있다.

③ 노동을 하는 모든 사람에게는 자신과 가족에게 인간의 존엄한 존재 가치를 보장하고, 필요한 경우에 여타의 사회적 보호 수단에 의해 보완되는 적절하고 알맞은 보수를 요구할 권리가 있다.

④ 모든 사람에게는 자신의 이익을 보호하기 위해 노동조합을 조

직하고 참여할 수 있도록 요구할 권리가 있다.

**제24조**　모든 사람에게는 노동시간의 합리적 제한과 정기적인 유급 휴가를 포함하여 휴식과 여가를 요구할 권리가 있다.

**제25조**　① 모든 사람에게는 의식주와 의료와 필요한 사회복지를 포함하여 자신과 가족의 건강과 복지에 적합한 생활수준을 요구할 권리가 있으며, 실업이나 질병이나 장애나 배우자의 사망이나 노령이나 불가항력적인 여타의 상황 속에서 겪는 생계 곤란을 당한 경우에 사회보장을 요구할 권리가 있다.

② 어머니와 아동에게는 특별한 보호와 지원을 요구할 권리가 있다. 모든 아동은 적출이든 서출이든 관계없이 사회적으로 동등하게 보호를 받아야 한다.

**제26조**　① 모든 사람에게는 교육을 요구할 권리가 있다. 교육은 최소한 기본적이고 기초적인 단계에서 무상으로 실시되어야 한다. 초등교육은 의무적으로 실시되어야 한다. 기술교육과 직업교육을 일반적으로 받을 수 있어야 하며, 능력에 따라 누구나 동등하게 고등교육을 받을 수 있어야 한다.

② 교육은 인격을 완전하게 발달시킴과 동시에 인권과 기본적 자유에 대한 존경심을 강화하는 방향에서 실시되어야 한다. 교육은 모든 국가나 인종이나 종교 집단 사이에 이해와 관용과 우의를 증진해야 하며, 평화 유지를 위한 국제연합의 활동을 촉진해야 한다.

③ 부모에게는 자녀에게 제공되는 교육의 종류를 선택할 수 있도록 요구할 우선권이 있다.

73 이종훈 편역, 〈세계를 바꾼 연설과 선언〉, 서해문집, 2006. 51쪽, '세계인권선언… 당신의 인권은 안녕하신가요?'

제3부

권력 구조와 헌법기관들

# 헌법상 권력 구조의 이해
헌법은 분권이다

우리 헌법은 국민의 기본권과 아울러 국가를 운영하는 권력 구조에 관하여 규정하고 있습니다. 권력 구조는 크게 입법, 행정, 사법의 세 가지 기능으로 구성됩니다. 입법부는 법률의 제정 및 개정을, 행정은 법률의 집행을, 그리고 사법은 구체적인 법적 분쟁이 발생한 경우에 법의 해석 및 적용을 담당하고 있습니다. 국가 권력이 하나의 주체에게 집중될 경우 권력 남용으로 인하여 국민의 기본권이 침해될 가능성이 높아집니다. 이를 예방하기 위하여 등장한 것이 권력분립론입니다. 영국의 존 로크는 명예혁명 직후인 1689년 출간된《통치론》에서 입법권과 행정권의 분리, 즉 이권분립론을 주장했습니다. 이어서 프랑스의 몽테스키외는 1748년《법의 정신》에서 입법권, 행정권, 사법권의 엄격한 삼권분립을 주장했습니다.

권력구조는 입법권(의회)과 행정권(정부 또는 내각)의 관계 내지는 행정권의 소재에 따라서 의원내각제와 대통령제로 크게 분류됩니다.

의원내각제는 의회에서 다수 의석을 가진 정파(단일 정당 또는 정당들의 연합)가 행정부인 내각을 구성합니다. 내각의 수반(총리)이 의회에서 선출되고 의원들은 내각의 각료를 겸직할 수 있습니다. 따라서

의원내각제에서는 입법권과 행정권이 엄격히 분리되기보다는 서로 융합하는 경향이 있습니다. 그 결과 입법권이 행정권보다 우위에 서게 됩니다. 따라서 의원내각제에서는 여야 간의 견제와 균형이 중요합니다. 의원내각제에서 의회에 '내각 불신임권'을, 내각에 '의회 해산권'을 부여하고 있는 것도 이 때문입니다. 역사적으로 의원내각제는 영국에서 강력한 왕권을 제한하기 위해 의회의 권한을 강화하는 과정에서 등장했습니다.

반면 대통령제는 엄격한 권력분립이 특징입니다. 대통령제는 세계 최초의 성문헌법인 미국 헌법에 처음으로 수용되었는데, 미국은 영국의 왕권과 단절하고 민주공화정을 채택하면서 행정부 수반과 입법부 구성원을 모두 국민이 뽑는 대통령제를 확립했습니다. 대통령과 국회의원 모두 주권자인 국민이 선출하기 때문에 행정권과 입법권이 완전히 분리되는 것이 전형적인 미국식 대통령제의 특징입니다. 미국의 경우 국회의원은 행정부 각료, 즉 장관직을 겸직할 수 없습니다. 의회의 정부 불신임권이나 정부의 의회 해산권도 인정되지 않습니다. 또 정부는 국회에 법률안 제출권이 없습니다.

의원내각제와 대통령제를 절충한 정부 형태로 이원집정부제가 있습니다. 이원집정부제는 행정권이 대통령과 내각에 분산되어 있는 점이 특징입니다. 이원집정부에서는 평상시에 내각이 행정권을 행사하지만, 비상시에는 대통령이 비상대권을 행사합니다. 이원집정부제에 대해서 흔히 대통령이 외교, 국방 등 외치를, 총리가 내치를 담당한다고 설명하기도 하지만 이는 정확한 설명은 아닙니다. 행정권을 내치와 외치로 깔끔하게 분리할 수 있는 것은 아니기 때문입니다.

이원집정부제에서는 대통령을 보통 국민투표로 선출합니다. 대통령의 소속 정당과 의회 다수당이 일치할 경우에는 대통령이 총리를 통해 실질적인 국정 운영의 주도권을 쥘 수 있습니다. 그러나 불일치할 경우에는 총리의 권한이 상대적으로 강해집니다. 이 경우 총리 임명을 둘러싼 대립과 갈등이 심화될 수 있습니다. 그렇기 때문에 이원집정부제를 일률적으로 설명하는 것은 어려운 일입니다. 그때그때의 정세에 따라 국정 운영의 무게중심이 달라질 수 있습니다.

대표적인 이원집정부제 국가인 프랑스는 2000년에 개헌을 통해서 대통령 임기를 7년에서 5년으로 단축시킴으로써 대통령과 국회의원의 임기를 일치시키고, 총선을 대선 직후에 실시하도록 제도화했습니다. 이렇게 하면 대통령과 총리의 소속 정당이 달라질 가능성을 낮출 수 있기 때문입니다. 이는 과거 대통령과 총리의 소속 정당이 불일치하는 이른바 '동거 정부'를 몇 차례 경험하면서 빚어진 국정의 난맥상을 방지하기 위한 처방이었습니다.

오스트리아는 이원집정부제로 분류하기도 하지만 실제로는 국민이 뽑은 대통령이 입헌군주제 하에서의 상징적인 군주나 다름없고, 실질적인 권한은 총리에게 집중되어 있어서 사실상 의원내각제로 보아야 한다는 견해가 있습니다.

한편 중국의 경우 국가주석과 총리가 행정권을 분점하고 있어서 이원집정부제와 유사한 집단지도체제로 평가받고 있습니다.

이원집정부제는 학자에 따라서 반대통령제, 준대통령제, 혼합정부제 등 다양한 명칭으로 불리고 있습니다.


**⋮** 대통령제와 의원내각제의 장단점은 무엇인가요?


대통령제와 의원내각제는 장단점의 측면에서 서로 상반되는 관계에 있습니다.

대통령제에서는 국민의 손으로 대통령을 뽑기 때문에 행정권의 민주적 정당성이 제고되고, 행정권이 대통령에게 집중되어 임기 중 안정적 국정운영이 보장되는 장점이 있는 반면, 자칫하면 독재로 흐를 가능성이 있습니다. 또한 국회가 여소야대인 경우와 같이 대통령과 국회가 대립할 경우에는 정국 운영이 어려워진다는 단점이 있습니다.

의원내각제에서는 내각이 의회에 대하여 책임을 져야 하기 때문에(의회의 내각 불신임권) 책임정치의 원칙에 충실하다는 장점이 있지만, 내각의 잦은 교체로 인하여 정국 안정을 해칠 수 있습니다. 의원내각제는 내각과 의회가 상호 밀접한 관계에 있기 때문에 원활한 정국 운영이 가능한 반면, 견제와 균형이 무너질 경우에는 의회 독재의 가능성도 있습니다.

# 우리나라 헌법상 권력 구조
우리나라는 대통령제에 의원내각제 요소를 가미하고 있다

우리 헌법의 권력 구조는 대통령제를 기본으로 하면서도 의원내각제의 요소를 가미하고 있습니다. 우리 헌법이 이처럼 독특한 형태의 권력 구조를 취하게 된 것은 1948년 헌법 제정 과정에서 처음에는 의원내각제를 추진하다가 막바지에 대통령제로 탈바꿈을 했기 때문입니다.

우리 헌법상 의원내각제적 요소로 대표적인 것은 국무총리와 국무위원, 국무회의 제도를 들 수 있습니다. 국무회의는 원래 의원내각제하에서의 내각에 해당하는 것이고, 국무위원은 내각을 구성하는 각료에 해당하며, 국무총리는 수상에 해당합니다. 그런데 우리 헌법상 국무총리, 국무위원, 국무회의는 의원내각제의 외형에만 해당할 뿐 의원내각제에서와 같은 실질적인 역할을 수행하는 것은 아닙니다. 예컨대 국무총리는 행정부의 수반이 아니라 단지 행정부 수반인 대통령을 보좌하고 대통령의 명을 받아 행정 각부를 통할하는 역할에 머물고 있습니다. 국무위원도 의원내각제에서의 각료와 같이 독자적 책임을 지기보다는 대통령의 보좌 역할에 그칩니다. 국무회의도 심의 기능만 할 뿐 내각이 가지는 의결 기능은 없습니다.

이 밖에 의원내각제적 요소에 해당하는 것으로서 우리 헌법에는

△정부의 법률안 제출권(제52조) △국무총리·국무위원의 국회 출석 및 답변 의무(제62조) △대통령의 국회 출석 및 발언권(제81조) △대통령의 국법상 행위에 대한 국무총리와 관계 국무위원의 부서권(제82조) 등이 있고 국회법에는 △국무위원의 국회의원직 겸직 허용(국회법 제29조) 등이 있습니다.

우리나라는 1960년 4.19혁명으로 이승만 정권이 무너진 직후 제3차 개헌으로 '민의원'과 '참의원'으로 구성되는 양원제 국회와 의원내각제를 채택한 적이 있습니다. 이 당시의 헌법을 '제2공화국 헌법'이라고 부르기도 합니다. 제2공화국 헌법은 제헌헌법 이래 줄곧 존재해 왔던 국무원에 행정권을 부여하여 실질적인 내각의 역할을 하도록 하고, 국무원의 수반인 국무총리를 민의원에서 선출하도록 하였습니다. 국무원의 회의체인 국무회의는 국정의 주요 사안에 대한 의결권을 가지고 있었으며, 법률의 위임을 받은 사항에 대하여 국무원령을 발할 수 있었습니다.

국회는 민의원과 참의원의 양원제로 구성되었으며, 민의원은 국무원에 대한 불신임결의를 할 수 있고, 국무원은 민의원에 대한 해산을 결의할 수 있었습니다. 제2공화국 헌법에서 대통령은 양원 합동회의에서 선출되며 국가원수로서 국가를 대표하고, 국무회의의 의결을 거쳐 계엄을 선포하거나 위기 시에 긴급 처분 권한을 행사할 수 있었습니다.

: 우리나라 대통령제가 '제왕적 대통령제'의 폐해를 가지고 있다는 것
은 무슨 의미인가요?


우리 헌법상 대통령은 전형적인 대통령제 국가와 달리 막강한 권
한을 행사할 수 있습니다. 즉 일반적인 대통령의 권한 이외에도 중요
정책에 대한 국민투표 부의권(제72조), 긴급 재정·경제 처분·명령권
과 긴급 명령권(제76조), 정부의 법률안 제출권(제52조), 대통령 소속
하의 감사원(제97조) 등이 있고, 대통령의 인사권으로 국무총리·국
무위원 임명권(제86조, 제87조, 국무총리는 국회의 동의 필요, 국무위원
은 국무총리의 제청 필요), 대법원장과 대법관 임명권(제104조, 국회 동
의 필요), 헌법재판소장과 헌법재판관 임명권(제111조, 헌법재판소장의
임명에는 국회의 동의 필요. 헌법재판관 9인 중 3인은 국회에서 선출하는
자, 3인은 대법원장이 지명하는 자를 임명) 등이 있습니다.

이 밖에도 대통령제의 원산지인 미국과 달리 방대하고 강력한 대
통령비서실(청와대) 편제를 갖추고 있습니다. 즉 장관급인 대통령비
서실장을 비롯하여 국정 분야별로 차관급인 수석비서관을 임명할
수 있는데, 이들은 실제 국정 운영에서 장관 못지않은 영향력을 행사
하는 경우가 많습니다. 그러나 대통령비서실은 헌법에 근거가 없는
대통령의 보좌 기구에 불과하기 때문에 종종 말썽이 됩니다. 이들은
때때로 인의 장막을 형성해서 대통령과 공식적인 헌법기관(국무총리
이하 국무위원, 행정 각부의 장 등)과의 소통을 가로막거나 중간에서
권력을 남용하는 경우도 발생합니다.

# 지방자치

지방자치는 수직적 권력분립이다

　지방자치는 전국적으로 획일적이고 중앙집권화된 통치 대신 각 지방 행정 업무를 그 지방의 자율에 맡기는 것을 말합니다. 권력분립의 관점에서 입법, 행정, 사법 등 3권의 분립이 국가권력의 '수평적 권력 분립'이라면, 지방자치는 중앙정부와 자율적인 지방의 분립으로 '수직적 권력분립'입니다. 한편 지방자치는 흔히 풀뿌리 민주주의의 학교로 일컬어지고 있습니다. 최근 직접민주제에 대한 관심이 높아지면서 지방자치에 직접민주제를 접목하려는 시도가 꾸준히 일어나고 있습니다.

　지방자치는 역사적으로 보면 크게 '주민자치'와 '단체자치'의 두 갈래로 발달해 왔습니다. 주민자치는 민주주의 원리에 따라 주민의 의사를 지방자치의 중심으로 보는 정치적 의미의 자치를 말합니다. 반면 단체자치는 중앙정부와 별개의 독립된 법인격을 가지는 지방자치단체가 지방자치의 중심이라고 보는 입장으로, 법적인 의미의 자치에 방점을 두고 있습니다. 주민자치는 주로 영미권에서, 단체자치는 독일 등 유럽 대륙 국가에서 발달해 왔습니다. 그러나 오늘날 이 두 가지는 서로 대립되는 것이 아니라 상호 보완적인 관계에 있다고 보는 것이 일반적입니다. 즉, 지방자치의 핵심적 요소는 주민자치에 있고,

단체자치는 주민자치를 실현하기 위한 수단으로 볼 수 있습니다.[74]

지방자치권을 국가 이전부터 존재하는 자연권으로 볼 것이냐(고유권설 또는 독립설), 국가에서 전래하는 것으로 볼 것이냐(전래권설 또는 자치 위임설)에 대한 학설 대립이 있습니다. 전래권설 가운데 특히 헌법이 지방자치제도의 핵심 내용을 보장한 것이라는 입장을 제도 보장설이라고 합니다. 제도 보장설이 현재 우리나라의 다수설입니다.[75] 제도 보장설은 지방자치를 중앙정부와 지방자치단체 사이의 권한 배분의 문제로 보는 경향이 강합니다. 그런데 여기에 대해서 지방자치를 단순한 제도 보장으로만 볼 것이 아니라 중앙정부로부터 독립된 지방의 자치권 보장, 나아가 주민참여권까지 보장하는 것으로 이해할 필요가 있다는 주장이 나오고 있습니다.[76]

현행 헌법과 〈지방자치법〉에 의하면 지방자치단체의 사무는 크게 '자치사무'와 '위임사무'로 나눌 수 있습니다. 자치사무는 헌법 제117조에서 말하는 "주민의 복리에 관한 사무"에 해당합니다. 위임사무는 '단체 위임사무'와 '기관 위임사무'가 있는데 이 가운데 지방자치단체의 사무로 볼 수 있는 것은 단체 위임사무입니다.

단체 위임사무라 함은 법령에 의하여 국가 또는 다른 지방자치단체로부터 위임받아 행하는 사무를 말합니다. 단체 위임사무를 〈지방자치법〉 제9조에서는 "법령에 따라 지방자치단체에 속하는 사무"라고 규정하고 있습니다.[77] 단체 위임사무는 비록 국가 또는 다른 지방자치단체로부터 위임받았지만 지방자치단체의 사무가 됩니다.

반면에 기관 위임사무는 국가가 '지방자치단체장'에게 위임한 국가

사무를 말합니다.[78) 기관 위임사무는 지방자치단체가 아니라 지방자치단체장에게 위임한 것이라는 점, 기관 위임사무는 지방자치단체장이 단체장의 지위가 아니라 국가 행정기관의 지위에서 행하는 점에서 단체 위임사무와 구별됩니다. 따라서 기관 위임사무는 지방자치단체의 사무인 고유 자치사무나 단체 위임사무와 구별됩니다.[79)

우리 헌법은 지방자치단체가 "법령의 범위 안에서 자치에 관한 규정을 제정할 수 있다."(제117조 1항 뒷부분)고 규정합니다. 이것을 '자치입법권'이라고 합니다. 자치입법에는 조례와 규칙이 있습니다. 조례는 지방자치단체가 법령의 범위 안에서 지방의회의 의결을 거쳐서 제정하는 반면,[80) 규칙은 지방자치단체장이 법령과 조례가 위임한 범위에서 제정합니다.[81)

자치입법은 '법령의 범위 안에서' 제정할 수 있습니다. 이 때 법령이란 헌법과 법률은 물론 행정부에서 만드는 시행령, 시행규칙까지를 모두 일컫는 개념입니다. 다만 주민의 권리 제한 또는 의무 부과에 관한 사항이나 벌칙을 정할 때에는 법률의 위임이 있어야 합니다.[82) 자치입법권을 법령의 범위에 국한시키고 있는 것은 지방자치에 큰 제약으로 작용합니다. 선진국들은 지자체에 광범위한 자치입법권을 보장하고 있습니다.

우리 헌법은 지방자치단체의 종류를 법률로 정하도록 하고 있습니다(제117조 2항). 이에 따라 〈지방자치법〉은 지방자치단체의 종류를 △특별시·광역시·특별자치시·도·특별자치도 △시·군·구의 두 범주로 나누고 있습니다.[83] 여기서 지방자치단체인 구(이하 '자치구'라 한다)는 특별시와 광역시의 관할 구역 안의 구만을 말하며, 자치구의 자치권의 범위는 법령으로 정하는 바에 따라 시·군과 다르게 할 수 있습니다.[84] 그리고 이들 지방자치단체 외에 특정한 목적을 수행하기 위하여 필요하면 따로 특별지방자치단체를 설치할 수 있습니다.[85]

우리 헌법에 의하면 지방자치단체에는 의회를 두며, 지방의회의 조직·권한·의원 선거와 지방자치단체의 장의 선임 방법 기타 지방자치단체의 조직과 운영에 관한 사항은 법률로 정합니다(제118조).

민주주의는 원래 국민 또는 주민의 활발한 정치 참여를 전제로 합니다. 사회 구성원이 직접 정치적 결사체의 의사 결정에 참여하는 것이 민주주의의 본령입니다. 그런 점에서 볼 때 지방자치는 행정규모나 인구수 등을 감안할 때 직접민주제를 비롯한 각종 주민 참여를 시도하기에 알맞습니다. 또한 근거리 행정을 통한 주민의 복리향상에도 도움이 됩니다.

우리 헌법은 지방의원 선거를 명시한 것 이외에 지방자치에 주민의 직접 참여에 대하여 별도로 규정을 두지는 않았습니다. 그러나 〈지방자치법〉에서 주민 참여의 다양한 길을 열어놓고 있습니다. 주민투표, 조례의 제정 및 개폐 청구, 감사 청구, 주민 소송, 주민 소환이 그것입니다.

〈지방자치법〉

**제14조(주민투표)** ① 지방자치단체의 장은 주민에게 과도한 부담을 주거나 중대한 영향을 미치는 지방자치단체의 주요 결정 사항 등에 대하여 주민투표

에 부칠 수 있다.

② 주민투표의 대상·발의자·발의 요건, 그 밖에 투표 절차 등에 관한 사항은 따로 법률로 정한다.

**제15조(조례의 제정과 개폐 청구)** ① 19세 이상의 주민으로서 다음 각 호의 어느 하나에 해당하는 사람(〈공직선거법〉 제18조에 따른 선거권이 없는 자는 제외한다. 이하 이 조 및 제16조에서 "19세 이상의 주민"이라 한다)은 시·도와 제175조에 따른 인구 50만 이상 대도시에서는 19세 이상 주민 총수의 100분의 1 이상 70분의 1 이하, 시·군 및 자치구에서는 19세 이상 주민 총수의 50분의 1 이상 20분의 1 이하의 범위에서 지방자치단체의 조례로 정하는 19세 이상의 주민 수 이상의 연서連署로 해당 지방자치단체의 장에게 조례를 제정하거나 개정하거나 폐지할 것을 청구할 수 있다.

**제16조(주민의 감사 청구)** ① 지방자치단체의 19세 이상의 주민은 시·도는 500명, 제175조에 따른 인구 50만 이상 대도시는 300명, 그 밖의 시·군 및 자치구는 200명을 넘지 아니하는 범위에서 그 지방자치단체의 조례로 정하는 19세 이상의 주민 수 이상의 연서連署로, 시·도에서는 주무부 장관에게, 시·군 및 자치구에서는 시·도지사에게 그 지방자치단체와 그 장의 권한에 속하는 사무의 처리가 법령에 위반되거나 공익을 현저히 해친다고 인정되면 감사를 청구할 수 있다. 다만, 다음 각 호의 어느 하나에 해당하는 사항은 감사 청구의 대상에서 제외한다.

1. 수사나 재판에 관여하게 되는 사항

2. 개인의 사생활을 침해할 우려가 있는 사항

3. 다른 기관에서 감사하였거나 감사 중인 사항. 다만, 다른 기관에서 감사한 사항이라도 새로운 사항이 발견되거나 중요 사항이 감사에서 누락된 경우와 제17조 제1항에 따라 주민 소송의 대상이 되는 경우에는 그러하지 아니하다.

4. 동일한 사항에 대하여 제17조 제2항 각 호의 어느 하나에 해당하는 소송이 진행 중이거나 그 판결이 확정된 사항

**제17조(주민 소송)** ① 제16조 제1항에 따라 공금의 지출에 관한 사항, 재산의 취득·관리·처분에 관한 사항, 해당 지방자치단체를 당사자로 하는 매매· 임차·도급 계약이나 그 밖의 계약의 체결·이행에 관한 사항 또는 지방세· 사용료·수수료·과태료 등 공금의 부과·징수를 게을리한 사항을 감사 청구한 주민은 다음 각 호의 어느 하나에 해당하는 경우에 그 감사청구한 사항과 관련이 있는 위법한 행위나 업무를 게을리한 사실에 대하여 해당 지방자치단체의 장(해당 사항의 사무 처리에 관한 권한을 소속 기관의 장에게 위임한 경우에는 그 소속 기관의 장을 말한다. 이하 이 조에서 같다)을 상대방으로 하여 소송을 제기할 수 있다.

**제20조(주민 소환)** ① 주민은 그 지방자치단체의 장 및 지방의회의원(비례대표 지방의회의원은 제외한다)을 소환할 권리를 가진다.
② 주민소환의 투표 청구권자·청구 요건·절차 및 효력 등에 관하여는 따로 법률로 정한다.


⋮ 2016년 서울시가 '청년 활동지원사업(이른바 청년수당)'을 시작하자, 정부는 서울시의 청년수당 지급이 〈사회보장기본법〉을 위반했다면서 시정 명령을 내렸습니다. 과연 서울시는 이 사업을 계속할 수 있을까요?


최근 청년 실업률이 12.5%(2016년 2월 기준)로 1997년 IMF 외환위기 이후 최고치를 기록하고 있는 가운데, 서울시 20대 청년 144만 명 중 장기 미취업, 불안정 고용 등 '사회 밖' 청년이 50만 명에 이르고 있습니다. 이에 서울시는 선정 자격을 갖춘 장기 미취업 청년(19세

~34세)들을 선발하여 6개월 범위에서 월 50만원의 활동지원금을 지원하는 '청년 활동지원사업(청년수당)'을 추진하였습니다.

청년수당은 선진국에서도 지급되고 있습니다. 유럽연합 이사회는 청년 무직자를 대상으로 2013년 2월, 2014년부터 2020년까지 총 600억 유로(약 75조 1천 700억 원)를 투입하기로 결정하고 '청년보장 Youth Guarantee 사업'을 시작했습니다. 특히 프랑스에서는 '청년보장 La Garantie Jeunes 제도'를 시행하고 있는데, 총 5만 명 확대를 목표로 2015년에 구직 활동과 직업교육 참여를 약속한 18~26세의 청년들에게 월 452유로(약 57만 원)의 보조금을 지급하는 동시에 다양한 직업교육의 기회를 제공했습니다.[86]

한편 〈사회보장기본법〉 제26조는 중앙 행정기관의 장과 지방자치단체의 장은 사회보장제도를 신설하거나 변경할 경우 대통령령으로 정하는 바에 따라 보건복지부 장관과 협의하여야 하고, 한쪽에서 내용에 동의하지 않아 협의가 이루어지지 않을 경우 조정 절차를 밟도록 하고 있습니다. 이에 서울시는 '청년 활동지원사업(청년수당)'을 추진하면서 정부(보건복지부)와 협의를 하였습니다.

하지만 보건복지부는 '2016년 서울시 청년수당사업'에 대해서 '첫째, 청년수당 지급 대상자 선정의 객관성 확보', '둘째, 급여 항목을 취업 및 창업 연계 항목으로 제한', '셋째, 급여 지출에 대한 모니터링 체계 마련', '넷째, 성과지표 제시' 등 네 가지 점에 대한 대책이 미흡하다면서 반대를 했습니다. 이러한 반대에도 불구하고 서울시는 이 사업 추진 과정에서 보건복지부와 충분히 협의를 거쳤다면서 '선발된 장기 미취업 청년들에게' 월 50만원의 청년수당을 지급하기 시작하였습니다. 그러자 보건복지부는 서울시가 조정 절차를 밟지 않는 등 〈사회보장기본법〉을 위반했다며 시정 명령을 내리고 서울시의 청년수당 지급을 중단시켰습니다.

이에 서울시는 '2017년 청년수당사업'부터는 저소득층 청년을 지급 대상으로 하는 객관적 기준을 마련하고, 구직 활동에 관련된 지출증명 제출을 의무화하였으며, 취업률과 응시 횟수 등 계량화가 가능한 성과지표를 설정하고, 대상자 선정 시 기존 정부사업 참여자는 배제하는 등 중복 급여 방지 대책을 수립하였습니다. 이와 같은 서울시의 대책에 대해 보건복지부가 '동의'하면서 청년수당은 계속 지급할 수 있게 되었습니다. 이 사건은 지방자치단체가 '주민의 복리에 관한 사무'를 추진하는 경우에도 이처럼 중앙정부의 통제에서 자유롭지 못한 현실을 보여 주고 있습니다.

74 양건, 〈헌법강의〉, 법문사, 2016. 1421쪽
75 양건, 〈헌법강의〉, 법문사, 2016. 1422쪽
76 양건, 〈헌법강의〉, 법문사, 2016. 1428쪽
77 〈지방자치법〉 제9조 1항
78 〈지방자치법〉 제102조, 제103조
79 김동희, 〈행정법Ⅱ〉, 박영사, 2016. 1434쪽
80 〈지방자치법〉 제22조, 제39조
81 〈지방자치법〉 제23조
82 〈지방자치법〉 제22조 단서
83 〈지방자치법〉 제2조 1항
84 〈지방자치법〉 제2조 2항
85 〈지방자치법. 제2조 3항
86 http://youthhope.seoul.go.kr

# 국회

## 민의의 전당

'의회'는 유권자에 의해 선출된 '의원'들로 구성되어 법률을 제정하고 예산을 심의하며 정부를 감독하는 기능을 수행합니다. 우리 헌법은 의회를 '국회'라고 부릅니다. 일반적으로 의회를 뜻하는 영어 팔러먼트parliament는 '대화'를 의미하는 앵글로-노르만계어의 팔러parler에서 기원합니다.

서양 역사상 최초의 의회는 고대 바이킹 시대의 노르웨이, 덴마크 등에서 찾아볼 수 있지만, 본격적인 의회의 역사는 그리스의 아테네 의회, 즉 에클레시아ἐκκλησία에서 출발합니다. 에클레시아는 아테네에서 가장 중요한 기관으로 모든 시민들이 토론에 참여할 수 있었습니다. 다만 아테네 민주주의는 대의제가 아니라 직접민주제였기 때문에 에클레시아는 오늘날의 대의제 의회와는 구별됩니다.

이후 로마공화정 B.C. 509~B.C. 27에는 '원로원'과 '민회'가 있어서 의회의 기능을 수행했습니다. 오늘날의 상원에 해당하는 원로원senatus은 재정에 관한 권한을 가지고 있으며 민회에 상정하는 모든 법안에 대하여 공식적인 의견을 제시할 수 있었고, 원로원 결의를 통해 국정 운영의 방향을 정했습니다. 민회는 정무관 선출, 법률 제정, 재판, 전쟁, 외교 등 주요 국사를 로마 시민들이 모여서 투표를 통해 직접 결정했습니다. 민회는 쿠리아회(씨족과 부족의 중간 단위), 켄투리아회(군대 단위), 트리부스 민회(부족 단위)로 이루어져 있었습니다. 그러나 민회는 공화정 후기로 가면서 점차 원로원과 상류층의 입김에 좌우되면서 그 힘이 약화되었습니다.

오늘날 전 세계 의회제도의 모델은 영국에서 확립되었습니다. 그래서 영국을 '의회의 어머니'라고 부르기도 합니다. 1215년 존왕이 대헌장(마그나카르타)에 서명하면서 국왕은 의회의 동의 없이 과세할 수 없다는 원칙이 세워졌습니다. 이후 영국 내전(1642~1651)과 명예혁명(1688)에서 의회파가 왕당파를 제압함으로써 의회의 권한이 더욱 강화되었습니다. 오늘날의 영국 의회는 1707년 잉글랜드 의회와 스코틀랜드 의회가 연합한 대영제국 의회를 거쳐서 1801년 대영제국 의회와 아일랜드 의회가 연합함으로써 만들어졌습니다.

민주주의는 본래 국민이 직접 국가의 의사 결정에 참여하는 정치 체제를 의미합니다. 하지만 역사적, 현실적 이유로 오늘날 대부분의 민주주의국가들은 대의제를 채택하고 있습니다. 대의제란 국민이 선거에서 뽑은 국민의 대표들로 구성하는 대의기관을 통해 국정을 운영하는 제도를 말하며 간접민주주의라고도 합니다. 우리나라와 같은 대통령중심제 국가에서 대의기관으로는 입법권을 행사하는 의회(국회)와 행정권을 행사하는 주체인 대통령이 있습니다. 우리 헌법은 제40조에서 "입법권은 국회에 속한다."고 선언하고, 이어서 국회의 구성, 기능, 권한 및 운영 방식에 대하여 규정하고 있습니다.

## 국회의 구성

국회는 선거를 통해서 선출된 국회의원으로 구성된다.

국회의원을 국민의 직접선거로 뽑는 것은 오늘날 국회의 가장 기본적인 조건입니다. 국왕이나 권력자가 마음대로 임명한 사람들로 구성되는 회의체는 명칭이 무엇이든 현대적 의미의 국회(의회)라고 할 수 없습니다. 국회는 법률을 만들고 예산의 심사하며 그밖에 국정에 대한 다양한 견제 기능을 수행합니다. 뿐만 아니라 국정에 대한 민주적 토론을 통해서 국민의 정치적 의사를 형성하는 것도 국회의 중요한 기능입니다.

우리 헌법은 "대한민국의 주권은 국민에게 있고, 모든 권력은 국민으로부터 나온다."(제1조 2항)라고 규정하고 있습니다. 국민으로부터 나온 권력은 1차적으로 국회로 들어가서 법률과 예산을 통해 모든 국가기관을 지배합니다. 그래서 흔히 국회를 '민의의 전당'이라고 부르기도 합니다.

역사적으로 의회제도는 영국에서 명예혁명을 거치면서 전제 왕권을 견제하는 수단으로 자리 잡았습니다. 영국 의회는 의원내각제를 통해 입법권은 물론 행정권에도 깊숙이 개입하게 되었습니다. 그래서 한때 영국에서는 '의회주권론'이 주장되기도 했습니다. 국민주권이 확립된 오늘날 시각에서 보면 의회주권론은 낡은 이론이 되었지만, 당시에는 강력한 '국왕주권론', '왕권신수설'에 맞서는 이론적 토대로 작용했습니다. 그러나 미국혁명, 프랑스혁명과 같은 시민혁명을 거치면서 의회주권론은 폐기되고 '국민주권론'이 보편화되었습니다.

초기 의회는 학식과 명망을 갖춘 엘리트들이 국민을 대신해서 국정을 운영한다는 인식이 강했습니다. 그러나 국민주권과 민주주의가 확산되고, 국민들의 교육 수준이 높아지면서 더 이상 의회는 엘리트만의 전유물이 아니라 누구나 진출할 수 있는 정치적 기관이 되었습니다. 이러한 의회 구성의 변화는 의회제도 자체의 변화를 가져왔습니다. 과거에는 의회가 '국민을 대신해서' 국가의사를 결정하는 대의기관의 성격이 강했다면 이제는 '국민의 다양한 정치적 의사를 충실하게 대변하는' 역할이 중시되고 있습니다.

이는 정당정치의 발전과 깊은 관계가 있습니다. 정당은 국정에 관한 국민의 의견을 수렴하고 다른 정당과의 경쟁을 통해서 집권하는 것을 목적으로 하는 정치적 결사체입니다. 현대 민주주의는 정당정치를 빼놓고는 이야기할 수 없을 정도로 정당의 지위와 역할이 중요해졌습니다. 의회의 대정부 견제 기능도 오늘날 여당과 행정부가 일체화되는 경향을 띠면서 야당이 그 역할을 대신하게 되었습니다.

의회제도는 복수의 회의체로 구성되는 '양원제'와 하나의 회의체로 구성되는 '단원제'로 나뉩니다.

의회제도의 원조격인 영국은 물론 대통령제의 원조인 미국도 양원제를 채택하고 있습니다. 뿐만 아니라 프랑스, 독일, 캐나다, 이탈리아, 네덜란드, 노르웨이, 스페인, 스위스 등 대부분의 유럽 국가들이 양원제를 채택하고 있습니다. 양원제를 구성하는 회의체의 명칭은 나라마다 다르지만 일반적으로 상원, 하원으로 부릅니다. 일반적으로 하원은 총선을 통해 선출된 의원으로 구성되며 상원은 지역(연방국가에서는 주)이나 직능을 대표하는 의원들로 구성됩니다. 또 양원제의 운영에서도 모든 의안 처리에 양원의 일치된 의사를 요구하는 유형과 특정한 의안에 대해서만 양원의 일치를 요구하는 유형으로 나뉩니다. 양원제는 신중한 의사 결정이 가능하고, 의회의 독주를 막는 장점이 있는 반면, 의사 결정의 지연, 의회의 보수화 등 단점도 제기되고 있습니다.

민주주의의 실현이라는 관점에서 보면 양원제가 단원제보다 더 앞선 제도라고 할 수 있습니다. 단원제를 택한 나라들은 대체로 사회주의 국가이거나(중국, 북한) 규모가 작은 나라들(덴마크, 뉴질랜드)입니다.

우리는 정부 수립 이래 단원제를 채택하고 있습니다. 1952년 제1차 개헌(이른바 발췌 개헌)으로 양원제를 도입했으나 시행되지는 않았고, 1960년 4.19혁명 이후 개정된 제3차 개헌으로 민의원과 참의원의 양원제를 시행했으나, 불과 1년도 안되어 5.16쿠데타가 일어나면서 이후 다시 단원제로 바뀌어 오늘에 이르고 있습니다.

: 우리 국회의 경우 소수 의견 보호를 위한 장치에는 무엇이 있나요?

오늘날 의회의 대행정부 견제 기능은 주로 야당에 의해서 수행되고 있습니다. 이에 따라 의회 내에서의 소수 의견을 보호하는 것이 중요하게 대두되고 있습니다. 우리나라의 경우 헌법과 〈국회법〉 등에서 소수 의견을 보호하기 위한 장치를 두고 있습니다.

국회 내에서의 소수 의견 내지 소수 정당 보호를 위한 헌법상의 장치로는 국회의원의 불체포특권(제44조)과 면책특권(제45조), 임시회 소집 요구권(제47조 1항. 재적 4분의 1 이상의 요구), 국회의원 제명에 재적의원 3분의 2 이상의 찬성을 요하여 엄격하게 제한한 것(제64조 3항) 등이 있습니다.

한편 지난 2012년 〈국회법〉 개정으로 도입된 이른바 '국회선진화법' 규정도 국회 내의 소수파를 보호하기 위한 장치라고 볼 수 있습니다. 국회선진화법은 국회에서 되풀이되던 몸싸움, 다수당에 의한 '날치기'를 막는 데 효과를 발휘하고 있지만, 한편에서는 국회에서의 안건 처리를 어렵게 한다는 비판도 제기되고 있습니다.

국회선진화법의 주요 내용은 다음과 같습니다.

첫째, 국회의장의 본회의 '직권 상정 요건'을 강화하였습니다.

의장은 (1) 천재지변 (2) 전시·사변 또는 이에 준하는 국가비상사태 또는 (3) 의장이 각 교섭단체 대표 의원과 합의하는 경우에 위원회에 회부하는 안건 또는 회부된 안건에 대하여 심사 기간을 지정할 수 있도록 하였습니다. 만약 위원회가 이유 없이 그 기간 내에 심사를 마치지 아니한 때에는, 의장은 중간보고를 들은 후 다른 위원회에 회부하거나 바로 본회의에 부의할 수 있습니다(국회법 제85조). 이것을 통상 '직권 상정'이라고 합니다. 직권 상정은 과거 집권당에 의한 남용으로 많은 부작용을 낳았지만, 〈국회법〉 개정으로 요건을 3가지로 제한하여 함부로 사용할 수 없게 하였습니다.

둘째, 쟁점 법안에 대한 '안건 조정제'를 도입하였습니다.

위원회는 이견을 조정할 필요가 있는 안건을 심사하기 위하여 재적위원 3분의 1 이상의 요구로 안건조정위원회를 구성하고, 대체 토론이 끝난 후 조정위원회에 회부합니다. 안건조정위원회의 활동 기한은 그 구성일부터 최장 90일입니다. 다만 안건 조정의 대상 안건에서 예산안, 기금 운용계획안, 임대형 민자사업 한도액안 및 체계·자구 심사를 위하여 법제사법위원회에 회부된 법률안은 제외됩니다(같은 법 제57조의 2).

셋째, '안건 신속처리제'를 도입하였습니다.

위원회에 회부된 안건(체계·자구 심사를 위하여 법제사법위원회에 회부된 안건을 포함)을 신속처리 대상 안건으로 지정하고자 하는 경우, 의원은 재적 의원 과반수가 서명한 신속처리 대상 안건 지정 요구 동의를 의장에게, 안건의 소관 위원회 소속 위원은 소관 위원회 재적 위원 과반수가 서명한 신속처리 안건 지정 동의를 소관 위원회 위원장에게 제출하여야 합니다. 이 경우 의장 또는 안건의 소관 위원회 위원장은 지체 없이 신속처리 안건 지정 동의를 무기명투표로 표결하되, 재적 의원 5분의 3 이상 또는 안건의 소관 위원회 재적 위원 5

분의 3 이상의 찬성으로 의결합니다.

다만 위원회는 신속처리 대상 안건에 대한 심사를 그 지정일부터 180일 이내에, 그리고 법제사법위원회는 신속처리 대상 안건에 대한 체계·자구 심사를 그 지정일 또는 회부일로부터 90일 이내에 마치도록 규정하고 있어서, 최장 270일이 소요되기 때문에 신속처리의 실효성을 거두기는 쉽지 않을 것으로 보입니다(같은 법 제85조의 2).

넷째, '무제한 토론(필리버스터)'을 허용하였습니다.

재적 의원 3분의 1 이상이 서명한 요구서를 의장에게 제출하면 본회의 안건에 대하여 시간 제한 없는 무제한 토론을 실시하여야 합니다. 무제한 토론은 의원 1인당 1회만 할 수 있으며, 무제한 토론을 실시하는 본회의는 무제한 토론 종결 선포 전까지 산회하지 아니하고 회의를 계속합니다. 무제한 토론의 종결 요구는 재적 의원 3분의 1 이상의 서명이 필요하며, 종결 동의가 제출된 때부터 24시간이 경과한 후에 무기명투표를 통해서 재적 의원 5분의 3 이상의 찬성으로 의결합니다. 무제한 토론을 실시하는 중에 해당 회기가 종료되는 때에는 무제한 토론은 종결 선포된 것으로 보며, 이 경우 해당 안건은 바로 다음 회기에서 지체 없이 표결하여야 합니다(같은 법 제106조의 2).

## 국회의 기능

국회는 법안과 예산안 심의, 그리고 다른 국가기관에 대한 감시 기능을 갖는다.

국회는 크게 '입법 기능', '재정 기능', '국가기관 구성 기능', '국정 견제 기능'을 가집니다. 그리고 이들 기능을 수행하는 과정에서 민주적 토론을 통하여 국민의 정치적 의사를 수렴하는 '정치적 기능'도 합니다.

### (1) 입법 기능

우리 헌법은 "입법권은 국회에 속한다."(제40조)라고 규정하고 있습니다. 여기서 말하는 입법권은 일반적으로 '법률'을 제정하거나 개정하는 권한을 밀합니다. 법률은 법체계상 헌법의 바로 다음 단계에 위치하며, 헌법의 위임을 받은 사항 또는 헌법에 반하지 않는 범위에서 국민의 권리, 의무 또는 국정에 관한 중요한 사항을 법규범의 형태로 정한 것을 말합니다. 국회는 법률 제정 외에도 헌법 개정안의 제출 및 의결권, 중요 조약의 체결·비준에 관한 동의권, 국회규칙 제정권 등의 입법에 관한 권한을 가집니다.

국회는 정부가 외국과 맺는 국가 간의 약속인 조약에 대하여 동의권을 행사하는 경우가 있습니다. 즉, 국회는 상호 원조 또는 안전보장에 관한 조약, 중요한 국제조직에 관한 조약, 우호통상항해조약,

주권의 제약에 관한 조약, 강화조약, 국가나 국민에게 중대한 재정적 부담을 지우는 조약 또는 입법 사항에 관한 조약의 체결·비준에 대한 동의권을 가집니다(제60조). 이처럼 국회의 동의를 요하는 조약은 국내법상 법률과 동일한 효력을 가집니다.

이 밖에도 국회는 법률에 저촉되지 않는 범위에서 의사와 내부 규율에 관한 규칙을 제정할 수 있습니다(제64조).

'법률'에 대한 입법권은 국회의 고유 권한입니다. 그러나 법률보다 하위에 있는 법령, 즉 시행령이나 시행규칙의 제정권은 정부가 가지고 있습니다. 시행령은 대통령령을 지칭하며 '법률에서 범위를 정하여 위임한 사항'에 대한 시행령(이러한 시행령을 '위임명령'이라고도 함) 또는 법률의 집행을 위하여 필요한 사항에 대한 시행령(이러한 시행령을 '집행명령'이라고도 함)이 있습니다.

시행규칙은 총리령 또는 부령을 말하며 시행세칙, 훈령, 명령, 규칙 등 다양한 명칭이 혼용되고 있습니다. 시행규칙은 국민의 권리의무와 무관하게 상위 법령의 시행을 위하여 필요한 행정기관의 내부 조직이나 업무 처리와 관련된 내용을 담고 있습니다.

한편, 우리 헌법은 국회, 대법원, 감사원, 헌법재판소, 중앙선거관리위원회의 규칙 제정권을 명시하고 있는데 이들 규칙은 시행규칙이 아니며 법령의 위계질서 면에서 시행령과 동급의 효력을 가지는 것으로 해석됩니다.

법률안이 처음에 발의되어 통과되기까지의 과정

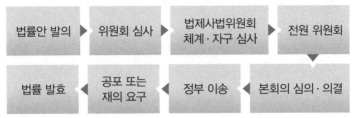

※전원 위원회는 반드시 걸치는 절차가 아니라 선택적인 절차

## *법률안 발의 (헌법 제52조 등)

- 법률안 제출 권한은 국회의원, 정부, 위원회에게 있음
  - 국회의원과 정부는 법률안을 제출할 수 있음(헌법 제52조)
  - 의원은 10인 이상의 찬성으로 의안을 발의함(국회법 제79조)
  - 위원회(상임위원회와 특별위원회)는 그 소관에 속하는 사항에 관하여 법률안 기타 의안을 위원장 명의로 제출할 수 있음(국회법 제51조)

## *위원회 심사 (국회법 제81조~제85조)

- 의안이 제출되면 의장은 의안을 위원회에 회부
- 기획재정부 소관 재정 관련 법률안과 상당한 규모의 예산 또는 기금상 조치를 수반하는 법률안을 심사하는 소관 위원회는 미리 예산결산특별 위원회와 협의
- 의장은 △천재지변 △전시·사변 또는 이에 준하는 국가비상사태 △의장이 각 교섭단체 대표 의원과 합의하는 경우 가운데 하나에 해당하면 안건에 대하여 '심사 기간'을 지정하고, 위원회가 이유 없이 이 기간 내에 심사를 마치지 아니한 때에는 의장은 중간보고를 들은 후 다른 위원회에 회부하거나 바로 본회의에 부의할 수 있음

- 위원회에서의 의안 처리 절차 (국회법 제58조)
  - •의안의 위원회 회부 → 위원회 상정 → 제안자 취지 설명 → 전문위원 검토 보고 → 대체 토론(안건 전체의 문제점과 당부當否에 관한 일반적 토론으로 제안자와의 질의·답변을 포함) → 소위원회 심사 보고 → 축조 심사 → 찬반 토론 → 표결(의결)

* 법제사법위원회 체계·자구 심사 (국회법 제86조)
  - 위원회에서 법률안의 심사를 마치거나 입안한 때에는 법제사법위원회에 회부하여 체계와 자구에 대한 심사를 거침
  - 의장은 △천재지변 △전시·사변 또는 이에 준하는 국가비상사태 △의장이 각 교섭단체 대표 의원과 합의하는 경우 가운데 하나에 해당하면 '심사 기간'을 지정하고, 법제사법위원회가 이유 없이 그 기간 내에 심사를 마치지 아니한 때에는 바로 본회의에 부의할 수 있음

*전원위원회 심사 (국회법 제63조의2)
  - 국회는 위원회 심사를 거치거나 위원회가 제안한 의안 중 정부조직, 조세, 국민에게 부담을 주는 법률안 등 주요 의안의 본회의 상정 전이나 본회의 상정 후에 재적 의원 4분의 1 이상의 요구가 있는 때에는 그 심사를 위하여 의원 전원으로 구성되는 전원위원회를 개회할 수 있음

*본회의 심의·의결 (국회법 제93조~97조)
  - 본회의는 안건을 심의함에 있어서 그 안건을 심사한 위원장의 심사 보고를 듣고 질의·토론을 거쳐 표결
  - 의안에 대한 수정 동의는 그 안을 갖추고 이유를 붙여 의원 30인 이상 (예산안 수정 동의는 의원 50인 이상)의 찬성자와 연서하여 미리 의장에게

제출


**＊정부 이송 (국회법 제98조 1항)**
 － 국회에서 의결된 의안은 의장이 이를 정부에 이송


**＊법률의 공포 및 재의 요구 (헌법 제53조 1항~7항)**
 － 국회에서 의결된 법률안은 정부에 이송되어 15일 이내에 대통령이 공포
 － 대통령이 재의 요구를 하는 경우
   •법률안에 이의가 있으면 대통령은 위 기간 내에 이의서를 붙여 국회로
    환부하고, 그 재의를 요구(국회의 폐회 중에도 마찬가지)
   •법률안의 일부 또는 수정안에 대한 재의 요구는 불가
   •대통령의 재의 요구가 있으면 국회는 재적 의원 과반수의 출석과 출석
    의원 3분의 2 이상의 찬성으로 전과 같은 의결을 하면 그 법률안은 법
    률로서 확정
 － 대통령이 공포나 재의 요구를 하지 않는 경우
   •대통령이 15일 이내에 공포나 재의 요구를 하지 않아도 그 법률안은 법
    률로서 확정
 － 대통령이 확정된 법률을 공포하지 않는 경우
   •대통령은 확정된 법률을 지체 없이 공포하여야 하는데 만약 대통령이
    확정된 법률을 5일 이내에 공포하지 않으면 국회의장이 공포


**＊법률의 효력 발생**
 － 특별한 규정이 없는 한 공포한 날로부터 20일을 경과하면 효력 발생

: 국회가 언제든지 청문회를 열 수 있도록 하는 이른바 '상시 청문회 법'에 대해 '권력 분립 및 견제와 균형이라는 헌법 정신'에 위배된다며 대통령이 거부권을 행사한 것은 정당한 것일까요?

국회가 언제든지 청문회를 열 수 있도록 하는 〈국회법〉 개정안(이른바 '상시 청문회법안')이 2015년 7월 국회운영위원회안으로 제안되어 2016년 5월에 본회의에서 가결되었습니다. 〈국회법〉 제65조는 '중요한 안건의 심사와 국정감사 및 국정조사에 필요한 경우'에만 청문회를 열 수 있도록 하고 있는데, 개정안은 여기에 '소관 현안의 조사'를 위한 경우를 추가한 것입니다.

그러자 정부는 국회가 행정부를 사사건건 통제하게 될 우려가 있는 현안 조사를 위한 청문회 제도는 입법부가 행정부 등에 대한 새로운 통제 수단을 신설하는 것으로 권력분립 및 견제와 균형이라는 헌법 정신에 부합되지 않는다라며 위헌의 소지가 있다고 주장했습니다. 당시 해외 순방 중이던 대통령은 전자결재를 통해서 이 법안에 대한 재의 요구, 즉 거부권 행사를 했습니다. 대통령의 재의 요구서는 2016년 5월 27일 국회에 제출되었는데 이틀 후인 29일이 제19대 국회의원 임기 만료일이었습니다.

이에 대해서 국회의장은 "(대통령의 재의 요구는) 대의 민주주의에 대한 심각한 도전으로 인식하지 않을 수 없다."라며 유감을 표시했고, 야당에서도 "국회법 개정안을 거부한 것은 의회 민주주의에 대한 거부권을 행사한 것"이라고 반발했습니다. 국회에 돌아온 '상시

청문회법안'은 이틀 뒤 제19대 국회의원 임기 만료로 재의결에 부치지도 못한 채 자동 폐기되었습니다.

외국 의회에서는 상시 청문회가 일반적입니다. 미국 의회에서는 매일 평균 5~8건의 청문회가 열릴 정도로 청문회가 일상화되어 있습니다. 만약 이 법이 통과되었다면 우리도 사회적으로 쟁점이 되거나 국민적 관심이 있는 현안에 대하여 수시로 청문회를 개최하여 '국민의 알권리' 충족은 물론 바람직한 해결책과 대안 마련에 많은 사람의 지혜를 모을 수 있었을 것입니다.

### (2) 재정 기능

국회는 예산안 심의, 결산 심사, 국채 모집 의결, 조세 등 재정 입법 등을 통하여 국가의 재정운영을 감독하고 감시하는 기능을 가집니다. 재정 기능도 널리 보면 국정에 대한 견제 기능에 해당합니다. 그러나 이 부분을 별도로 서술하는 이유는 영국 등 서양에서 의회 제도가 성립된 계기가 국왕의 재정 권한을 통제하기 위한 것이기 때문입니다. 미국 혁명(독립전쟁) 당시의 표어도 "대표 없는 곳에 과세 없다."라는 것이었습니다. 이러한 과정을 거치면서 각국 의회가 예산, 조세 등 나라 살림살이 전반을 직접 통제하게 되었습니다. 재정 기능은 입법 기능과 더불어 의회의 가장 중요한 두 축을 이루고 있습니다.

우리 헌법에 의하면 국회는 국가의 예산안을 심의·확정합니다(제 54조 1항). 정부는 회계연도마다 예산안을 편성하여 회계연도 개시 90일 전까지 국회에 제출하고, 국회는 회계연도 개시 30일 전까지 이를 의결해야 합니다(제54조 2항). 이때 국회는 정부의 동의 없이 정부가 제출한 지출예산 각항의 금액을 증가하거나 새 비목을 설치할 수 없습니다(제57조).

2012년 〈국회법〉 개정으로 예산안이 본회의에 자동 부의된 것으로 보는 규정이 신설되었습니다. 즉, 〈국회법〉 제85조의 3에 의하면 위원회는 예산안 등과 세입예산안 부수 법률안의 심사를 매년 11월 30일까지 마쳐야 하며, 이 기한 내에 심사를 마치지 아니한 때에는 그 다음 날(12월 1일)에 위원회에서 심사를 마치고 바로 본회의에 부의된 것으로 봅니다.

한편 회계연도가 개시될 때까지 예산안이 의결되지 못한 때에는, 정부는 국회에서 예산안이 의결될 때까지 "헌법이나 법률에 의하여 설치된 기관 또는 시설의 유지·운영, 법률상 지출 의무의 이행, 이미 예산으로 승인된 사업의 계속"을 위한 경비는 전년도 예산에 준하여 집행할 수 있습니다(제54조 3항). 이를 '준예산'이라고 합니다.

예산은 1회계연도 단위로 편성하는 '예산 1년 주의'가 원칙이지만 대규모 토목공사와 같이 몇 년에 걸쳐서 지속해야 하는 사업의 경우에는 '예산 1년 주의'의 예외로 '계속비'를 편성합니다. 즉 한 회계연도를 넘어 계속하여 지출할 필요가 있을 때에는 정부는 연한을 정하여 계속비로서 국회의 의결을 얻어야 합니다(제55조 1항).

한편 미리 예측하기 어려운 예산 수요에 대비하기 위하여 '예비비'를 편성할 수 있습니다. 예비비는 총액으로 국회의 의결을 얻어야 하며, 예비비의 지출은 차기 국회의 승인을 얻어야 합니다(제55조 2항). 여기서 '차기 국회'의 의미와 관련하여 논란이 있습니다. 예비비 지출 이듬해에 국회에서 열리는 결산 심사를 의미한다는 견해와 예비비 지출 직후에 열리는 임시국회 또는 정기국회를 의미한다는 견해가 대립합니다. 현재 예비비 지출에 대한 승인은 이듬해 결산 심사에서 이루어지고 있습니다.

한편 정부는 예산에 변경을 가할 필요가 있을 때에는 '추가경정예산안'을 편성하여 국회에 제출할 수 있습니다(제56조).

국회는 예산뿐만 아니라 조세에 대해서도 중요한 기능을 합니다. 예산을 조달하기 위하여 국민으로부터 반대급부 없이 강제적으로 징수하는 재원을 조세라고 합니다. 헌법은 조세의 종목과 세율은 국회가 법률로 정하도록 하고 있습니다(제59조). 이를 '조세법률주의'라고 합니다. 조세의 종목과 세율뿐만 아니라 과세표준, 과세물건, 납세의무자 등 과세 요건은 물론 과세 절차도 법률로 규정해야 합니다. 조세는 공평하게 부과되어야 하며 납세의무자의 담세능력을 고려하여 조세 정의가 실현되도록 하여야 합니다.

조세와 달리 국가가 국민으로부터 돈을 빌려서 재원을 조달하는 경우가 있습니다. 이를 '국채'라고 합니다. 국채를 모집할 때에는 어느 시점까지 이자를 붙여서 돈을 갚겠다고 약속합니다. 국채는 나중에 조세수입 또는 다른 국채를 발행해서 모은 돈으로 갚습니다. 정부가 국채를 모집하거나 예산 외에 국가의 부담이 될 계약을 체결하려 할 때에는 미리 국회의 의결을 얻어야 합니다(제58조).

조세 이외에 국민이 부담해야 하는 공과금을 '준조세'라고 합니다. 준조세에는 공공요금과 부담금 등이 있습니다. 공공요금은 국가가 독점적으로 공급하는 서비스에 대한 이용 대가로 전기요금, 우편요금, 수도요금, 각종 수수료, 보험료 등이 있습니다. 부담금은 국가의 특정한 사업에 대하여 이해관계를 가지는 자에게 지우는 공법상의 금전적 부담입니다. 예를 들면 하천부담금, 도로부담금, 도시계획부담금 등이 있습니다. 준조세에 대해서는 헌법에서 규정하고 있지 않습니다. 그러나 준조세에도 법률의 명확성 원칙이나 헌법상 포괄적 위임입법 금지 원칙(제75조)과 같은 일반적인 헌법적 기준이 적용됩니다.[87]

*정부 예산안 제출 (헌법 제54조 2항)
 – 현행 헌법상 정부는 예산안을 편성하여 회계연도 개시 90일 전까지 국회에 제출하도록 되어 있으나 실제로는 매년 9월 3일까지 제출하고 있음(현행 헌법상 예산안의 편성 및 제출은 정부만 할 수 있음)

*정부의 시정연설 (국회법 제84조 1항)
 – 본회의에서 예산안에 대한 정부의 시정연설 청취

국회 예산안 심의 절차

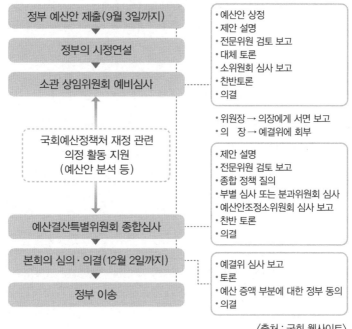

〈출처 : 국회 웹사이트〉

**\*소관 상임위원회 예비 심사 (국회법 제58조)**

- 소관 상임위원회는 예산안이 회부되면, 예산안 상정 → 제안 설명 → 전
  문위원 검토 보고 → 대체 토론 → 소위원회 심사 → 찬반 토론 → 의결
  의 순서로 예비 심사

**\*예산결산특별위원회 종합 심사 (국회법 제84조)**

- 의장은 상임위원회의 예비 심사를 거친 예산안을 예비 심사 보고서를
  첨부하여 예산결산특별위원회에 회부
- 예산결산특별위원회 심사 절차는, 제안 설명 → 전문위원 검토 보고 →
  종합 정책 질의 → 부별 심사 또는 분과위원회 심사 →  예산안조정소위

원회(=계수조정소위원회) 심사 → 찬반 토론 → 의결의 순서로 진행

- •종합 정책 질의 : 국무위원 전원을 대상으로 질의
- •부별 심사 : 상임위원회별 예비 심사 결과를 보고받고 관계 국무위원에 게 질의
- •예산안조정소위원회 심사 : 종합 정책 질의, 부별 심사 과정에서 나타난 위원들의 질의 및 요구 사항, 소관 상임위 예비 심사 결과를 토대로 예산안을 종합 조정하고 단일 수정안을 마련하여 예산결산특별위원회 전체 회의에 보고
- ─ 예산결산특별위원회는 소관 상임위원회의 예비 심사 내용을 존중하여야 하며, 소관 상임위원회에서 삭감한 세출예산 각항의 금액을 증가하게 하거나 새 비목을 설치할 경우에는 소관 상임위원회의 동의를 얻어야 함

**＊본회의 심의 의결** (헌법 제49조, 제54조 2항, 제57조, 국회법 제85조의3)
- ─ 예산결산특별위원회 심사를 거친 예산안은 본회의에서 재적 의원 과반수 출석과 출석 의원 과반수 찬성으로 의결
- ─ 국회는 예산안 심의 과정에서 그 규모 및 내용을 수정할 수 있으나 금액을 증액하거나 새 비목을 설치하기 위해서는 정부의 동의를 얻어야 함(이는 국회의 예산 심사 전 과정에 걸쳐 적용되는 원칙임)
- ─ 헌법상 국회는 회계연도 개시 30일 전까지 예산안을 의결하도록 규정되어 있으며, 이에 따라 〈국회법〉은 매년 12월 1일 본회의에 자동 상정하도록 규정

**＊정부 이송** (국회법 제98조)
- ─ 국회가 의결한 예산은 정부에 이송

: 국무회의 승인을 받기 전에 예비비를 지출했다면 어떤 문제가 있는 것일까요?

2016년 국회 결산 심사에서는 정부의 전년도 예비비 사용 내역이 문제가 되었습니다. 예를 들면 교육부는 역사교과서 국정화에 43억 8000만 원을, 고용노동부는 〈파견근로자보호법〉 등 노동4법 개정 홍보에 53억 8000만원을 예비비로 집행했습니다. 특히 고용노동부는 국무회의의 승인을 받기 전에 예비비를 지출했습니다.

예비비의 용도에 대해서 헌법에 명시되어 있는 것은 아닙니다. 다만 예비비는 본래 사전에 예측하기 어려운 사고나 재난이 발생했을 경우를 대비하여 편성하는 것인 만큼 그 용도에 맞게 쓰도록 노력해야 할 것입니다. 만약 예비비를 용처에 상관없이 무분별하게 쓴다면 이는 예산을 항목별로 미리 편성하도록 한 헌법의 기본 원칙을 회피하는 결과가 초래될 수 있습니다.

이에 대해서 국회 예산정책처는 "예비비 편성 및 집행 과정에서 문제점이 발견돼도 국회는 이듬해 결산에서야 심의할 수 있어 적시에 통제가 어렵다."라면서 개선책으로 〈국가재정법〉을 개정해 정부가 대통령 승인을 거친 예비비 사용 계획 명세서를 분기별로 국회에 제출하도록 의무화하는 안을 제시했습니다. 이는 정부가 예비비를 다 쓰기 전에 국회가 심의해 실질적 통제권을 행사할 수 있도록 하자는 것입니다.[88]

## (3) 국정 견제 기능

위에서 살펴본 입법 기능, 재정 기능도 넓게는 국정을 견제하는 기능을 하고 있습니다. 그러나 입법과 재정은 역사적으로 국회가 탄생하게 된 계기가 되었다는 점에서 일반적인 국정 견제 기능과 구별해 볼 수 있습니다. 여기에서는 인사 및 기타 국정 운영에 대한 국회의 견제 기능을 살펴보겠습니다.

첫째, 인사에 관한 국회의 견제 기능으로 헌법에 규정된 것은 국무총리 임명동의권, 대법원장과 대법관에 대한 임명동의권, 헌법재판소 재판관 9인 중 3인 선출권, 헌법재판소장 임명동의권, 중앙선거관리위원 9인 중 3인 선출권(중앙선거관리위원장은 위원 중에서 호선), 감사원장 임명동의권 등이 있습니다. 국회는 〈인사청문회법〉에 의해 특정한 공직자의 임명에 앞서 인사청문회를 실시하여야 합니다. 여기에 대해서는 뒤에서 살펴보겠습니다.

이 밖에도 '탄핵소추권'이 있습니다. 국회는 대통령·국무총리·국무위원·행정 각부의 장·헌법재판관·법관·중앙선거관리위원회 위원·감사원장·감사위원, 기타 법률이 정한 공무원(예: 각급 선거관리위원, 경찰청장, 검사)이 그 직무 집행에 있어서 헌법이나 법률을 위배한 때에는 탄핵소추를 의결할 수 있으며, 이 경우 해당 공무원은 헌법재판소의 탄핵 결정으로 파면됩니다(제65조).

한편 국회는 국무총리 또는 국무위원에 대한 해임을 대통령에게

건의할 수 있지만(제63조) 해임 건의의 법적 구속력은 없습니다.

둘째, 국정 운영 자체에 관한 국회의 견제 기능으로 헌법에 명시된 것으로는 우선 '국정감사', '국정조사'가 있습니다(제61조). 〈국정감사 및 조사에 관한 법률〉에 의하면 국정감사는 매년 정기회 집회일 전 또는 정기회 기간 중에 국정 전반에 대하여 상임위별로 실시하고, 국정조사는 국회 재적 의원 4분의 1 이상의 요구로 상임위원회 또는 특별위원회에서 특정 사안에 대하여 실시합니다.

그리고 국회나 그 위원회의 요구가 있을 때에는 국무총리·국무위원 또는 정부위원은 출석·답변하여야 하며, 국무총리 또는 국무위원이 출석요구를 받은 때에는 국무위원 또는 정부위원으로 하여금 출석·답변하게 할 수 있습니다(제62조 2항). 여기서 국무위원은 국정에 관하여 대통령을 보좌하고 국무회의의 구성원으로 국정을 심의하는 자로서 행정 각부의 장과 정무장관을 지칭합니다. 한편 정부위원은 국회 본회의 또는 그 위원회에 출석하여 국정 처리 상황을 보고하거나 의견을 진술하고 질문에 답할 수 있는 정부 소속 공무원으로, 국무조정실장, 부·처·청의 차관, 처장, 청장, 실장, 국장, 부장, 차관보 등을 의미합니다.

또한 국회는 정부의 중요한 외교, 안보 활동에 대한 견제 기능을 가집니다. 즉, 국회는 상호 원조 또는 안전보장에 관한 조약, 중요한 국제조직에 관한 조약, 우호통상항해조약, 주권의 제약에 관한 조약, 강화조약, 국가나 국민에게 중대한 재정적 부담을 지우는 조약 또는 입법사항에 관한 조약의 체결·비준에 대한 동의권을 가집니다(제60조 1항). 또 국회는 선전포고, 국군의 외국에의 파견 또는 외국 군대의 대한민국 영역 안에서의 주류에 대한 동의권을 가집니다(같은 조 2항).

대통령이 긴급 재정·경제 처분 또는 명령(제76조 1항), 긴급명령(제76조 2항)을 발한 경우에 국회에 지체 없이 보고하고 승인을 얻어야 합니다. 국회가 승인하지 않으면 그때부터 그 처분 또는 명령은 효력을 상실합니다(제76조 3항, 4항).

대통령이 계엄을 선포한 때에는 지체 없이 국회에 통고하여야 하며(제77조 4항), 국회가 재적 의원 과반수의 찬성으로 계엄 해제를 요구한 때에는 대통령은 이를 해제하여야 합니다(제77조 5항).

대통령은 법률이 정하는 바에 의하여 사면, 감형, 복권을 명할 수 있는데, 일반사면을 명하려면 국회의 동의를 얻어야 합니다(제79조). 일반사면이란 범죄의 종류를 지정하여 이에 해당하는 모든 범죄인에 대해 형 선고 효과를 전부 소멸시키거나, 또는 형 선고를 받지 아니한 자에 대한 공소권을 소멸시키는 것을 말합니다. 특별사면은 국회의 동의를 요하지 않습니다.

## 국회 인사청문회(국회법 제65조의2)

〈국회법〉의 관련 조항에 의하면 국회 상임위원회는 다른 법률(〈인사청문회법〉을 지칭)에 따라 다음 각 호의 어느 하나에 해당하는 공직후보자에 대한 인사 청문 요청이 있는 경우 인사청문회를 열어야 합니다.

1. 대통령이 각각 임명하는 헌법재판소 재판관·중앙선거관리위원회 위원·국무위원·방송통신위원회 위원장·국가정보원장·공정거래위원회 위원장·금융위원회 위원장·국가인권위원회 위원장·국세청장·검찰총장·경찰청장·합동참모의장·한국은행 총재·특별감찰관 또는 한국방송공사 사장의 후보자
2. 대통령 당선인이 〈대통령직 인수에 관한 법률〉 제5조 1항에 따라 지명하는 국무위원 후보자
3. 대법원장이 각각 지명하는 헌법재판소 재판관 또는 중앙선거관리위원회 위원의 후보자

⋮ 2016년 12월 9일 국회는 박근혜 대통령에 대한 탄핵소추를 의결하면서, 의결 전에 탄핵소추의 대상자인 박 대통령의 의견을 청취하지 않았습니다. 탄핵소추 절차에 잘못이 있는 것인가요?

국회는 대통령 등에 대한 탄핵소추를 의결할 수 있습니다. 대통령에 대한 탄핵소추는 국회 재적 의원 과반수의 발의와 국회 재적 의원 3분의 2 이상의 찬성이 있어야 합니다.

문제는 국회에 의한 탄핵소추 의결 과정에 '적법절차의 원칙'이 적용되느냐 하는 점입니다. 결론부터 이야기하면 탄핵소추에서는 적법절차의 원칙이 적용되지 않습니다. 적법절차의 원칙은 국가가 국민의 기본권을 제한할 경우에 미리 의견을 진술할 기회 등을 갖게 하여 기본권을 보장하기 위한 것입니다. 그러나 국가기관 사이에서는 기

본권의 문제가 발생하지 않습니다. 국가기관인 대통령이 다른 국가기관인 국회로부터 탄핵소추를 당하여 또 다른 국가기관인 헌법재판소의 심판을 받게 되는 일련의 과정에서 대통령의 기본권 침해 문제가 발생할 수 없습니다. 기본권은 국민의 권리이지 대통령이나 국가기관의 권리가 아니기 때문입니다. 따라서 국회에서 탄핵소추를 의결할 때 탄핵소추 대상자의 의견을 청취하지 않았다고 하여 적법절차의 원칙을 위배한 것은 아니라는 것이 헌법재판소의 입장입니다.[89]

---

87 헌재 2000.6.29. 99헌마289 (준조세에도 일반적 헌법 원칙 적용)
88 〈경향신문〉, 2016.7.23. '정부 예비비 사용하는 연도에 국회가 바로 적절성 심사해야'
89 헌재 2017.3.10. 2016헌나1 (박근혜 대통령 탄핵 인용)

## 국회의원

국회의원은 국가 이익을 우선하여 양심에 따라 직무를 행한다.

우리 헌법은 "국회는 국민의 보통·평등·직접·비밀선거에 의하여 선출된 국회의원으로 구성한다."(제41조 1항)라고 규정하고 있습니다. 보통, 평등, 직접, 비밀 선거의 원칙은 민주주의 국가에서 치러지는 모든 선거의 기본 원칙입니다. 헌법은 국회의원의 수를 법률로 정하되 200명 이상으로 한다고 규정하고 있고(제41조 2항), 현행 〈공직선거법〉에 의하면 국회의원 정원은 300명입니다.

국회의원 임기는 4년이며(제42조), 법률이 정하는 직을 겸할 수 없습니다(제43조). 이에 따라 〈국회법〉은 국무총리 또는 국무위원의 직, 공익 목적의 명예직, 다른 법률에서 의원이 임명·위촉되도록 정한 직, 〈정당법〉에 따른 정당의 직 이외의 다른 직을 겸할 수 없다고 규정하였습니다.

헌법은 국회의원의 자유로운 의정 활동을 보장하기 위해 '불체포특권'과 '면책특권'을 부여하고 있습니다.

불체포특권이란 국회의원이 현행범인인 경우를 제외하고는 회기 중 국회의 동의 없이 체포 또는 구금되지 않는 것을 말합니다. 따라서 현행범인인 경우와 국회 회기 중이 아닐 때에는 불체포특권이 인정되지 않습니다. 국회의원이 회기 전에 체포 또는 구금된 때에는 현행범인이 아닌 한 국회의 요구가 있으면 회기 중 석방됩니다(제44조).

면책특권이란 국회의원이 국회에서 직무상 행한 발언과 표결에 관하여 국회 밖에서 책임을 지지 않는 것을 말합니다(제45조). 직무에 부수되는 행위, 예컨대 국회 기자실에 발언 원고를 배포한 행위, 정부에 대한 자료 제출 요구 등도 면책특권의 대상이 됩니다. 면책특권은 일체의 법적 책임을 묻지 않습니다. 이 점에서 형사책임과 관련하여 인정되는 불체포특권과 다릅니다.

면책특권과 불체포특권은 국회의원 개인의 특권이 아니라 국회의 자유로운 의정 활동을 보장하기 위한 것입니다. 따라서 이를 남용하여 타인의 명예를 훼손하거나 방탄 국회를 소집하는 행위는 자제되어야 합니다.

한편 국회의원은 '청렴의 의무'가 있으며, 국가 이익을 우선하여 양심에 따라 직무를 행하여야 합니다. 그리고 국회의원은 그 지위를 남용하여 국가·공공단체 또는 기업체와의 계약이나 그 처분에 의하여 재산상의 권리·이익 또는 직위를 취득하거나 타인을 위하여 그 취득을 알선할 수 없습니다(제46조).

: 국회의원이 국가기관에서 불법 녹음한 자료를 입수한 후 녹음 내
용, 특히 금품을 수수했다는 검사들의 실명을 밝힌 자료를 자신의
홈페이지에 게재했다면 면책특권이 적용될 수 있을까요?

A 국회의원은 대기업 고위 관계자와 중앙 일간지 사주 간의 대화
를 국가기관이 불법 녹음한 자료(이른바 안기부 엑스파일x-file)를 입수
한 후, 그 대화 내용 특히 대기업으로부터 이른바 떡값 명목의 금품
을 수수하였다는 검사들의 실명을 게재한 보도자료를 자신의 인터
넷 홈페이지에 게재한 행위로 기소되었습니다.

이 사건에 대해서 대법원은 다음과 같이 판단했습니다.

첫째, 국회의원이 국가기관의 불법 녹음 자체를 고발하기 위하여
불가피하게 위 녹음 자료에 담겨 있던 대화 내용을 공개한 것이 아니
라고 보았습니다. 둘째, 위 대화가 국회의원의 공개 행위 시로부터 8
년 전에 이루어져, 이를 공개하지 아니하면 공익에 대한 중대한 침해
가 발생할 가능성이 현저한 경우로서 비상한 공적 관심의 대상이 되
는 경우에 해당한다고 보기 어렵다고 했습니다. 셋째, 전파성이 강한
인터넷 매체를 이용하여 불법 녹음된 대화의 상세한 내용과 관련 당
사자의 실명을 그대로 공개하여 방법의 상당성을 결여하였고, 게재
행위와 관련된 사정을 종합하여 볼 때 위 게재에 의하여 얻어지는
이익 및 가치가 통신 비밀이 유지됨으로써 얻어지는 이익 및 가치를
초월한다고 볼 수 없다고 했습니다.[90]

따라서 국회의원이 이 자료를 자기 홈페이지에 올린 행위는 면책특권의 적용 대상이 아니라고 판단했습니다. 이 사건의 항소심을 맡았던 서울고등법원은 무죄판결을 했습니다. 그러나 대법원에서 일부 유죄(〈통신비밀보호법〉 위반)로 판결하면서 A 의원은 의원직을 상실했습니다. 여기에 대해서는 비판적인 의견도 있습니다. 오로지 국민의 알권리라는 공적 이익을 위한 것이고, 자료 취득 과정에 불법이 없으며, 자신의 의정 활동을 소개하는 홈페이지에 게재했으므로 의정 활동의 연장이라고 볼 수도 있기 때문입니다.

90 대법원 2011.5.13. 선고 2009도14442 (노회찬의원 유죄판결)

## 국회의 회의와 운영
국회는 다른 국가기관과 독립하여 자율적으로 운영한다.

우리 헌법은 국회의 회의와 운영 등에 대해서 상세하게 규정하고 있습니다(제47조~제51조, 제64조). 국회의 회의는 크게 '정기회'와 '임시회'가 있고, 정기회는 매년 1회 집회되며, 임시회는 대통령 또는 국회 재적 의원 4분의 1 이상의 요구에 의하여 집회됩니다(제47조 1항). 한편 정기회는 〈국회법〉에 의해서 매년 9월 1일에 시작합니다. 정기회의 회기는 100일을, 임시회의 회기는 30일을 초과할 수 없으며, 대통령이 임시회의 집회를 요구할 때에는 기간과 집회 요구의 이유를 명시해야 합니다(제47조 2항, 3항).

국회에서 이루어지는 각종 안건에 대한 의결은 헌법이나 법률에 특별한 규정이 없는 한 원칙적으로 '재적 의원 과반수의 출석과 출석의원 과반수의 찬성'으로 의결하며, 가부 동수인 때에는 부결된 것으로 봅니다(제49조).

국회의 회의는 공개하는 것을 원칙으로 합니다. 다만 출석 의원 과반수의 찬성이 있거나 의장이 국가의 안전보장을 위하여 필요하다고 인정할 때에는 비공개로 합니다. 비공개회의의 내용의 공표에 관하여는 법률이 정하는 바에 의합니다(제50조).

국회에 제출된 법률안 기타 의안은 회기 중에 의결되지 못한 이유로 폐기되지 않습니다(제51조). 이를 '회기 계속의 원칙'이라고 합니다. 다만 국회의원 임기가 만료된 경우에는 자동으로 폐기됩니다.

한편 〈국회법〉은, 부결된 안건은 같은 회기 중에 다시 발의 또는 제출하지 못한다는 '일사부재의 원칙'을 규정하고 있습니다(국회법 제92조).

국회는 다른 국가기관의 간섭을 배제하고 스스로 독자적인 운영을 합니다. 이를 '국회의 자율권'이라고 합니다. 이를 위해 국회는 법률에 저촉되지 않는 범위 안에 의사와 내부 규율에 관한 규칙을 제정할 수 있고, 의원의 자격을 심사하며, 의원을 징계할 수 있습니다. 국회의원을 제명하려면 국회 재적 의원 3분의 2 이상의 찬성이 있어야 합니다. 그리고 의원에 대한 자격 심사와 징계, 제명에 대하여는 법원에 제소할 수 없습니다(제64조).

국회의원에 대한 징계는 헌법상 청렴 의무, 겸직금지 의무, 이권 개입금지 의무를 위반하거나 기타 〈국회법〉 규정을 위배한 경우에 20명 이상의 국회의원이 징계 요구서를 국회의장에게 제출함으로써 시작되며, 징계 요구안은 윤리특별위원회에 회부되어 심사합니다(국회법 제156조). 국회의장이나 윤리특별위원장도 징계 요구를 할 수 있습니다. 징계사유는 〈국회법〉에 자세히 명시되어 있고, 징계의 종류로는 공개회의에서의 경고, 공개회의에서의 사과, 30일 이내 출석정지, 제명 등이 있습니다.

국회의원은 〈국회법〉에 정한 절차에 의해 사직할 수 있습니다. 사직하고자 할 때는 본인이 서명·날인한 사직서를 의장에게 제출하여야 하며, 국회는 그 의결로 의원의 사직을 허가할 수 있습니다. 다만, 폐회 중에는 의장이 이를 허가할 수 있습니다(국회법 제135조).

한편 국회의원은 〈공직선거법〉 제53조의 규정에 의하여 사직원을 제출하여 공직 선거 후보자로 등록된 때 또는 법률에 규정된 피선거권이 없게 된 때에는 퇴직됩니다(같은 법 제136조).

﹕ 법안의 국회 표결 과정에서 재투표, 대리투표, 표결권 침해 등이 있을 경우 '해당 법안의 가결 선포 행위'를 취소하게 할 수 있을까요?

2009년 7월 22일 당시 여당인 한나라당과 국회의장은 대기업의 방송사 지분 참여, 신문·방송 겸영 허용 등을 골자로 하는 미디어법 개정안(〈신문법〉 개정안, 〈방송법〉 개정안, 〈인터넷멀티미디어법〉 개정안, 〈금융지주회사법〉 개정안)을 직권 상정했습니다. 야당의 반발이 거세지자 본회의 사회권을 한나라당 소속 국회 부의장이 넘겨받아 미디어 관련법을 모두 가결하였습니다. 그런데 표결 과정에서 재투표, 대리투표, 표결권 침해 논란이 일어나자, 7월 23일 민주당 등 야 3당이 헌법재판소에 '법안의 효력정지가처분 및 권한쟁의 심판 청구'를 신청했습니다.

'권한쟁의 심판 청구'는 국가기관 사이에 권한의 존재 여부와 범위에 대하여 다툼이 있을 때 헌법재판소의 판단을 구하는 것을 말합니다. 이 사건에서 문제가 된 것은 야당이 강력히 반발하는 가운데 여당이 4개의 법안을 강행 처리하는 과정에서 질의·토론 절차를 거치지 않았고, 여당 의원들이 동료 의원을 대신해서 투표하는가 하면, 한 법안에 대한 투표가 종료된 이후에 정족수 미달을 이유로 다시 투표를 하여 '일사부재의 원칙' 위배가 문제되었습니다.

헌법재판소는 이 사건에서 법률안 가결 선포 행위가 국회의원의 심의·표결권을 침해하였지만, 입법 절차에 관한 헌법 규정을 위반하는 등 가결 선포 행위를 취소 또는 무효로 할 정도의 잘못에 해당한다고 보기는 어렵다고 보아 '가결선포행위 무효확인 청구'를 기각했습니다.[91]

91 헌재 2009.10.29. 2009헌라8 (미디어법 개정안 가결선포행위 무효확인 청구 기각)

# 정부

정부는 넓은 의미로는 입법·사법·행정 등 한 나라의 국정 운영 기구 전체를 가리키지만 우리 헌법 제4장에 규정된 정부는 대통령과 행정부를 가리킵니다. 행정부에는 국무총리와 국무위원, 국무회의, 행정 각부, 감사원이 포함됩니다.

우리 헌법은 "행정권은 대통령을 수반으로 하는 정부에 속한다."(제66조 4항)라고 규정하고 있습니다. 행정권이란 국회가 만든 법률을 집행하는 작용을 뜻합니다. 우리 헌법은 3권 분립에 입각한 대통령중심제를 채택하여 행정권과 입법권, 사법권이 각각 독립하여 상호 견제와 균형의 원칙에 의해 국정 운영을 하도록 예정하고 있습니다. 이 점에서 행정권과 입법권이 상호 의존하는 의원내각제와 차이가 있습니다.

다만 우리 헌법은 국무총리제를 두고(제86조), 정부의 법률안 제출권을 인정하며(제52조), 〈국회법〉에 의해 국회의원과 국무위원의 겸직이 허용되는 등(국회법 제29조 1항) 의원내각제적 요소를 일부 채택하고 있는 것이 특징입니다.

# 대통령

"나는 헌법을 준수하고 국가를 보위하며 조국의 평화적 통일과 국민의 자유와 복리의 증진 및 민족문화의 창달에 노력하여 대통령으로서의 직책을 성실히 수행할 것을 국민 앞에 엄숙히 선서합니다."(대통령 취임 선서, 헌법 제69조)

우리 헌법에 의하면 대통령은 국가의 원수이며, 외국에 대하여 국가를 대표합니다(제66조 1항). 대통령의 국가원수로서의 지위는 원래 제헌헌법에는 없었으나, 4.19 이후 제3차 개헌(1960년 헌법)에서 의원내각제를 채택하면서 상징적인 국가원수를 뜻하는 개념으로 도입되었습니다. 이후 5.16 쿠데타 당시 제5차 개헌(1962년 헌법)에서는 국가원수라는 표현이 삭제되었다가, 1972년 제7차 개헌(이른바 '유신헌법')에 다시 명시되어 현재까지 유지되고 있습니다.

행정권은 대통령을 수반으로 하는 정부에 속합니다(제66조 4항). 이 점에서 총리를 수반으로 하는 내각에 행정권이 있는 의원내각제와 구별됩니다. 대통령은 국민에 의해서 직접 선출되는 반면, 의원내각제의 총리는 국회에서 선출됩니다.

대통령은 국가의 독립·영토의 보전·국가의 계속성과 헌법을 수호할 책무를 지며(같은 조 2항), 조국의 평화적 통일을 위한 성실한 의무를 집니다(같은 조 3항).

대통령은 국민의 보통·평등·직접·비밀선거에 의하여 선출합니다 (제67조 1항). 〈공직선거법〉에 의하면 대통령 선거에서 유효 투표의 다수를 얻은 자를 당선인으로 결정합니다(공직선거법 제187조).

따라서 당선을 위해 필요한 득표의 하한선은 원칙적으로 존재하지 않습니다. 다만 대통령 후보자가 1인일 때에는 그 득표수가 선거권자 총수의 3분의 1 이상이 아니면 대통령으로 당선될 수 없습니다(제67조 3항). 대통령 선거에서 최고 득표자가 2인 이상인 때에는 국회의 재적의원 과반수가 출석한 공개회의에서 다수표를 얻은 자를 당선자로 합니다(같은 조 2항).

대통령으로 선거될 수 있는 자는 국회의원의 피선거권이 있고 선거일 현재 40세에 달하여야 합니다(같은 조 4항).

대통령 선거는 임기 만료로 인한 때에는 임기 만료 70일 내지 40일 전에 후임자를 선거하며(제68조 1항), 대통령이 궐위된 때 또는 대통령 당선자가 사망하거나 판결 기타의 사유로 그 자격을 상실한 때에는 60일 이내에 후임자를 선거합니다(같은 조 2항).

대통령의 임기는 5년으로 하며 중임할 수 없습니다(제70조). 대통령의 임기는 전임 대통령의 임기 만료일의 다음날 0시부터 개시되지만, 전임자의 임기가 만료된 후에 실시하는 선거와 궐위로 인한 선거에 의한 대통령의 임기는 당선이 결정된 때부터 개시됩니다(공직선거법 제14조). 대통령 궐위로 인한 선거에서 당선된 후임자의 임기에 대해서는 헌법과 법률에 규정이 없으므로 5년의 새로운 임기가 시작된다는 것이 중앙선거관리위원회와 헌법 학계의 해석입니다.

대통령이 궐위되거나 사고로 인하여 직무를 수행할 수 없을 때에는 국무총리, 법률이 정한 국무위원의 순서로 권한을 대행합니다(제71조). 이처럼 대통령의 권한을 대행하는 사람을 '대통령 권한대행'이라고 부릅니다.

대통령 권한대행의 직무 범위에는 명시적인 제한이 없습니다. 그러나 대통령 권한대행은 민주적 정당성이 국민의 손으로 선출한 대통령보다 취약하기 때문에, 그 권한 행사도 국정의 안정적 운영과 위기관리를 위해 필요한 범위에 국한된다고 할 것입니다. 특히 대통령 궐위로 인한 대통령 권한대행은 60일 내에 대통령 선거를 치러야 하기 때문에, 권한대행으로서의 시간적 한계가 명확히 정해져 있습니다. 문제는 대통령이 '사고로 인하여 직무를 행사할 수 없을 때'의 판단 주체인데, 이에 대해서 우리 헌법에는 아무런 규정이 없습니다. 외국에서는 이러한 경우에 보통 의회 또는 헌법재판소에서 대통령의 사고 여부를 판단하도록 헌법에 명시하고 있습니다.

대통령의 '국법상 행위'는 문서로써 하며, 이 문서에는 국무총리와 관계 국무위원이 부서를 합니다. 군사에 관한 것도 또한 같습니다(제82조). 부서는 어떤 사람이 주된 서명을 한 뒤에, 다른 사람이 따라서 하는 서명으로 일반적인 결재 절차와 다릅니다. 여기에서는 대통령이 서명한 다음에 국무총리와 관계 국무위원 등이 함께 하는 서명을 말합니다.

대통령은 국무총리·국무위원·행정 각부의 장 기타 법률이 정하는 공사의 직을 겸할 수 없습니다(제83조). 대통령은 내란 또는 외환의 죄를 범한 경우를 제외하고는 재직 중 형사상의 소추를 받지 않습니다(제84조). 헌법재판소는 대통령 재직 중 일반범죄의 형사소추가 안 되기 때문에 임기 동안 공소시효의 진행이 당연히 정지된다고 보았고,[92] 나아가 '내란 또는 외환의 죄'를 범한 경우에도 그 주범들이 대통령으로 재직 중에는 처벌이 사실상 불가능하기 때문에, 이를 처벌하기 위하여 공소시효의 정지를 특별법으로 규정하는 것은 합헌이라고 판단했습니다.[93] 전직 대통령의 신분과 예우에 관하여는 법률로 정하도록 하였습니다(제85조).

헌법에 규정된 대통령의 권한은 다음과 같습니다.

### (1) 국민투표 부의권

대통령은 필요하다고 인정할 때에는 외교·국방·통일 기타 국가 안위에 관한 중요 정책을 국민투표에 붙일 수 있습니다(제72조). 대통령의 국민투표 부의권은 이것뿐입니다. 헌법 개정안의 확정을 위한 헌법 제130조 2항의 국민투표는 헌법 규정에 의해 반드시, 그리고 당연히 실시해야 하는 것으로 대통령의 권한에 속한 것이 아닙니다.

한편 국민이 주권자로서 직접 국가의사 결정에 참여할 수 있게 하기 위하여 일정 수 이상의 국민이 요구하는 경우에도 국민투표를 실시할 수 있도록 하자는 주장이 제기되고 있습니다. 국민투표 사유도 외교·국방·통일 기타 국가 안위에 관한 중요 정책에 국한하지 말고 널리 주요 국정 현안과 관련된 사안으로 확대할 필요가 있습니다.

### (2) 외교에 관한 권한

대통령은 조약을 체결·비준하고, 외교사절을 신임·접수 또는 파견하며, 선전포고와 강화를 합니다(제73조). 조약의 '체결'은 조약 당사국의 전권대사들이 조약 내용에 합의하고 서명하는 절차를 말합니다. 조약을 체결하면 조약 내용은 일단 확정됩니다. '비준'은 체결된 조약을 대통령이 최종적으로 확인하는 절차를 말하는데 이때 대통령이 서명을 하기도 합니다. 한편 우리나라의 외교사절을 외국에 파견할 때 신임장을 주는데 이를 '신임'이라고 합니다. 반대로 외국이 외교사절을 맞이하는 것을 '접수'라고 합니다.

대통령의 외교에 관한 권한 중에는 국회의 동의를 요하는 것이 있습니다. 상호 원조 또는 안전보장에 관한 조약, 중요한 국제조직에 관한 조약, 우호통상항해조약, 주권의 제약에 관한 조약, 강화조약, 국가나 국민에게 중대한 재정적 부담을 지우는 조약 또는 입법 사항에 관한 조약의 체결·비준에는 국회의 동의가 필요합니다. 그리고 선전포고, 국군의 외국 파견 또는 외국 군대의 국내 주류에 대해서도 국회가 동의권을 가집니다(제60조).

## (3) 국군통수권

대통령은 헌법과 법률이 정하는 바에 의하여 국군을 통수하며(제 74조 1항), 국군의 편성과 조직은 법률로 정합니다(제74조 2항). 국군 통수권이란 국군의 총지휘권자로서 군정권과 군령권을 모두 행사할 권한을 말합니다. 군정권은 군대의 행정을, 군령권은 작전지휘권을 의미합니다. 우리 헌법은 국군통수권이 대통령에게 귀속됨을 명시 함으로써 군정·군령 일원주의(또는 병정통합주의)를 채택하고 있습니 다. 군정·군령 일원주의는 군대에 대한 작전지휘권도 문민 통제 하 에 둠으로써 군사정부나 군벌의 출현을 방지하기 위한 것입니다.

이 밖에도 헌법상 군사에 관한 중요 사항은 국무회의의 심의 사항 이며(제89조 6호), 국가 안전보장에 관련되는 대외 정책, 군사정책과 국내 정책의 수립에 관하여는 국무회의 심의에 앞서 국가안전보장회 의의 자문을 거칩니다(제91조 1항). 대통령의 국군통수권 행사는 '국 법상의 행위'이기 때문에 반드시 문서로써 해야 하며, 국무총리와 관 계 국무위원의 부서가 있어야 합니다(제82조).

## (4) 국가긴급권

대통령은 헌법상 다음 세 가지의 국가긴급권을 가집니다.

## 긴급 재정·경제 처분·명령권

대통령은 내우·외환·천재·지변 또는 중대한 재정·경제상의 위기에 있어서, 국가의 안전보장 또는 공공의 안녕질서를 유지하기 위하여 긴급한 조치가 필요하고, 국회의 집회를 기다릴 여유가 없을 때에 한하여 최소한으로 필요한 재정·경제상의 처분을 하거나 이에 관하여 법률의 효력을 가지는 명령을 발할 수 있습니다(제76조 1항). 국회의 법률 제정권에 대한 예외로 대통령이 '법률의 효력'을 가지는 명령을 발할 수 있는 경우를 규정하고 있습니다.

대통령은 이러한 처분 또는 명령을 한 때에는 지체 없이 국회에 보고하여 그 승인을 얻어야 합니다(같은 조 3항). 만약 국회의 승인을 얻지 못한 때에는 그 처분 또는 명령은 그때부터 효력을 상실하며, 이 경우 그 명령에 의하여 개정 또는 폐지되었던 법률은 효력을 회복합니다(같은 조 4항). 대통령은 국회의 승인을 얻거나 얻지 못한 경우에 이를 지체 없이 공포하여야 합니다(같은 조 5항).

## 긴급명령권

대통령은 국가의 안위에 관계되는 중대한 교전 상태에 있어서 국가를 보위하기 위하여 긴급한 조치가 필요하고 국회의 집회가 불가능한 때에 한하여 법률의 효력을 가지는 명령을 발할 수 있습니다(같은 조 2항). 이 경우에도 국회의 승인을 얻어야 합니다.

## 계엄 선포권

대통령은 전시·사변 또는 이에 준하는 국가비상사태에 있어서, 병력으로써 군사상의 필요에 응하거나 공공의 안녕질서를 유지할 필요가 있을 때에는 법률이 정하는 바에 의하여 계엄을 선포할 수 있습니다(제77조 1항). 계엄은 '비상계엄'과 '경비계엄'의 두 가지가 있습니다(같은 조 2항).

비상계엄은 대통령이 전시·사변 또는 이에 준하는 국가비상사태시 적과 교전 상태에 있거나, 사회질서가 극도로 교란되어 행정 및 사법 기능의 수행이 현저히 곤란한 경우에, 군사상 필요에 따르거나 공공의 안녕질서를 유지하기 위하여 선포합니다(계엄법 제2조 2항). 그리고 계엄사령관은 비상계엄 선포와 동시에 계엄지역의 모든 행정사무와 사법사무를 관장하게 됩니다(같은 법 제7조 1항). 한편 헌법에 의하면 비상계엄이 선포된 때에는 법률이 정하는 바에 의하여 영장제도, 언론·출판·집회·결사의 자유, 정부나 법원의 권한에 관하여 특별한 조치를 할 수 있습니다(제77조 3항).

경비계엄은 대통령이 전시·사변 또는 이에 준하는 국가비상사태시 사회질서가 교란되어 일반 행정기관만으로는 치안을 확보할 수 없는 경우에, 공공의 안녕질서를 유지하기 위하여 선포하며(계엄법 제2조 2항), 경비계엄의 선포와 동시에 계엄사령관은 계엄지역의 군사에 관한 행정사무와 사법사무를 관장합니다(같은 법 제7조 2항).

헌법에 의하면 계엄을 선포한 때에는 대통령은 지체 없이 국회에 통고하여야 하며(제77조 4항), 국회가 재적 의원 과반수의 찬성으로 계엄의 해제를 요구한 때에는 대통령은 이를 해제하여야 합니다(같은 조 5항). 긴급 재정·경제 처분·명령과 긴급명령이 국회의 승인을 얻어야 유효한 반면, 계엄은 국회의 승인 없이도 선포할 수 있습니다. 그러나 국회가 재적 의원 과반수의 찬성으로 계엄 해제를 요구하면 대통령은 반드시 해제하여야 합니다. 국회의 계엄 해제권을 보장하기 위하여 계엄 시행 중 국회의원은 현행범인인 경우를 제외하고는 체포 또는 구금되지 못하도록 규정하고 있습니다(계엄법 제13조).

### (5) 공무원 임면권, 헌법기관 구성권

대통령은 헌법과 법률이 정하는 바에 의하여 공무원을 임면합니다(제78조). 임면은 임명과 면직을 합친 말입니다. 보통 임명권은 면직권을 포함하지만 특별히 헌법과 법률에 의해서 임기가 보장된 경우에는 면직을 자의적으로 할 수 없습니다.

대통령은 헌법상 국무총리, 국무위원, 행정 각부의 장, 감사원장과 감사위원, 대법원장과 대법관, 헌법재판소장과 헌법재판관, 중앙선거관리위원을 임명할 권한이 있습니다. 이 가운데 국무총리, 감사원장, 대법원장, 대법관, 헌법재판소장의 임명에는 국회의 동의가 필요합니다. 헌법재판관은 9명 전원을 대통령이 임명하되 그 가운데 3인은 국회에서 선출한 자를, 3인은 대법원장이 지명하는 자를 임명합니다. 중앙선거관리위원은 대통령이 임명하는 3인, 국회가 선출한

3인, 대법원장이 지명한 3인으로 구성합니다.

### (6) 사면·감형·복권

대통령은 법률이 정하는 바에 의하여 사면·감형 또는 복권을 명할 수 있습니다(제79조 1항). 사면·감형·복권은 대통령이 사법부의 결정을 번복하거나 개입하는 것으로 권력분립의 원칙에는 맞지 않는 과거 왕조시대의 유물이라는 비판이 있습니다.

사면에는 '일반사면'과 '특별사면'이 있습니다. 어떤 죄를 범한 자

사면·감형·복권의 대상, 효과, 방식

| | | 대상<br>(사면법 제3조) | 효과<br>(사면법 제5조 제1항) | 방식<br>(사면법 제8조, 제9조) |
|---|---|---|---|---|
| 사면 | 일반사면 | 죄를 범한 자 | • 형 선고의 효력 상실<br>• 형을 선고받지 아니한 자에 대하여는 공소권 상실<br>• 특별한 규정이 있을 때에는 예외 | 대통령령으로 함<br>국회 동의를 요함 |
| | 특별사면 | 형을 선고받은 자 | • 형 집행 면제<br>• 특별한 사정이 있을 때에는 이후 형 선고의 효력을 상실하게 할 수 있음 | 대통령이 함 |
| 감형 | 일반감형 | | 특별한 규정이 없으면 형 변경 | 대통령령으로 함 |
| | 특별감형 | | • 형 집행을 경감<br>• 다만, 특별한 사정이 있으면 형 변경 가능 | 대통령이 함 |
| 복권 | 일반복권 | 형의 선고로 법령에 따른 자격이 상실되거나 정지된 자 | 형 선고의 효력으로 인하여 상실되거나 정지된 자격을 회복 | 대통령령으로 함 |
| | 특별복권 | | | 대통령이 함 |

※ 일반감형, 일반복권은 사면법상 '일반에 대한 감형' 또는 '일반에 대한 복권'으로 표현하고, 특별감형, 특별복권은 '특정한 자에 대한 감형', '특정한 자에 대한 복권'으로 표현

전체를 대상으로 하는 사면이 일반사면입니다. 일반사면의 대상에는 특정한 죄를 범하고 도주 중인 자로부터 이미 형을 선고받고 복역 중인 자까지 모두 대상이 됩니다. 일반사면을 명하려면 국회의 동의를 얻어야 합니다(제79조 2항). 특별사면과 감형은 이미 형을 선고받은 자를 대상으로 합니다. 복권은 형의 선고로 인하여 법령에 따른 자격이 상실되거나 정지된 자에게 자격을 다시 회복시켜 주는 것을 말합니다. 복권은 형 집행이 끝나지 않거나 형 집행이 면제되지 않은 자에게는 하지 못합니다(사면법 제6조).

위 표에서 보여지는 효과에도 불구하고 형의 선고에 따른 기성의 효과는 사면, 감형 및 복권으로 인하여 변경되지 않습니다(사면법 제5조 2항). 즉 사면·감형·복권의 효력은 미래를 향해서만 발생합니다. 행정 법규 위반에 대한 범칙 또는 과벌의 면제와 징계 법규에 따른 징계 또는 징벌의 면제에 관해서도 사면법의 규정을 준용합니다(같은 법 제4조).

### (7) 영전 수여권

대통령은 법률이 정하는 바에 의하여 훈장 기타의 영전榮典을 수여할 수 있습니다(제80조). 영전이란 국가에 공을 세운 사람에게 감사의 표시로 주는 영광스러운 포상으로 훈장은 영전의 일종입니다. 그러나 훈장 등의 영전은 이를 받은 자에게만 효력이 있고 어떠한 특권도 이에 따르지 않습니다(제11조 3항).

### (8) 국회 출석 발언권

대통령은 국회에 출석하여 발언하거나 서한으로 의견을 표시할 수 있는데(제81조), 이는 대통령이 국회에 대하여 의사 표시를 할 수 있는 권한으로 '국회 출석 발언권'이라고도 합니다. 이는 대통령이 국정에 관하여 정부가 처한 상황과 입장을 국회에 전달하고, 국회의 협조를 요구할 수 있도록 하여 국정 운영을 원활하게 하기 위하여 인정되는 것으로서, 헌법 문언文言상으로는 대통령의 권한처럼 서술되어 있지만 국민주권의 관점에서 볼 때 대통령의 의무이기도 합니다. 실제로 대통령의 국회 출석 발언을 처음 규정한 〈미국헌법〉에는 대통령의 권한이 아닌 의무로 서술되어 있습니다.

〈미국헌법〉은 "대통령은 연방 상황에 관한 정보를 수시로 연방의회에 제출하여야 하며, 필요하고 적절하다고 인정하는 조치의 심의를 연방의회에 권고해야 한다."라고 규정하고 있는데, 이는 미국 대통령이 매년 1월 하순 또는 2월 초에 상·하 양원 합동회의에 출석하여 국정 전반에 대한 자신의 견해를 표명하고 관련 입법을 의회에 권고하는 이른바 '연두교서annual message'의 헌법적 근거입니다.

### (9) 입법에 관한 권한

대통령의 입법에 관한 권한에는 '헌법 개정에 관한 권한', '법률안에 관한 권한' 그리고 '대통령령 발령권'이 있습니다.

### 헌법 개정에 관한 권한

헌법 개정안은 국회 재적 의원 과반수 또는 대통령의 발의로 제안됩니다(제128조 1항). 다만, 대통령의 임기 연장 또는 중임 변경을 위한 헌법 개정은 그 헌법 개정 제안 당시의 대통령에게는 효력이 없습니다(같은 조 2항). 제안된 헌법 개정안은 대통령이 20일 이상의 기간 이를 공고하여야 합니다(제129조). 헌법 개정안이 국회의 의결을 거쳐 국민투표에서 국회의원 선거권자 과반수의 투표와 투표자 과반수의 찬성을 얻어 확정되면 대통령은 이를 즉시 공포하여야 합니다(제130조 3항).

### 법률안에 관한 권한

대통령은 정부 수반으로서 정부의 법률안 제출권(제52조)을 행사할 수 있고, 법률안 재의 요구권과 법률 공포권(제53조)을 가지는 등 입법에 관한 권한이 있습니다.

### 대통령령 발령권

대통령은 법률에서 구체적으로 범위를 정하여 위임받은 사항과 법률의 집행하기 위하여 필요한 사항에 관하여 대통령령을 발할 수 있습니다(제75조). 대통령령은 법률의 바로 아래에 위치하는 법령으로 '시행령'이라고도 합니다.

한편 국무총리 또는 행정 각부의 장은 소관 사무에 관하여 법률이나 대통령령의 위임 또는 직권으로 총리령과 부령을 발할 수 있습니다(제95조). 총리령과 부령을 '시행규칙'이라고 합니다. 시행규칙은 시행령의 바로 아래에 위치하는 법령입니다.

시행령과 시행규칙은 법규로서 국가는 물론 일반 국민에게도 일반적인 효력을 미치기 때문에 '법규명령'이라고 부릅니다. 이점에서 원칙적으로 대외적 효력이 없이 행정기관 내부를 규율하는 행정규칙(고시, 훈령, 예규, 지침 등)과 구별됩니다. 그러나 행정규칙도 예외적으로 대외적 효력, 즉 법규로서의 효력이 있는 경우가 있습니다. 이 경우 그 행정규칙은 법규명령의 성질을 갖는 것으로 봅니다.

법규명령은 다시 '위임명령'과 '집행명령'으로 재분류가 가능합니다. 헌법 제75조에 의하면 시행령(대통령령) 가운데 '법률에서 구체적으로 범위를 정하여 위임받은 사항'에 관한 것이 위임명령이고 '법률을 집행하기 위하여 필요한 사항'에 관한 것이 집행명령에 해당합니다. 한편 헌법 제95조에 의하면 시행규칙(총리령·부령) 가운데 '법률이나 대통령령의 위임'에 의한 것이 위임명령이고, '직권으로' 발하는 것이 집행명령에 해당합니다. 헌법 제75조와 제95조의 표현은 서로 약간씩 다르지만 위임명령과 집행명령에 대한 개념은 같습니다.

위임명령과 집행명령의 구체적인 예를 살펴봅시다. 법률인 〈소득세법〉은 "근로소득의 범위에 관하여 필요한 사항은 대통령령으로 정한다."(소득세법 제20조)라고 규정합니다. 이에 대해서 대통령령인 〈소득세법 시행령〉 제38조 1항은 "법 제20조에 따른 근로소득에는 다음 각 호의 소득이 포함되는 것으로 한다."라면서 근로소득에 해당되는 사항들을 열거하고 있습니다. 이는 법률의 위임에 의한 것으로 위임 명령에 해당합니다. 반면 〈소득세법 시행령〉 제45조는 이자소득의 수입 시기에 대해서 규정하고 있는데, 이는 법률의 위임에 의한 것이 아니라 법률을 집행하기 위해 필요해서 정한 것으로 집행명령이라고 할 수 있습니다.

시행규칙(총리령·부령)에서도 위임명령과 집행명령을 구별해 볼 수 있습니다. 예를 들면 대통령령인 〈소득세법 시행령〉 제118조의6 9항은 교육비 세액공제 대상으로 '학자금 대출로서 기획재정부령으로 정하는 대출'을 명시하고 있습니다. 이를 받아서 기획재정부령인 〈소득세법 시행규칙〉 제61조의6은 "영 제118조의6 제9항 제4호에서 '기획재정부령으로 정하는 대출'이란 다음 각 호의 어느 하나에 해당하는 대출을 말한다."라고 하여 해당 내용을 열거하고 있습니다. 이는 〈소득세법 시행령〉의 위임에 의한 것으로 위임명령에 해당합니다. 반면 〈소득세법 시행규칙〉 제89조는 근로소득에 대한 원천징수에 대하여 규정하고 있는데, 이는 상위법인 법률이나 대통령령의 위임에 의한 것이 아니라 상위법에 규정된 근로소득 원천징수 제도의 시행에 필요한 세부사항을 규정한 것으로 집행명령에 해당합니다.

위임명령은 상위법의 구체적 위임에 의해 제정되므로 위임 범위 내에서 새로운 입법사항(국민의 권리, 의무에 영향을 미치는 사항)을 규정하는 것이 가능한 반면, 집행명령은 위임 없이 직권으로 만드는 것이므로 법 집행의 절차와 방식에 관한 내용만 규정해야 하는 것이 원칙입니다. 그러나 위임명령과 집행명령의 구별은 애매모호한 경우도 많아서 반드시 이대로 지켜지는 것은 아닙니다.

위임명령은 법률에서 '구체적으로' 범위를 정하여 위임받은 사항에 대하여만 정할 수 있는데 이를 백지위임 금지 또는 포괄위임 금지의 원칙이라고 합니다. 어느 정도 구체적이어야 하는지는 위임명령의 성격에 따라 다릅니다.


: 대통령이 자신의 신임을 묻기 위해서 국민투표를 실시하는 것이 가
　능할까요?


우리 헌법은 "대통령은 필요하다고 인정할 때에는 외교·국방·통일 기타 국가 안위에 관한 중요 정책을 국민투표에 부칠 수 있다."(제72조)라고 규정하고 있는데, 여기에 대통령의 신임을 묻는 것도 포함되는지의 문제입니다. 그러나 대통령의 신임을 '외교·국방·통일 기타 국가 안위에 관한 중요 정책'에 포함되는 것으로 해석하는 것은 헌법의 명백한 문언에 반하는 것입니다.

정치인에 대한 신임은 오직 선거를 통해서만 물을 수 있다는 것이 대의민주주의의 기본 원칙입니다. 국가의 최고 지도자가 자신에 대한 신임을 국민투표를 통해서 묻는 것은 독재 권력을 정당화하는 수단으로 나폴레옹 시대부터 악용되어 왔습니다. 따라서 헌법의 문맥을 벗어나면서까지 대통령의 신임을 묻는 국민투표를 허용할 수는

없습니다.

헌법재판소도 대통령의 신임을 묻는 국민투표는 헌법에 반한다고 판단하였습니다. 즉 헌법재판소는 대통령이 국민에게 자신에 대한 신임을 국민투표의 형식으로 물을 수 없을 뿐만 아니라, 특정 정책을 국민투표에 붙이면서 이에 자신의 신임을 결부시키는 대통령의 행위도 위헌적인 행위로서 헌법적으로 허용되지 않는다고 했습니다.[94]

92 헌재 1995.1.20. 94헌마246 (헌법 제84조에 의하여 대통령 재직 중에는 공소시효 진행이 당연히 정지)
93 헌재 1996.2.16. 96헌가2 (내란 또는 외환의 죄의 경우 주범들이 대통령 재임 중에는 형사소추가 사실상 불가능하므로 특별법으로 공소시효를 정지한 〈5.18민주화운동 특별법〉 합헌)
94 헌재 2004.5.14. 2004헌나1 (특정 정책에 대한 국민투표를 대통령에 대한 신임과 연계하는 것 불허)

# 행정부

행정권은 대통령을 수반으로 하는 정부에 속한다.

현행 헌법상 행정부는 '제4장 정부 제2절 행정부'에 규정되어 있습니다. 원래 제헌헌법은 '제4장 정부' 편에 '제1절 대통령', '제2절 국무원', '제3절 행정 각부'를 규정하고 있었습니다. 즉 '행정부'라는 말을 별도로 쓰지 않았습니다. 제4장 제2절의 제목 '국무원'은 5.16 군사정변 이후 제5차 개정 헌법(1962년 헌법)부터 '국무회의'로 바뀝니다. 이전에도 국무회의는 국무원의 회의체로 헌법에 명시되어 있었으나, 제5차 개정 헌법에서는 국무원이라는 개념을 없애고 국무회의로 대체한 것입니다.

현재와 같이 '행정부'라는 명칭이 정부에 관한 장에 쓰이기 시작한 것은 제8차 개정 헌법(1980년 헌법)부터입니다. 제8차 개정 헌법은 '정부' 편에 '제1절 대통령', '제2절 행정부'를 두었습니다. 이것은 마치 정부가 행정부보다도 상위에 있는 것처럼 보이게 함으로써 연상 작용에 의해 입법부와 사법부보다도 상위에 있는 것 같은 잘못된 인상을 주고 있습니다. 그런데 이와 같은 잘못된 명칭은 현행 헌법에도 그대로 이어지고 있습니다.

행정부 편에는 국무총리와 국무위원, 국무회의, 행정 각부, 그리고 감사원이 규정되어 있습니다.

## (1) 국무총리와 국무위원

국무총리는 대통령제 국가에서는 찾아보기 어려운 기관으로 주로 의원내각제에서 행정부 수반을 일컫는 직위(총리)에 해당합니다. 대통령제 국가에서는 국무총리 대신 부통령제를 두는 것이 일반적입니다. 그런데 우리나라는 대통령제를 취하면서도 국무총리를 두고 있습니다. 그동안 국무총리는 예외적인 경우를 제외하고는 대부분 유명무실한 자리로 인식되어 온 것이 사실입니다.

국무총리는 국회의 동의를 얻어 대통령이 임명합니다(제86조 1항). 국회의 동의는 국무총리를 임명하기 전에 받아야 합니다. 따라서 과거에 국회의 동의를 얻기 전부터 국무총리로 행세하던 이른바 '국무총리 서리' 제도는 헌법상 허용되지 않습니다.

국무총리는 대통령을 보좌하며, 행정에 관하여 대통령의 명을 받아 행정 각부를 통할하는 것을 임무로 합니다(같은 조 2항). 따라서 현행 헌법상 국무총리는 대통령의 보좌역에 불과하며 국정에 대하여 독자적으로 결정할 권한은 매우 제한적입니다. 대통령이 국무총리에게 국정의 전부 혹은 일부에 관한 실질적 권한을 부여하는 이른바 '책임 총리', '실세 총리'라는 것은 오로지 대통령의 정치적 결정에 의한 것일 뿐 그렇게 한다고 국무총리가 진정한 책임 총리가 되는 것도 아닙니다.

국무총리는 민간인만 임명될 수 있습니다. 따라서 군인은 현역을 면한 후가 아니면 국무총리로 임명될 수 없습니다(같은 조 3항). 이를 문민 통제 또는 문민 우위의 원칙이라고 합니다.

국무총리는 대통령에 대하여 국무위원 임명제청권(제87조 1항)과 국무위원 중 행정 각부의 장에 대한 임명제청권(제94조 1항)을 가집니다. 또 국무총리는 대통령에게 국무위원의 해임을 건의할 수도 있습니다(제87조 3항). 그러나 국무총리의 이러한 건의가 대통령을 법적으로 구속하는 것은 아닙니다.

국무총리와 행정 각부의 장은 소관 사무에 관하여 법률이나 대통령령의 위임 또는 직권으로 총리령 또는 부령을 발할 수 있습니다(제95조).

국무위원은 국무총리의 제청으로 대통령이 임명합니다(제87조 1항). 국무위원은 국정에 관하여 대통령을 보좌하며, 국무회의의 구성원으로서 국정을 심의합니다(같은 조 2항). 행정 각부의 장, 즉 각부 장관은 국무위원 중에서 국무총리의 제청으로 대통령이 임명합니다(제94조). 국무총리와 마찬가지로 국무위원도 민간인만 임명될 수 있습니다. 즉 군인은 현역을 면한 후가 아니면 국무위원으로 임명될 수 없습니다(제87조 4항).

### (2) 국무회의

국무회의는 정부의 권한에 속하는 중요한 정책을 심의합니다. 국무회의는 대통령, 국무총리 그리고 15인 이상 30인 이하의 국무위원으로 구성하고, 의장은 대통령이며, 부의장은 국무총리가 맡습니다 (제88조). 4.19 이후 의원내각제를 채택한 제3차 개정 헌법(1960년 헌법)에서는 국무총리가 국무회의의 의장을 맡았던 적도 있습니다.

헌법은 국무회의의 심의를 거쳐야 하는 사항으로 다음 17가지를 열거하고 있습니다(제89조). 제헌헌법 당시부터 국무회의에는 국정의 중요 사항에 대한 '의결' 권한이 줄곧 부여되어 있었으나, 5.16 쿠데타 이후 제5차 개정 헌법부터는 '심의'로 바뀌어 지금에 이르고 있습니다.

1. 국정의 기본 계획과 정부의 일반 정책

2. 선전·강화 기타 중요한 대외 정책

3. 헌법 개정안·국민투표안·조약안·법률안 및 대통령령안

4. 예산안·결산·국유재산 처분의 기본 계획·국가의 부담이 될 계약 기타 재정에 관한 중요 사항

5. 대통령의 긴급명령·긴급 재정·경제 처분 및 명령 또는 계엄과 그 해제

6. 군사에 관한 중요 사항

7. 국회의 임시회 집회의 요구

8. 영전 수여

9. 사면·감형과 복권

10. 행정 각부 간의 권한의 획정

11. 정부 안의 권한의 위임 또는 배정에 관한 기본 계획

12. 국정 처리 상황의 평가·분석

13. 행정 각부의 중요한 정책의 수립과 조정

14. 정당 해산의 제소

15. 정부에 제출 또는 회부된 정부의 정책에 관계되는 청원의 심사

16. 검찰총장·합동참모의장·각군 참모총장·국공립대학교 총장·
    대사, 기타 법률이 정한 공무원과 국영기업체 관리의 임명

17. 기타 대통령·국무총리 또는 국무위원이 제출한 사항


국무회의의 운영에 관하여는 〈정부조직법〉과 대통령령인 〈국무
회의규정〉에서 규정하고 있습니다. 〈국무회의규정〉은 국무회의 의
결 절차도 규정하고 있습니다. 국무회의는 구성원 과반수의 출석으
로 개의하고, 출석 구성원 3분의 2 이상의 찬성으로 의결합니다(국
무회의규정 제6조 1항). 국무회의에서의 의결은 비록 헌법상 의무 사
항은 아니지만 실제 운영에서는 의결을 하는 경우가 있습니다. 국무
위원이 국무회의에 출석하지 못할 때에는 각 부·처의 차관이 대리하
여 출석하고, 대리 출석한 차관은 관계 의안에 관하여 발언할 수 있
으나 표결에는 참가할 수 없습니다(같은 규정 제7조). 국무회의에는
대통령비서실장, 국가안보실장, 국무조정실장, 인사혁신처장, 법제처
장, 국가보훈처장, 식품의약품안전처장, 공정거래위원회위원장, 금융
위원회위원장, 중소기업청장 및 서울특별시장이 배석합니다. 그밖에
도 의장이 필요하다고 인정하는 경우에는 중요 직위에 있는 공무원
을 배석하게 할 수 있습니다(같은 규정 제8조 1항).

헌법은 국무회의에 관한 장에 대통령의 자문기구로 국가원로자문회의(제90조), 국가안전보장회의(제91조), 민주평화통일자문회의(제92조), 국민경제자문회의(제93조)를 규정하고 있습니다.

이 가운데 국가안전보장회의NSC를 제외한 나머지 자문회의의 설치는 대통령의 재량에 달려 있습니다. 국가안전보장회의는 반드시 설치해야 합니다. 즉 "국가 안전보장에 관련되는 대외 정책·군사 정책과 국내 정책의 수립에 관하여 국무회의의 심의에 앞서 대통령의 자문에 응하기 위하여 국가안전보장회의를 둔다."(제91조 1항)라고 규정하고 있습니다. 국가안전보장회의는 대통령이 주재하며(같은 조 2항), 국가안전보장회의의 조직·직무 범위 기타 필요한 사항은 법률로 정합니다(같은 조 3항).

### (3) 행정 각부

행정 각부의 장은 국무위원 중에서 국무총리의 제청으로 대통령이 임명합니다(제94조). 행정 각부의 설치·조직과 직무 범위는 법률로 정하며, 이를 위해 〈정부조직법〉이 있습니다. 행정 각부의 장은 소관 사무에 관하여 법률이나 대통령령의 위임 또는 직권으로 부령을 발할 수 있습니다(제95조). 부령은 총리령과 함께 시행규칙이라고도 하며, 이는 다시 상위법의 위임 여부에 따라 위임명령과 집행명령으로 구분됩니다.

## (4) 감사원

국가의 세입·세출의 결산, 국가 및 법률이 정한 단체의 회계검사와 행정기관 및 공무원의 직무에 관한 감찰을 하기 위하여 대통령 소속하에 감사원을 둡니다(제97조). 감사원은 세입·세출의 결산을 매년 검사하여 대통령과 차년도 국회에 그 결과를 보고하여야 합니다(제99조).

감사원은 제헌헌법 이래 정부의 회계를 검사하던 심계원審計院과 공무원의 직무를 감찰하는 감찰위원회가 통합되어 제5차 개정 헌법(1962년 헌법)에 의해 신설되었습니다.

헌법은 감사원이 대통령 소속하에 있다고 규정하지만, 〈감사원법〉은 감사원이 대통령에 소속하되 직무에 관하여는 독립의 지위를 가진다는 것을 명시하고, 감사원 소속 공무원의 임면, 조직 및 예산의 편성에 감사원의 독립성이 최대한 존중되어야 한다고 하여(감사원법 제2조) '감사원의 독립성'을 강조하고 있습니다.

감사원은 원장을 포함한 5인 이상 11인 이하의 감사위원으로 구성합니다. 감사원장은 국회의 동의를 얻어 대통령이 임명하고, 감사위원은 감사원장의 제청으로 대통령이 임명합니다. 감사원장과 감사위원의 임기는 4년이며 1차에 한하여 중임할 수 있습니다(제98조). 감사원의 조직·직무 범위·감사위원의 자격·감사 대상 공무원의 범위 기타 필요한 사항은 법률로 정합니다(제100조). 이에 대한 법률이 〈감사원법〉입니다.

: 헌법 제89조는 국무회의의 심의를 거쳐야 하는 사항을 열거하고 있
  습니다. 만약 대통령이 이 사항들에 대하여 국무회의의 심의를 거
  치지 않고 집행할 경우 그 행위의 효력은 어떻게 될까요?

헌법 제89조에 열거된 사항에 대하여는 "국무회의의 심의를 거쳐
야 한다."고 규정하고 있기 때문에 반드시 심의를 해야 합니다. 다만
대통령은 국무회의의 심의 결과에 따라야 할 의무는 없습니다.

문제는 국무회의의 심의 대상인 국정 행위에 대하여 대통령이 심
의를 거치지 않은 경우의 효력입니다. 이에 대해서는 헌법에 규정된
절차를 결여한 의사 결정은 무효이며 대통령에 대한 탄핵 사유가 될
수 있다고 볼 여지가 있습니다. 다만, 국무회의 심의를 결여했다는
사유만으로 실제 헌법재판소에서 탄핵이 인용될지는 미지수입니다.
사안의 중대성과 전후 사정 등을 고려하지 않을 수 없을 것입니다.

# 법원

사법부의 독립은 자유민주적 기본 질서의 핵심이다.

법적인 쟁송(다툼)이 일어났을 때 증거를 조사하고 이를 토대로 법률을 해석·적용해서 다툼을 종국적으로 해결하는 국가 작용을 재판 또는 사법이라고 합니다. 그리고 이러한 기능을 하는 국가권력을 사법권이라고 합니다.

입법권과 행정권은 정부 형태에 따라서 그 분립의 정도가 다를 수 있습니다. 하지만 어떠한 정부 형태를 취하든 사법부의 독립은 자유민주적 기본 질서의 핵심 요소입니다. 사법부는 일정한 자격을 갖춘 법관으로 구성되며, 법관은 헌법과 법률에 의하여 양심에 따라 독립하여 심판해야 합니다. 이를 위해서 우리 헌법은 법관의 신분상의 독립과 재판상의 독립을 보장하고 있습니다.

# 법원의 조직과 권한
법원은 헌법에 의하여 사법권을 행사하는 기관이다.

우리 헌법에 의하면 사법권은 법관으로 구성된 법원에 속합니다 (제101조 1항). 법원은 헌법에 의하여 사법권을 행사하며, 이 밖에 등기, 가족 관계 등록, 공탁, 집행관, 법무사에 관한 사무를 관장하거나 감독합니다. 헌법에 규정된 법원의 조직과 권한은 다음과 같습니다.

## (1) 법원의 조직

헌법에 의하면 법원은 최고법원인 대법원과 각급 법원으로 조직됩니다(제101조 2항). 대법원과 각급 법원의 조직은 법률로 정합니다(제102조 3항). 그리고 대법원에는 부(部)를 둘 수 있습니다(같은 조 1항).

한편 〈법원조직법〉에 의하면 대법관은 대법원장을 포함하여 14명으로 합니다(법원조직법 제4조 2항). 그리고 현재 우리나라에는 대법원, 고등법원, 특허법원, 지방법원, 가정법원, 행정법원, 회생법원의 7가지 법원이 있습니다(같은 법 제3조 1항). 지방법원 및 가정법원의 사무의 일부를 처리하게 하기 위하여 그 관할구역에 지원과 가정지원, 시 법원 또는 군 법원 및 등기소를 둘 수 있습니다(같은 법 같은 조 2항).

법원의 조직

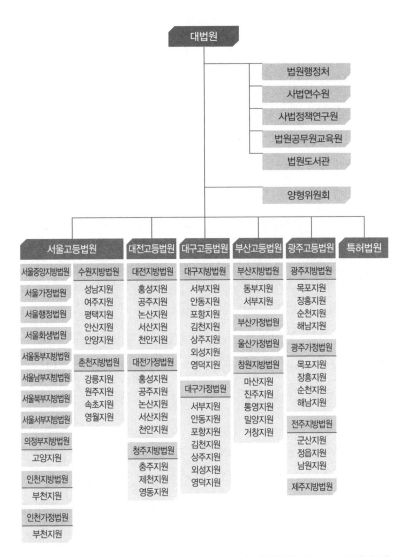

(출처 : 대법원 웹사이트 2017년 7월 현재)

〈법원조직법〉에 의하면 대법원의 심판권은 대법관 전원의 3분의 2 이상의 합의체(=대법원 전원합의체)에서 행사하며, 대법원장이 재판장이 되는데, 대법관 3명 이상으로 구성된 부에서 먼저 사건을 심리하여 의견이 일치한 경우에는 그 부에서 재판할 수 있습니다(법원조직법 제7조 1항). 대법원장은 필요하다고 인정하는 경우에 특정한 부로 하여금 행정·조세·노동·군사·특허 등의 사건을 전담하여 심판하게 할 수 있습니다(같은 법 같은 조 2항).

고등법원·특허법원 및 행정법원의 심판권은 판사 3명으로 구성된 합의부에서 행사합니다. 다만, 행정법원의 경우 "단독판사가 심판할 것으로 행정법원 합의부가 결정한 사건"의 심판권은 단독판사가 행사합니다(같은 법 같은 조 3항).

지방법원·가정법원·회생법원과 지방법원 및 가정법원의 지원, 가정지원 및 시·군 법원의 심판권은 단독판사가 행사하되(같은 법 같은 조 4항), 합의심판을 해야 하는 때에는 판사 3명으로 구성된 합의부에서 심판권을 행사합니다(같은 법 같은 조 5항).

법원은 자신의 관할 사건에 대해서 재판을 합니다. 법원의 관할에는 사물관할, 토지관할, 심급관할이 있습니다.

사물관할은 사건의 성질이나 경중에 따라서 1심 재판(법원)에서 단독판사 관할인지 또는 판사 3인으로 구성되는 합의부의 관할인지를 정하는 것을 말합니다.

토지관할은 행정구역을 기준으로 하여 사건을 어느 법원에서 다룰 것인지 정하는 것을 말합니다.

심급관할은 상소 절차와 관련하여 각 심급별로 관할하는 사건을 말합니다. 제1심의 관할은 일반적으로 지방법원 및 가정법원이 담당합니다. 지방법원 단독판사의 제1심 판결에 대한 제2심(항소심)의 관할은 지방법원 본원 합의부에, 지방법원 합의부의 제1심 판결에 대한 항소심인 제2심의 관할은 고등법원의 관할에 속합니다. 제2심 판결에 대한 제3심(상고심)은 대법원의 관할에 속합니다.

상소 절차 개요

(출처 : 대법원 웹사이트)

## (2) 법원의 권한

법원은 당사자 사이에서 구체적인 사건을 둘러싸고 법적 다툼이 발생하여 재판을 청구해 온 경우에(이를 '쟁송'이라 함) 재판을 통해 공권적 판단을 내리는 것을 주된 임무로 합니다. 이 밖에도 법원은 헌법재판소에 대한 위헌법률심판제청권, 명령·규칙·처분에 대한 위헌심사권을 가지고 있습니다.

### 쟁송에 대한 재판권

쟁송에는 민사소송, 형사소송, 행정소송, 특허소송, 가사소송 등이 있습니다. 그리고 이에 대한 재판을 민사재판, 형사재판, 행정재판, 특허재판, 가사재판이라고 부릅니다.

'민사재판'은 사람들 사이의 재산, 계약, 불법행위 등의 민사적 쟁송에 대한 재판입니다. 〈민법〉, 〈상법〉, 〈민사소송법〉 등은 민사재판에 적용되는 대표적인 '민사 법률'입니다.

민사사건 가운데 채권 관계는 '사적 자치의 원칙'에 의해서 당사자 사이의 자율적인 의사의 합치가 중시되지만, 물건에 관한 권리는 법률에 정한 것만 인정되고 변경할 수 있다고 하는 '물권법정주의'처럼 법적 강제력이 인정되는 경우도 있습니다.

'형사재판'은 범죄행위의 실체적 진실을 가려 무고한 사람이 억울한 누명을 쓰는 일이 없도록 하고, 범죄자에게는 형사처벌을 부과하기 위한 재판입니다. 형사재판에는 〈형법〉, 〈형사소송법〉 그리고 〈폭력행위 등 처벌에 관한 법률〉, 〈특정범죄 가중처벌법〉과 같은 특별형법과 각종 법률에 규정한 형벌 규정이 적용됩니다.

　형사재판에서는 '죄형법정주의'가 적용되어 범죄의 성립과 형벌의 부과는 반드시 법률에 명확한 근거가 있어야 합니다. 또한 '무죄추정의 원칙'과 '증거재판주의'가 적용되며 피고인의 유죄를 입증할 책임은 검사에게 있습니다.


　'행정재판'은 행정청의 위법한 처분 그 밖에 공권력의 행사·불행사 등으로 인한 국민의 권리 또는 이익의 침해를 구제하고, 공법상의 권리관계 또는 법 적용에 관한 다툼을 적정하게 해결하기 위한 행정소송절차에 의한 재판을 말합니다(행정소송법 제1조).

　〈행정소송법〉에서 정한 행정사건과 다른 법률에 의하여 행정법원의 권한에 속하는 사건을 제1심으로 심판하는 법원을 행정법원이라고 합니다(법원조직법 제40조의4). 현재 행정법원은 지방법원급인 서울행정법원 1곳만 설치되어 있고, 다른 지역에서는 해당 지역의 지방법원 본원이 행정재판 제1심을 담당합니다.

　한편 헌법에 의하면 행정청의 위법 또는 부당한 처분으로 인한 법적 쟁송이 발생한 경우에는 재판의 전심前審 절차로 행정심판을 할 수 있습니다. 행정심판 절차는 법률로 정하되 사법 절차가 준용되어야 합니다(제107조 3항).

　행정심판은 법원이 아니라 해당 처분을 내린 행정청 또는 그 상급 행정청에 설치된 행정심판위원회에서 진행합니다. 그러나 재판을 하기 전에 반드시 행정심판을 거쳐야 하는 것은 아니며 곧바로 재판을 청구할 수도 있습니다.

'특허재판'은 특허심판원의 심결 또는 결정에 대한 불복의 소와 특허권 등의 침해 사건 제1심 판결에 대한 불복의 소에 대한 재판을 말합니다.

특허심판원의 심결 또는 결정에 대한 특허소송은 '특허법원 → 대법원'으로 이어지는 2심제로 운영되고 있습니다. 반면 특허권 등 침해 사건은 '지방법원 합의부(서울중앙, 부산, 대구, 광주, 대전지방법원) → 특허법원(항소심) → 대법원'으로 이어지는 3심제로 운영합니다.

'가사재판'은 가족 및 친족 간의 분쟁 사건과 가정에 관한 일반적인 사건을 가정법원의 심리와 재판을 통해 처리하는 절차를 의미합니다. 가사재판의 예로는 재판상 이혼, 혼인 무효, 친생자 관계 존부 확인, 이혼을 원인으로 하는 손해배상 청구, 상속 포기, 재산 분할, 자의 양육, 상속재산 분할 등이 있습니다. 가정법원은 가사재판 외에도 소년보호재판, 가정보호재판, 아동보호재판, 가족 관계 등록 등의 업무를 담당합니다.

### 선거 쟁송

〈공직선거법〉에 의하면 선거의 효력 또는 당선의 효력에 대하여 이의가 있는 선거인, 정당, 후보자는 대법원(대통령 선거, 국회의원 선거, 비례대표 시·도의원 선거 및 시·도지사 선거의 경우) 또는 관할 고등법원(지역구 시·도의원 선거, 자치구·시·군의원 선거 및 자치구·시·군의 장 선거의 경우)에 제기할 수 있습니다. 선거의 효력에 관한 쟁송을 '선거소송', 당선의 효력에 관한 쟁송을 '당선소송'이라고 합니다. 지방의회의원 및 지방자치단체의 장의 선거에 대한 선거소송 및 당선소송은 '선거소청'을 거친 다음에 제기하여야 합니다.

선거소송과 당선소송은 단심제로 합니다.

### 위헌법률심판 제청권

우리 헌법은 "법률이 헌법에 위반되는 여부가 재판의 전제가 된 경우에는, 법원은 헌법재판소에 제청하여 그 심판에 의하여 재판한다." (제107조 1항)라고 하여 법원의 '위헌법률심판 제청권'을 규정하고 있습니다.

한편 〈헌법재판소법〉에 의하면 법원은 직권 또는 당사자의 신청에 의한 결정으로 위헌법률심판 제청을 합니다(헌법재판소법 제41조 1항). 법원이 위헌법률심판을 제청하면 당해 소송사건의 재판은 헌법재판소의 위헌 여부의 결정이 있을 때까지 정지됩니다. 다만, 법원이 긴급하다고 인정하는 경우에는 종국 재판 외의 소송절차를 진행할 수 있습니다. 그리고 재판이 정지된 기간은 구속 기간이나 판결 선고기간에 산입하지 않습니다(같은 법 제42조 1항, 2항).

법원의 위헌법률심판 제청권은 법원의 재판이 헌법에 어긋나서는 안 된다는 전제하에, 구체적인 사건에 적용해야 할 법률이 헌법에 위반된다고 법원이 판단한 경우에는 헌법재판소에 위헌법률심판을 제청하도록 한 것입니다. 이는 법률에 대한 위헌 여부의 심판권이 최종적으로는 헌법재판소에 있지만, 법원에도 '1차적인 위헌심사권'이 있다는 것을 의미합니다. 법원의 위헌법률심판 제청권은 법원의 권한이자, 헌법 수호의 한 축을 담당하고 있는 법원의 의무이기도 합니다.

### 명령·규칙·처분에 대한 위헌심사권

우리 헌법에 의하면 명령, 규칙 또는 처분이 헌법이나 법률에 위반되는 여부가 재판의 전제가 된 경우에는 대법원이 이를 최종적으로 심사할 권한을 가집니다(제107조 2항). 다만 다음 경우에는 대법원 전원합의체에서 심판합니다(법원조직법 제7조 1항). 여기서 말하는 '명령'은 대통령령(시행령)과 총리령·부령(시행규칙)을 의미하고, '규칙'은 행정규칙을 의미합니다.

1. 명령 또는 규칙이 헌법에 위반된다고 인정하는 경우
2. 명령 또는 규칙이 법률에 위반된다고 인정하는 경우
3. 종전에 대법원에서 판시한 헌법·법률·명령 또는 규칙의 해석 적용에 관한 의견을 변경할 필요가 있다고 인정하는 경우
4. 부에서 재판하는 것이 적당하지 아니하다고 인정하는 경우

### (3) 재판 공개의 원칙

헌법에 의하면 재판의 심리와 판결은 공개합니다. 다만, 심리는 국가의 안전보장 또는 안녕질서를 방해하거나 선량한 풍속을 해할 염려가 있을 때에는 법원의 결정으로 공개하지 않을 수 있습니다(제109조).

여기서 말하는 재판은 모든 재판을 말합니다. 헌법은 이미 '제2장 국민의 권리와 의무'에서 "모든 국민은 신속한 재판을 받을 권리를 가진다. 형사피고인은 상당한 이유가 없는 한 지체 없이 공개재판을 받을 권리를 가진다."(제27조 3항)라고 하여 '신속한 재판'을 받을 권리와 더불어 '공개재판'을 받을 권리를 밝힌 바 있습니다. 법원이 방청권을 발급하는 것은 '재판 공개의 원칙'에 저촉되지 않습니다.

### (4) 대법원의 규칙 제정권

헌법에 의하면 대법원은 법률에 저촉되지 않는 범위에서 소송에 관한 절차, 법원의 내부 규율과 사무 처리에 관한 규칙을 제정할 수 있습니다(제108조).

대법원에 '규칙 제정권'을 부여한 것은 사법부의 독립성과 자율권을 보장함과 동시에, 사법사무에 대한 법원의 전문성을 살릴 수 있게 하기 위한 것입니다. 대법원규칙의 법적 성격은 대통령령과 같은 효력을 가지는 '명령'입니다.

## (5) 군사법원

헌법에 의하면 군사재판을 관할하는 특별법원으로 군사법원을 둘 수 있습니다(제110조 1항). 군사법원의 상고심도 당연히 대법원에서 관할합니다(같은 조 2항).

다만 예외적으로 군사법원이 단심으로 재판을 끝낼 수 있는 경우가 있습니다. 즉, 비상계엄하의 군사재판은 군인·군무원의 범죄나 군사에 관한 간첩죄의 경우와 초병·초소·유독 음식물 공급·포로에 관한 죄 중 법률이 정한 경우에 한하여 단심으로 할 수 있습니다. 이 경우에도 사형을 선고한 경우에는 대법원에 상고할 수 있습니다(같은 조 제4항).

군사법원의 조직·권한 및 재판관의 자격은 법률로 정하는데(같은 조 3항) 이에 관한 법률로 〈군사법원법〉이 있습니다. 군사법원은 '고등군사법원'과 '보통군사법원'의 두 종류로 합니다(군사법원법 제5조). 고등군사법원은 국방부에 설치하고, 보통군사법원은 국방부와 각군 본부, 각군 사령부에 설치합니다(같은 법 제6조).


⋮ 우리나라에서는 3심제를 채택하고 있다고 하는데, 그 근거가 되는 헌법 조항은 무엇인가요?

3심제란 국민들이 한 사건에서 '1심→2심→3심'의 총 세 번에 걸친

재판을 받을 수 있도록 한 제도를 말합니다. 3심제는 헌법에 명시되어 있지 않습니다. 다만 헌법은 "법원은 최고법원인 대법원과 각급 법원으로 조직된다."(제101조 2항)는 규정을 통해서 간접적으로 심급제, 즉 최소한 2단계의 재판 구조를 전제하고 있습니다. 심급제의 핵심은 최종심을 대법원으로 하는 것입니다. 3심제를 명시하고 있는 법률은 〈법원조직법〉입니다. 〈법원조직법〉은 민형사사건과 행정사건에 대하여 3심제를 채택하고 있습니다. 특허소송은 특허법원에서 1심을 관할하고 대법원에서 2심을 하는 2심제를 채택합니다.

심급제가 적용되지 않는 단심제는 헌법에 특별한 규정이 있거나, 〈공직선거법〉의 선거소송, 당선소송과 같이 신속한 결정이 요구되는 특수한 경우에만 인정됩니다. 헌법은 비상계엄하의 군사재판과 관련하여 군인·군무원의 범죄나 군사에 관한 간첩죄의 경우와 초병·초소·유독 음식물 공급·포로에 관한 죄 중 법률이 정한 경우에 한하여 단심으로 할 수 있다고 규정하고 있습니다. 다만, 사형을 선고하는 경우에는 그렇지 않습니다(제110조 4항). 한편 〈공직선거법〉에 의하면 선거에 대한 쟁송, 즉 선거의 효력을 다투는 '선거소송'과 당선의 효력을 다투는 '당선소송'은 단심제로 합니다(공직선거법 제221조, 제222조).

# 법관의 독립

법관은 헌법과 법률에 의하여 그 양심에 따라 독립하여 심판한다.


헌법에 의하면 사법권은 법관으로 구성된 법원에서 행사합니다(제 101조 1항). 결국 '사법권의 독립'을 위해서는 '법관의 독립'을 보장하는 것이 필수적입니다. 이를 위해 헌법은 법관의 자격을 법률로 정하게 하고, 직무상 독립과 신분상 독립을 보장하고 있습니다. 아울러 헌법은 법관의 임명 절차와 임기를 명시하고 있습니다. 한편 헌법에 규정되지는 않았지만 일반인이 형사재판 절차에 참여하는 길이 법률에 의하여 인정되고 있습니다. 이를 국민참여재판이라고 합니다.


## (1) 법관의 독립

법관의 독립은 사법부 독립의 핵심입니다. 법관의 독립에는 '직무상 독립'과 '신분상 독립' 두 가지가 있습니다.

헌법은 "법관은 헌법과 법률에 의하여 그 양심에 따라 독립하여 심판한다."(제103조)라고 하여 법관의 직무상 독립을 보장하고 있습니다. 법관의 직무상 독립을 '물적 독립'이라고도 합니다. 여기서 말하는 양심은 법관의 개인적·주관적 양심이 아니라 법관으로서의 직업적 양심을 뜻합니다.

다음으로 "법관은 탄핵 또는 금고 이상의 형의 선고에 의하지 아니하고는 파면되지 아니하며, 징계처분에 의하지 아니하고는 정직·감봉 기타 불리한 처분을 받지 아니한다."(제106조)라고 하여 법관의 신분상 독립을 보장하고 있습니다. 법관의 신분상 독립을 '인적 독립'이라고도 합니다.

### (2) 법관의 임명과 임기

법관에는 대법원장, 대법관, 그리고 대법원장과 대법관이 아닌 법관의 세 부류가 있습니다.

헌법에 의하면 대법원장은 국회의 동의를 얻어 대통령이 임명하고(제104조 1항), 대법관은 대법원장의 제청으로 국회의 동의를 얻어 대통령이 임명합니다(같은 조 2항). 우리나라 대법원은 대법원장과 13명의 대법관으로 구성됩니다. 다만 대법관 가운데 법원행정처장을 겸임하는 대법관은 재판에 관여하지 않습니다.

대법원장의 임기는 6년이며 중임할 수 없습니다(제105조 1항). 중임할 수 없다는 말은 한 번 임기를 지낸 사람은 평생 두 번 다시는 재차 같은 공직에 취임할 수 없다는 뜻입니다. 대법관의 임기는 대법원장과 마찬가지로 6년인데 다만 대법관은 법률이 정하는 바에 의하여 연임할 수 있습니다(같은 조 2항). 연임은 두 번 이상의 임기를 연속해서 재임하는 것을 말합니다.

대법원장과 대법관이 아닌 법관은 대법관회의의 동의를 얻어 대법원장이 임명합니다(제104조 3항). 대법원장과 대법관이 아닌 법관의 임기는 10년이며, 역시 법률이 정하는 바에 의하여 연임할 수 있습니다(제105조 3항). 법관의 정년은 법률로 정하며(같은 조 4항), 법관이 중대한 심신상의 장해로 직무를 수행할 수 없을 때에는 법률이 정하는 바에 의하여 퇴직하게 할 수 있습니다(제106조 2항).

### (3) 국민참여재판

국민이 직접 재판 과정에 참여하는 제도로 배심제와 참심제가 있습니다. 배심제는 일반 국민으로 구성된 배심원이 재판에 참여하여 직업 법관으로부터 독립하여 유·무죄의 판단에 해당하는 평결을 내리고 법관은 그 평결에 따르는 제도로 미국, 영국 등에서 시행되고 있습니다. 참심제는 일반 국민인 참심원이 직업 법관과 함께 재판부의 일원으로 참여하여 직업 법관과 동등한 권한을 가지고 사실 문제 및 법률 문제를 판단하는 제도로, 독일, 프랑스 등에서 시행되고 있습니다.

우리나라는 2008년 〈국민의 형사재판 참여에 관한 법률〉(약칭 〈국민참여재판법〉)이 제정되면서 일반인이 형사재판 절차에 배심원으로 참여할 수 있게 되었습니다. 우리나라의 '국민참여재판제도'는 배심제와 참심제 중 어느 한 제도를 그대로 도입하지 않고 양 제도를 적절하게 혼합, 수정한 독특한 제도입니다.

국민참여재판은 다음과 같이 진행됩니다(국민참여재판법 제46조).

재판장은 변론이 종결된 후 법정에서 배심원에게 공소사실의 요지와 적용 법조, 피고인과 변호인 주장의 요지, 증거능력, 그 밖에 유의할 사항에 관하여 설명하고 필요한 때에는 증거의 요지에 관하여 설명할 수 있습니다. 심리에 관여한 배심원은 이러한 설명을 들은 후 유·무죄에 관하여 평의하고, 전원의 의견이 일치하면 그에 따라 평결합니다. 다만, 배심원 과반수의 요청이 있으면 심리에 관여한 판사의 의견을 들을 수 있습니다.

배심원은 유·무죄에 관하여 전원의 의견이 일치하지 않을 때에는 평결을 하기 전에 심리에 관여한 판사의 의견을 들어야 합니다. 이 경우 유·무죄의 평결은 다수결의 방법으로 합니다.

배심원 평결이 유죄인 경우 배심원은 심리에 관여한 판사와 함께 양형에 관하여 토의하고 그에 관한 의견을 개진합니다. 재판장은 양형에 관한 토의 전에 처벌의 범위와 양형의 조건 등을 설명하여야 합니다.

국민참여재판은 원칙적으로 합의부 관할 사건에서 행할 수 있습니다(같은 법 제5조). 합의부 관할 사건은 〈법원조직법〉 제32조 1항에 명시되어 있는데 예를 들면 사형, 무기 또는 단기 1년 이상의 징역 또는 금고에 해당하는 사건이 이에 해당합니다. 다만 민사재판이나 지방법원 판사의 제척·기피 사건은 제외됩니다. 법원은 피고인이 국민참여재판을 받을 의사가 있는지 여부를 서면 등의 방법으로 반드시 확인해야 하며, 피고인이 거부할 경우에는 국민참여재판을 실시할 수 없습니다.

국민참여재판에서 배심원의 평결과 의견은 법원을 기속하지 않으므로(국민참여재판법 제46조 5호) "모든 국민은 헌법과 법률이 정한 법관에 의하여" 재판을 받을 권리를 가진다고 규정한 헌법 제27조 1항에 위배되지 않습니다.

⋮ 마약 사범은 '사형·무기 또는 10년 이상의 징역'에 처하도록 하고 있는 구 〈특정범죄 가중처벌법〉의 형량이 죄질에 비해 너무 무겁다며 제기된 '헌법소원 심판'은 받아들여 질 수 있을까요?

A는 2001년 마약의 일종인 아편을 매수하여 판매 목적으로 소지하였다는 이유로 구 〈특정범죄 가중처벌 등에 관한 법률〉(이하 〈특정범죄 가중처벌법〉) 위반으로 징역형을 선고받았습니다. 구 〈특정범죄 가중처벌법〉 제11조는 마약과 관련된 범죄를 범한 자는 '사형·무기 또는 10년 이상의 징역'에 처하도록 규정하고 있습니다. A는 구 〈특정범죄 가중처벌법〉의 형량이 죄질에 비해 너무 무겁다고 생각하고 헌법재판소에 '헌법소원 심판'을 제기했습니다. 이 사건에서 문제된 구 〈특정범죄 가중처벌법〉 조항은 영리 목적은 물론 소비를 위한 단순 매수 마약사범에 대하여도 '사형·무기 또는 10년 이상의 징역'에 처하도록 규정하고 있었습니다.

헌법재판소는 이 규정에 의할 경우, 단 한 차례 극히 소량의 마약을 매수하거나 소지하고 있었던 경우에도 집행유예를 선고할 수 없도록 '법관의 양형 선택과 판단권을 극도로 제한하는 것'이어서 위헌이라고 결정했습니다. 집행유예는 '3년 이하의 징역 또는 금고'를 선고할 경우에 할 수 있는데(형법 제62조), 법정형이 10년 이상의 징역인 경우에는 〈형법〉상의 감경 사유에 의해 2분의 1을 감경하더라도 형기가 5년 이상이므로 집행유예 선고가 불가능합니다. 이는 살인죄(사형, 무기 또는 5년 이상의 징역)의 경우 2년 6개월까지 감경하여 집행유예가 가능한 사실과 비교해도 부당하다는 것이 헌법재판소의 판단입니다.[95]

입법부가 죄질에 비해 법정형을 지나치게 높게 규정할 경우 헌법에 보장된 '재판상의 독립'을 침해하여 법관을 단순히 판결문 쓰는 기계로 전락시킬 우려가 있기 때문입니다.

95 헌재 2003.11.27. 2002헌바24 (〈특정범죄 가중처벌법〉 위헌)

# 헌법재판소와 선거관리위원회

우리 헌법은 3권 분립의 원칙하에 입법, 행정, 사법 기능을 담당하는 국가기관으로 국회, 대통령과 정부 그리고 법원을 두고 있습니다. 그리고 이들 국가기관 사이의 견제와 균형을 통해서 국민의 기본권을 보장하고 있습니다.

한편 헌법은 이들 국가기관과 별개로 '제6장 헌법재판소'에서 위헌 법률 심판과 탄핵 심판 및 정당 해산 심판 등 헌법재판을 담당하는 헌법재판소를 두고 있고, '제7장 선거 관리'에서 공직 선거와 국민투표의 공정한 관리 및 정당에 관한 사무를 처리하기 위하여 선거관리위원회를 두고 있습니다.

헌법재판소와 선거관리위원회는 그 조직 및 기능이 국회, 대통령과 정부, 법원 등 다른 국가권력으로부터 독립된 헌법기관인 것입니다.

# 헌법재판소
헌법을 수호하고 국민의 기본권을 지켜주는 곳

우리나라의 헌법재판은 헌법에 명시된 5가지 기능, 즉, 위헌법률 심판, 탄핵 심판, 정당해산 심판, 권한쟁의 심판 그리고 헌법소원 심판을 말합니다(제111조 1항). 이러한 헌법재판을 관장하는 곳이 헌법재판소입니다. 나라에 따라서는 대통령의 궐위 또는 사고의 확인, 헌법질서를 침해한 자에 대한 기본권 상실 선고 등을 헌법재판의 내용에 포함시키는 경우도 있습니다.

가장 중요하고 국민들이 자주 접하게 되는 헌법재판은 '위헌법률심판'과 '헌법소원'입니다. 특히 헌법소원은 헌법재판 가운데 유일하게 국민이 직접 헌법재판소를 상대로 권리 구제를 청구할 수 있는 제도로서 기본권 보호에서 중요한 역할을 하고 있습니다.

## (1) 헌법재판소의 구성

헌법에 의하면 헌법재판소는 법관의 자격을 가진 자 중에서 대통령이 임명하는 9명의 재판관으로 구성합니다. 이 중 3명은 국회에서 선출하는 자를, 또 다른 3명은 대법원장이 지명하는 자를 임명합니다. 헌법재판소장은 재판관 중에서 국회의 동의를 얻어 대통령이 임명합니다(제111조).

헌법재판관의 임기는 6년이고 연임할 수 있습니다. 헌법재판관은 정당에 가입하거나 정치 활동에 관여할 수 없으며, 탄핵 또는 금고 이상의 형의 선고에 의하지 아니하고는 파면되지 않습니다(제112조).

### (2) 헌법재판소의 일반 심판 절차

〈헌법재판소법〉에 특별한 규정이 있는 경우를 제외하고는 헌법재판소의 심판은 재판관 전원으로 구성되는 재판부에서 관장하며, 재판부의 재판장은 헌법재판소장이 됩니다(헌법재판소법 제22조). 재판부는 재판관 7명 이상(심리 정족수)의 출석으로 사건을 심리합니다(같은 법 제23조 1항). 재판부는 원칙적으로 종국 심리에 관여한 재판관 과반수의 찬성(결정 정족수)으로 사건에 관한 결정을 합니다. 다만 법률의 위헌 결정, 탄핵 결정, 정당 해산의 결정 또는 헌법소원에 관한 결정을 하는 경우와 종전에 헌법재판소가 판시한 헌법 또는 법률의 해석 적용에 관한 의견을 변경하는 경우에는 재판관 6명 이상의 찬성(가중된 결정 정족수)이 있어야 합니다(같은 법 같은 조 2항, 헌법 제113조 1항).

헌법에 의하면 헌법재판소의 조직과 운영 기타 필요한 사항은 법률로 정하며(제113조 3항), 헌법재판소는 법률에 저촉되지 않는 범위에서 심판에 관한 절차, 내부 규율과 사무 처리에 관한 규칙을 제정할 수 있습니다(같은 조 2항).

〈헌법재판소법〉에 의하면 심리 방식으로는 구두변론에 의하는 경우와 서면심리에 의하는 경우가 있습니다. 탄핵 심판, 정당 해산 심판 및 권한쟁의 심판은 '구두변론'에 의합니다. 위헌법률 심판과 헌법소원 심판은 '서면심리'에 의하되, 재판부가 필요하다고 인정하는 경우에는 변론을 열어 당사자, 이해 관계인 그 밖의 참고인의 진술을 들을 수 있습니다(헌법재판소법 제30조).

심판의 변론과 결정의 선고는 공개합니다. 다만 서면심리와 평의는 공개하지 않습니다(같은 법 제34조 1항).

헌법재판소의 심판 비용은 국가 부담으로 하는 것이 원칙입니다. 다만 당사자의 신청에 의한 증거조사 비용은 신청인에게 부담시킬 수 있습니다. 헌법소원 심판의 청구인에게는 공탁금의 납부를 명할 수 있습니다. 이는 헌법소원의 남발을 막기 위한 것입니다. 공탁금은 헌법소원이 각하되거나 권리남용으로 인정되어 기각되는 경우에는 그 전부 또는 일부를 국고에 귀속시킬 수 있습니다(같은 법 제37조).

헌법재판소는 심판 사건을 접수한 날부터 180일 이내에 종국 결정의 선고를 해야 합니다. 다만 재판관의 궐위로 7명의 출석이 불가능한 경우에는 그 궐위된 기간은 심판 기간에 산입하지 않습니다(같은 법 제38조).

헌법재판소의 심판 절차에 관하여는 〈헌법재판소법〉에 특별한 규정이 있는 경우를 제외하고는 헌법재판의 성질에 반하지 아니하는 한도에서 민사소송에 관한 법령을 준용합니다. 다만, 탄핵 심판의 경우에는 형사소송에 관한 법령을 준용하고, 권한쟁의 심판 및 헌법소원 심판의 경우에는 〈행정소송법〉을 함께 준용합니다. 형사소송에 관한 법령 또는 〈행정소송법〉이 민사소송에 관한 법령에 저촉될 때에는 민사소송에 관한 법령은 준용하지 않습니다(같은 법 제40조).

### (3) 헌법재판소의 특별심판절차 위헌법률 심판

헌법에 의하면 법률이 헌법에 위반되는 여부가 재판의 전제가 된 경우에는, 법원은 헌법재판소에 제청하여 그 심판에 의하여 재판합니다(제107조 1항). 이 경우 법원의 제청을 '위헌법률 심판제청'이라고 합니다.

〈헌법재판소법〉에 의하면 위헌법률 심판제청은 당해 사건을 담당하는 법원이 직권 또는 당사자의 신청에 의한 결정으로 합니다(헌법재판소법 제41조 1항). 법원은 법률의 위헌 여부가 재판의 전제가 되거나 당사자에 의하여 위헌법률 심판제청 신청이 있을 때 항상 위헌법률 심판제청을 해야 하는 것은 아니고 위헌이라는 '합리적 의심'이 있을 때 위헌법률 심판제청을 해야 합니다.[96] 대법원이 아닌 법원이 위헌법률 심판의 제청을 할 때에는 대법원을 거쳐야 합니다(같은 법 같은 조 5항). 이 경우 대법원이 제청 여부에 대한 판단을 하는 것은 아닙니다.

위헌으로 결정된 법률은 그 결정이 있는 날부터 효력을 상실하는 것이 원칙입니다(같은 법 제47조 2항). 그러나 형벌에 관한 법률은 소급하여 그 효력을 상실하는데, 다만 해당 법률 또는 법률 조항에 대하여 종전에 합헌으로 결정한 사건이 있는 경우에는 그 결정이 있는 날의 다음날로 소급하여 효력을 상실합니다(같은 법 같은 조 3항). 이 경우 위헌으로 결정된 법률에 근거한 유죄의 확정판결에 대하여는 재심을 청구할 수 있습니다(같은 법 같은 조 4항).

위헌법률 심판제청에 대하여 헌법재판소는 제청된 법률의 위헌 여부만을 결정할 수 있습니다. 법률 조항에 대한 위헌법률 심판제청이 이루어진 경우에, 그 법률 조항의 위헌 결정으로 인하여 해당 법률 전부를 시행할 수 없다고 인정될 때에는, 그 전부에 대하여 위헌 결정을 할 수 있습니다(같은 법 제45조).

위헌법률 심판을 '규범통제'라고도 부릅니다. 규범통제란 하위 규범이 상위 규범에 저촉될 경우에 이를 통제하는 작용을 말합니다. 헌법은 국민의 기본권 보장을 위한 '최고 법규범'이므로 이에 저촉되는 법률의 효력을 상실시킴으로써, 법체계의 통일성과 일관성을 유지하고 국민의 기본권을 보장하는 것이 위헌법률 심판의 목적입니다.

규범통제에는 '구체적 규범통제'와 '추상적 규범통제'가 있습니다. 구체적 규범통제라 함은 구체적인 법적 분쟁과 관련하여 법률의 위헌 여부를 심판하는 것이고, 추상적 규범통제는 구체적 사건이 없이도 법률의 위헌성을 심판하는 것을 말합니다. 우리나라의 위헌법률 심판은 구체적 규범통제에 해당하며, 추상적 규범통제는 아직 도입되지 않고 있습니다.

## 헌법소원 심판

'헌법소원'은 국민이 직접 헌법재판소에 대해서 권리구제를 요구하는 것입니다. 헌법소원에는 권리구제형 헌법소원과 위헌법률 심판형 헌법소원 두 가지가 있습니다.

첫째, 공권력의 행사 또는 불행사로 인하여 헌법상 보장된 기본권을 침해받은 자는 법원의 재판을 제외하고는 헌법재판소에 헌법소원을 청구할 수 있습니다. 이를 '권리구제형 헌법소원'이라고 합니다. 권리구제형 헌법소원은 다른 법률에 구제 절차가 있는 경우에는 그 절차를 모두 거친 후에 청구할 수 있습니다(보충성의 원칙. 헌법재판소법 제68조 1항). 권리구제형 헌법소원의 심판은 그 사유가 있음을 안 날로부터 90일 이내에, 그 사유가 있은 날로부터 1년 이내에 청구하여야 합니다. 다만, 다른 법률에 따른 구제 절차를 거친 헌법소원의 심판은 그 최종 결정을 통지받은 날부터 30일 이내에 청구하여야 합니다(같은 법 제69조 1항).

다른 법률에 의한 구제 절차 가운데 가장 중요한 것이 재판 절차입니다. 그러나 〈헌법재판소법〉은 법원의 재판을 헌법소원 대상에서 배제하고 있기 때문에 권리구제에 공백이 발생하는 문제점이 있습니다. 독일은 법원의 재판에 대한 헌법소원을 인정하고 있습니다.[97]

둘째, 법원에 대한 위헌법률 심판제청 신청이 기각된 때에 그 신청을 한 당사자는 헌법재판소에 헌법소원 심판을 청구할 수 있습니다(같은 법 제68조 2항). 이를 '위헌법률 심판형 헌법소원'이라고 합니다. 위헌법률 심판형 헌법소원은 위헌 여부 심판의 제청 신청을 기각하는 법원의 결정을 통지받은 날부터 30일 이내에 청구해야 합니다(같은 법 제69조 2항).

　모든 유형의 헌법재판에는 반드시 변호사가 있어야 합니다(같은 법 제25조 2항, 3항). 이를 '변호사 강제주의'라고 합니다. 특히 일반 국민이 청구인이 되는 헌법소원에서는, 변호사를 선임할 자력이 없는 사람이 국선 대리인 선임을 헌법재판소에 신청하거나, 헌법재판소가 공익상 필요하다고 인정할 경우에 국선 대리인을 선임할 수 있습니다(같은 법 제70조).

　헌법재판소가 권리구제형 헌법소원을 인용할 때에는 인용결정서의 주문에 침해된 기본권과 침해의 원인이 된 공권력의 행사 또는 불행사를 특정하여야 합니다(같은 법 제75조 2항). 이 경우 헌법재판소는 기본권 침해의 원인이 된 공권력의 행사를 취소하거나 그 불행사가 위헌임을 확인할 수 있고(같은 법 같은 조 3항), 만약 이러한 공권력의 행사 또는 불행사가 위헌인 법률 또는 법률의 조항에 기인한 것이라고 인정될 때에는, 헌법재판소는 인용 결정에서 해당 법률 또는 법률의 조항이 위헌임을 선고할 수 있습니다(같은 법 같은 조 5항).

### 탄핵 심판

　고위공직자가 헌법이나 법률을 위반하였을 경우 그것이 범죄를 구성한다면 법률적으로는 형사처벌을 할 수 있을 것입니다. 또 내부적으로는 징계에 회부할 수도 있습니다. 그러나 현실적으로 형사처벌이나 징계가 어려운 경우가 있을 수 있습니다. 대통령의 경우에는 재직 중 '내란이나 외환의 죄'를 범한 경우를 제외하고는 형사소추가 면제되기 때문에 형사처벌을 하기도 어렵습니다. 특히 고위 공직자가 헌법이나 법률에 위배되는 행위로 국가적, 사회적으로 커다란 물의를 일으키고 국민적 신뢰를 상실하여, 더 이상 정상적인 직무 수행이 곤란해지는 경우도 있습니다. 이러한 경우 공직자를 공직에서 파면하는 제도가 '탄핵'입니다.

우리 헌법은 대통령·국무총리·국무위원·행정 각부의 장·헌법재판소 재판관·법관·중앙선거관리위원회 위원·감사원장·감사위원, 기타 법률이 정한 공무원이 그 직무 집행에서 헌법이나 법률을 위배한 때에는 국회가 탄핵소추를 의결할 수 있도록 규정하고 있습니다(제65조).

국회에서 탄핵소추가 의결되면 국회 법제사법위원장은 탄핵심판의 소추위원이 됩니다(헌법재판소법 제49조 1항). 소추위원은 헌법재판소에 소추의결서의 정본을 제출함으로써 탄핵 심판을 청구하며, 심판의 변론 절차에서 피청구인을 신문할 수 있습니다(같은 법 같은 조 2항). 한편 헌법에 의하면 국회에서 탄핵소추의 의결을 받은 피청구인은 헌법재판소의 심판이 있을 때까지 그 권한 행사가 정지됩니다(제65조 3항).

탄핵 심판 청구가 이유 있는 때에는 헌법재판소는 피청구인을 해당 공직에서 파면하는 결정을 선고합니다(헌법재판소법 제53조 1항). 헌법에 의하면 탄핵 결정은 공직으로부터 파면함에 그치며, 이에 의하여 민사상이나 형사상의 책임이 면제되지는 않습니다(제65조 4항). 탄핵 결정에 의하여 파면된 사람은 결정 선고가 있은 날부터 5년이 지나지 아니하면 공무원이 될 수 없습니다(헌법재판소법 제54조 2항).

### 정당 해산 심판

헌법에 의하면 정당의 목적이나 활동이 민주적 기본 질서에 위배될 때에는 정부는 헌법재판소에 그 해산을 제소할 수 있고, 정당은 헌법재판소의 심판에 의하여 해산됩니다(제8조 4항).

헌법은 정당 해산 제소의 요건으로 정당의 목적이나 활동이 '민주적 기본 질서에 위배될' 것을 요구합니다. 헌법재판소에 의하면 민주적 기본 질서라 함은 "개인의 자율적 이성을 신뢰하고 모든 정치적 견해들이 각각 상대적 진리성과 합리성을 지닌다고 전제하는 다원적 세계관에 입각한 것으로서, 모든 폭력적·자의적 지배를 배제하고, 다수를 존중하면서도 소수를 배려하는 민주적 의사 결정과 자유·평등을 기본 원리로 하여 구성되고 운영되는 정치적 질서"로서 구체적으로는 "국민주권의 원리, 기본적 인권의 존중, 권력분립제도, 복수정당제도 등이 현행 헌법상 (민주적 기본 질서의) 주요한 요소라고 볼 수 있다."고 판시했습니다.[98]

헌법에 의하면 정당 해산 심판의 청구권자는 정부이며(제8조 4항), 정부가 정당 해산 심판 청구를 하려면 국무회의의 심의를 거쳐야 합니다(제89조 14호). 정당 해산 심판의 절차는 정부가 당사자인 경우에 해당하므로 〈헌법재판소법〉에 따라 법무부장관이 정부를 대표합니다(헌법재판소법 제25조 1항).

헌법재판소는 정당 해산 심판의 청구를 받으면 직권 또는 청구인인 정부의 신청에 의하여 종국 결정 선고 시까지 정당 활동을 정지하는 가처분 결정을 할 수 있습니다(같은 법 제57조). 가처분 결정이 내려지면 정당 명의의 정치 활동은 물론 재산 처분, 국고보조금 지급, 정당 후원금 모집 등이 모두 정지됩니다.[99]

헌법재판소가 정당 해산을 명하는 결정을 선고하면 그 정당은 해산되며(같은 법 제59조), 정당 해산을 명하는 헌법재판소의 결정은 중앙선거관리위원회가 〈정당법〉에 따라 집행합니다(같은 법 제60조).

### 권한쟁의 심판

국가기관 상호간, 국가기관과 지방자치단체 간 및 지방자치단체 상호간의 권한의 유무 또는 범위에 관한 다툼을 '권한쟁의'라고 합니다. 헌법에 의하면 헌법재판소는 권한쟁의 심판을 관장합니다(제111조 1항 4호). 권한쟁의 심판의 청구는 피청구인의 처분 또는 부작위가 헌법 또는 법률에 의하여 부여받은 청구인의 권한을 침해하였거나 침해할 현저한 위험이 있는 경우에 할 수 있습니다(헌법재판소법 제61조 2항).

〈헌법재판소법〉은 권한쟁의 심판의 종류를 다음과 같이 설명하고 있습니다(같은 법 제62조 1항).

1. 국가기관 상호 간의 권한쟁의 심판
   • 국회, 정부, 법원 및 중앙선거관리위원회 상호 간의 권한쟁의

심판

2. 국가기관과 지방자치단체 간의 권한쟁의 심판

- 정부와 특별시·광역시·도 또는 특별자치도 간의 권한쟁의 심판
- 정부와 시·군 또는 자치구 간의 권한쟁의 심판

3. 지방자치단체 상호간의 권한쟁의 심판

- 특별시·광역시·도 또는 특별자치도 상호 간의 권한쟁의 심판
- 시·군 또는 자치구 상호 간의 권한쟁의 심판
- 특별시·광역시·도 또는 특별자치도와 시·군 또는 자치구 간의 권한쟁의 심판

권한쟁의 심판을 청구할 수 있는 국가기관은 헌법에 의하여 설치된 기관이어야 합니다. 따라서 헌법이 아니라 법률에 의하여 설치된 기관(예: 국가인권위원회)은 권한쟁의 심판의 당사자 능력이 없습니다.[100] 국가기관의 부분 기관(예: 국회의장, 국회부의장, 국회의원, 국회 상임위원회, 국무총리, 국무위원, 감사원 등)도 당사자가 될 수 있습니다. 그러나 지방자치단체의 기관(예: 지방자치단체의 장, 지방의회)은 권한쟁의 심판의 당사자 능력이 없습니다.[101]

권한쟁의 심판은 그 사유가 있음을 안 날부터 60일 이내에, 그 사유가 있는 날부터 180일 이내에 청구하여야 하며, 이 기간은 불변기간입니다(같은 법 제63조). 헌법재판소는 권한쟁의 심판의 청구를 받았을 때에는 직권 또는 청구인의 신청에 의하여 종국 결정의 선고 시

까지 심판 대상이 된 피청구인의 처분의 효력을 정지하는 가처분 결정을 할 수 있습니다(같은 법 제65조).

헌법재판소가 권한쟁의 심판에 대한 결정을 내릴 때에는 권한 침해의 원인이 된 피청구인의 처분을 취소하거나 그 무효를 확인할 수 있고, 부작위에 대한 심판 청구를 인용하는 결정을 한 때에는 피청구인은 결정 취지에 따른 처분을 해야 합니다(같은 법 제66조 2항). 헌법재판소의 권한쟁의 심판에 대한 결정은 모든 국가기관과 지방자치단체를 기속합니다. 다만 국가기관 또는 지방자치단체의 처분을 취소하는 결정은 그 처분의 상대방에 대하여 이미 생긴 효력에 영향을 미치지 않습니다(같은 법 제67조 1항, 2항).


## : 한정위헌, 한정합헌, 헌법불합치 결정은 무슨 뜻인가요?

위헌법률 심판 제청에 대한 헌법재판소의 결정 형식과 관련하여 우리 헌법과 〈헌법재판소법〉은 위헌 여부에 대한 결정만을 명시하고 있습니다. 그러나 실제 헌법재판에서는 '한정위헌', '한정합헌', '헌법불합치'라는 결정을 하기도 합니다.

한정위헌, 한정합헌, 헌법불합치 결정은 모두 위헌 결정에 해당하는데, 단순 위헌 결정과 구별하여 변형 결정이라고 하기도 합니다.

헌법재판소 결정의 주문主文에 한정위헌은 "~라고 해석하는 한 헌법에 위반된다." 한정합헌은 "~라고 해석하는 한 합헌이다.", 헌법불합치는 "헌법에 합치되지 아니한다."라고 표기됩니다. 이 가운데 헌법불합치 결정은 해당 법령이 헌법에 위반되지만, 당장 위헌 결정을 해서 법령을 무효화시킬 경우 법령의 공백이 우려될 때 내려지며 보통 국회에 법 개정을 촉구하는 취지를 함께 기재합니다.

96 헌재 1993.12.23. 93헌가2 (법원의 위헌법률 심판 제청의 요건)
97 김하열, 《헌법소송법》, 박영사, 2016, 416쪽
98 헌재 2014.12.19. 2013헌다1 (통합진보당 해산 결정)
99 허영, 《헌법소송법론》, 박영사, 2016. 296쪽
100 헌재 2010.10.28. 2009헌라6 (권한쟁의 심판의 당사자 능력)
101 김하열, 《헌법소송법》, 박영사, 2016. 617쪽. 헌재 2010.4.29. 2009헌라11,

# 선거 관리

공정한 선거 관리는 민주주의의 토대다.

헌법 제7장 '선거 관리'에서는 선거관리위원회와 선거운동에 관하여 규율하고 있습니다. 선거와 국민투표의 공정한 관리 및 정당에 관한 사무를 처리하기 위하여 선거관리위원회를 두고 있습니다(제114조 1항). 선거관리위원회는 그 조직 및 기능이 입법, 행정, 사법 등 다른 국가권력으로부터 독립된 기관입니다.

선거관리위원회는 헌법에 규정된 사무 외에도 〈공공단체 등 위탁 선거에 관한 법률〉에 따른 위탁 선거에 관한 사무와 기타 법령으로 정하는 사무를 담당합니다(선거관리위원회법 제3조).

## (1) 선거관리위원회

선거관리위원회에는 '중앙선거관리위원회'와 '각급 선거관리위원회'가 있습니다.

중앙선거관리위원회는 대통령이 임명하는 3인, 국회에서 선출하는 3인, 대법원장이 지명하는 3인의 위원으로 구성되고, 위원장은 위원 중에서 호선하며 위원의 임기는 6년입니다(제114조 2항, 3항). 헌법은 선거관리위원의 중임이나 연임 제한에 대하여 규정하고 있지 않으므로 연임이 가능한 것으로 해석됩니다. 위원은 정당에 가입하거나 정치에 관여할 수 없으며(같은 조 4항), 탄핵 또는 금고 이상의 형의 선고에 의하지 않고는 파면되지 않습니다(같은 조 5항). 중앙선거관리위원회는 법령의 범위 안에서 선거 관리, 국민투표 관리 또는 정당 사무에 관한 규칙을 제정할 수 있으며, 법률에 저촉되지 않는 범위 안에서 내부 규율에 관한 규칙을 제정할 수 있습니다(같은 조 6항).

각급 선거관리위원회의 조직, 직무 범위 기타 필요한 사항은 법률로 정하며(같은 조 7항), 이를 위해 〈선거관리위원회법〉이 있습니다. 각급 선거관리위원회는 △특별시·광역시·도 선거관리위원회 △구·시·군 선거관리위원회 △읍·면·동 선거관리위원회가 있습니다(선거관리위원회법 제2조).

헌법에 의하면 각급 선거관리위원회는 선거인명부 작성 등 선거 사무와 국민투표 사무에 관하여 관계 행정기관에 필요한 지시를 할 수 있으며, 지시를 받은 당해 행정기관은 이에 응해야 합니다(제115조). 선거운동은 각급 선거관리위원회의 관리 하에 법률이 정하는 범위 안에서 하되, 균등한 기회가 보장되어야 합니다(제116조 제1항).

### (2) 선거공영제

'선거공영제'란 국가가 '선거 관리'와 '선거비용'을 책임지는 것을 말합니다. 선거운동의 과열 방지와 선거의 공정성 확보, 그리고 재력이 없는 유능한 사람에게 입후보 기회를 제공하기 위하여 우리 헌법은 선거공영제를 채택하였습니다. 즉 "선거운동은 각급 선거관리위원회의 관리 하에 법률이 정하는 범위 안에서 하되, 균등한 기회가 보장되어야 한다."(제116조 1항)라고 하여 '선거관리공영제'를, "선거에 관한 경비는 법률이 정하는 경우를 제외하고는 정당 또는 후보자에게 부담시킬 수 없다."(같은 조 2항)라고 하여 '선거비용공영제'를 헌법에 명시하고 있습니다.

선거관리공영제는 선거운동의 기회균등과 과열 방지, 자유롭고 합법적인 선거운동을 보장하기 위해 국가가 직접 선거 과정에 개입하는 것을 말합니다. 그러나 선거관리공영제가 잘못 운영될 경우 자유로운 선거운동을 방해할 우려가 있습니다. 특히 우리나라의 복잡하고 방대한 〈공직선거법〉하에서는 선거관리공영제가 때로는 정치적 자유를 침해한다는 지적이 제기되고 있습니다.

선거비용공영제란 선거에 소요되는 비용을 국가가 부담하는 제도를 말합니다. 선거비용을 개인 부담으로 하면 재력이 없는 사람은 비용 문제 때문에 선거운동을 제대로 하기 어려울 뿐만 아니라 출마조차 못하게 되어 참정권이 침해될 수 있습니다. 이에 재력이 없는 사람에게도 선거운동의 균등한 기회를 보장하고 참정권을 보장하기 위하여 선거비용공영제를 실시하고 있습니다. 그러나 현재의 선거비용공영제는 선거운동 기간의 법정선거비용에 대해서만 적용되고 있다는 한계가 있습니다.

### (3) 정당에 관한 사무

선거관리위원회는 선거나 국민투표에 관한 사무 외에 정당에 관한 사무도 담당합니다. 정당에 관한 사무는 〈정당법〉에 규정된 정당의 등록 업무 및 정당 활동과 관련한 보고, 헌법재판소에 의한 정당 해산결정의 집행, 〈정치자금법〉에 의한 기탁금, 국고보조금 등의 사항과 관련된 사무를 말합니다.[102] 〈정치자금법〉상 기탁금은 정치자금을 정당에 기부하고자 하는 개인이 선거관리위원회에 기탁하는 금전이나 유가증권 그 밖의 물건을 말하는 것으로, 공직 선거에 출마하는 자가 〈공직선거법〉에 의해 선거관리위원회에 선거비용 예납으로 납부해야 하는 기탁금과는 성격이 다릅니다.

: "선거운동은 각급 선거관리위원회의 관리 하에 법률이 정하는 범위 안에서 하되, 균등한 기회가 보장되어야 한다."라고 규정하고 있는 헌법 제116조 1항은 선거운동의 허용 범위를 입법자의 재량에 맡긴 것으로 보아야 할까요?

헌법상 이 조항은 마치 선거운동은 법률이 정하는 범위 안에서만 할 수 있는 것처럼 해석될 소지가 있습니다. 그러나 '선거운동의 자유'는 국민의 기본권이자 자유민주적 기본 질서의 핵심입니다. 선거운동의 자유가 원칙이고 이에 대한 제한은 예외적이어야 합니다. 한편 이 조항은 '선거운동의 기회균등'도 요구하고 있습니다. 따라서 선거운동을 '법률이 정하는 범위 안에서' 해야 한다는 구절은 선거운동의 자유를 제약하기 위한 것이 아니라 공정선거를 실현하기 위해 필요한 입법 사항을 국회가 정하도록 한 것으로 보는 것이 타당합니다.[103]

헌법재판소도 헌법상 이 조항에 대해서 선거운동의 허용 범위를 아무런 제약 없이 입법자의 재량에 맡기는 것으로 해석하여서는 안 된다고 했습니다. 오히려 선거운동은 국민주권 행사의 일환일 뿐 아니라 정치적 표현의 자유의 한 형태로서 민주사회를 구성하고 움직이게 하는 요소이므로 그 제한 입법을 할 때도 엄격한 심사기준이 적용된다고 보았습니다.[104]

102 양건, 《헌법 강의》, 법문사, 2016. 1416쪽
103 한수웅, 《헌법학》, 법문사, 2016. 194쪽
104 헌재 1994.7.29. 93헌가4 (선거운동의 허용 범위에 관한 헌법 제116조 1항 해석)

# 부록

# 헌법 개정의 역사

## 0. 대한민국임시정부 헌법

3.1 운동 직후인 1919년 4월 상해에서 대한민국임시정부가 수립되면서 우리나라 최초의 헌법적 문서인 〈대한민국임시헌장〉(임시정부법령 제1호, 1919.4.11. 제정)이 공포되었다. 〈대한민국임시헌장〉은 국호를 대한민국으로 정하고 민주공화제를 채택하였으며, 평등의 원칙, 언론·출판·집회·결사의 자유, 통신의 자유, 거주·이전의 자유, 신체의 자유 및 재산권 등 자유권적 기본권을 보장하고 선거권과 피선거권을 명시했다. 〈대한민국임시헌장〉은 향후 국가 건설의 기본적인 방향을 밝힌 것으로 구체적인 헌법기관이나 정부 형태에 대해서는 규정하지 않았다.

1919년 9월 11일 상해임시정부가 기존의 한성정부 및 블라디보스톡의 대한국민의회와 통합하면서 〈대한민국임시헌장〉을 〈대한민국임시헌법〉으로 개정했다. 이것이 임시정부 헌법의 첫 개헌이다. 이때 처음으로 '헌법'이라는 명칭을 썼고, 3권 분립을 바탕으로 대통령제

(대통령 이승만, 국무총리 이동휘)를 채택하는 등 본격적인 근대국가 헌법의 면모를 갖췄다.

이후 1925년 임시헌법(제2차 개헌, 국무령제), 1927년 임시약헌(제3차 개헌, 집단지도체제), 1940년의 임시약헌(제4차 개헌, 주석제), 1944년의 임시헌장(제5차 개헌, 주석제) 등 총 다섯 차례의 임시헌법 개정이 있었다. 임시정부의 마지막 개헌인 제5차 개헌은 근대 입헌주의 국가 헌법으로서의 면모를 갖춘 임시헌법으로 평가되며, 그 기본 골격은 1948년 제헌헌법을 거쳐 현행 헌법까지 면면히 이어지고 있다. 〈대한민국헌법〉이 임시정부 헌법에서 연원하고 있다는 사실은 제헌국회 관계자들의 발언을 통해서도 확인할 수 있다.

제헌국회 헌법기초위원장 서상일은 헌법 초안 제안 설명에서 "이 헌법안은 〈대한민국임시헌장〉과 구미 각국의 모든 헌법을 종합해서 기초된 것"이라고 했고, 제헌헌법 초안을 작성한 헌법기초위원회 전문위원 유진오는 "대한민국은 대한민국임시정부와 그 헌법의 이념과 정신을 계승하여 수립되었다고 볼 수 있다."라고 증언한 바 있다. 대한민국임시정부 헌법의 이념은 1930년대부터 임시정부의 공식 노선으로 채택된 삼균주의(정치, 경제, 교육의 균등)였다.


1. 〈대한민국헌법〉 제정(1948년 제헌헌법)

1948년 5월 10일 국회의원 총선거로 제헌국회가 구성되고 곧이어

헌법기초위원회가 만들어졌다. 헌법기초위원회는 유진오 전문위원의 초안(공동안)을 기본으로 하고 권승렬 전문위원의 초안을 참고 자료로 하여 헌법 초안을 심의하여 헌법제정안을 마련했다. 초안은 의원내각제를 채택하였으나 심의 과정에서 대통령제로 바뀌면서 의원내각제와 대통령제가 혼합된 독특한 헌법이 되었다.

제헌헌법의 주요 내용은 △국회의원 임기 4년 △단원제 국회 △대통령, 부통령 국회 선출 (임기 4년, 1차 중임 허용) △국무원제(국무총리, 국무위원, 국무회의) △헌법위원회(위헌법률심사), 탄핵재판소(탄핵심판) 설치 △사회국가 지향, 강력한 통제경제체제(모든 국민에게 생활의 기본적 수요 충족할 수 있게 하는 사회정의 실현을 경제질서의 기본으로 명시, 균형 있는 국민경제의 발전, 근로자 이익균점권, 자연자원의 원칙적 국유화, 공공성을 띤 기업의 원칙적 국공영제, 공공필요에 의한 사기업의 국공유화, 경자유전의 원칙에 입각한 농지개혁) △부칙에 "이 헌법을 제정한 국회는 단기 4278년 8월 15일 이전의 악질적인 반민족행위를 처벌하는 특별법을 제정할 수 있다."라고 규정한 것을 들 수 있다.


## 2. 1952년 제1차 개헌(발췌 개헌)

6.25 전쟁 직전인 1950년 5월에 실시된 제2대 국회의원 총선거에서 이승만 대통령 세력인 대한독립촉성국민회와 대한청년당이 군소 정

당으로 몰락하고 반이승만 세력이 승리했다. 그러자 국회에서의 간선제로 대통령에 재선될 가능성이 희박해진 이승만은 전쟁의 와중에도 1951년 11월 '대통령 직선제'와 '양원제'를 골자로 하는 개헌안을 국회에 제출했다. 그러나 1952년 1월 개헌안 국회 표결에서 압도적 표차로 부결되자, 1952년 5월 이승만 대통령이 개헌안을 약간 수정하여 다시 제출했다. 이후 폭력 조직에 의한 관제 데모와 국회의원 연행 등(부산 정치 파동)으로 정국 경색이 극에 달했던 7월4일 밤, 군경이 국회의사당을 포위한 가운데 찬성 163표, 반대 0표, 기권 3표로 발췌 개헌안을 통과시켰다. 발췌 개헌이라는 별칭은 대통령 직선제를 골자로 하는 정부안과 내각책임제를 골자로 하는 국회안을 발췌하였다는 데서 유래한다.

제1차 개헌의 주요 내용은 △대통령 직선제 △양원제 국회(민의원, 참의원) △국무원불신임제(의원내각제의 내각불신임제와 유사)를 들 수 있다.

제1차 개헌은 '일사부재의 원칙'에 위배되고, 공고되지 않은 개헌안을 표결에 붙였으며, 토론의 자유가 보장되지 않은 채 의결이 강제되었다는 점에서 위헌적인 개헌으로 평가된다.


### 3. 1954년 제2차 개헌(사사오입 개헌)

1954년 5월 20일 제3대 국회의원 총선거에서 이승만 대통령의 자유당이 압도적 승리를 거두자 자유당은 초대 대통령에 대한 영구집권을 가능하게 하는 개헌안을 제출했다. 표결 결과 헌법개정안의 의결은 '재적 의원(203명) 3분의 2 이상 찬성해야' 한다는 헌법 조항에 따른 가결 정족수 136명(재적 의원 203명의 3분의 2는 135.33…명이므로 136명 이상이 가결 정족수가 됨)에서 한 명이 모자란 135명만 찬성 투표를 하자 당시 국회부의장 최순주(자유당 소속)는 부결을 선포했다. 그러나 이틀 후 자유당은 당시 대한수학회 회장을 내세워 사사오입, 즉, 소숫점 아래 4이하는 버리고 5이상은 반올림해야 한다면서, 135.33…에서 소숫점 0.33…은 버려야 하므로 135명이 정족수라고 강변하면서 개헌안이 가결되었다고 선포했다.

제2차 개헌의 주요 내용은 △초대 대통령에 한하여 삼선 제한 철폐하고 무제한 입후보 허용 △주권의 제약과 영토 변경을 위한 개헌은 국민투표에 붙이도록 함 △국무총리제 폐지, 국무위원에 대한 개별적 불신임제 도입 △대통령 궐위시 부통령이 그 지위를 승계 △통제경제에서 자유경제 체제로 전환 △헌법개정 제안권자에 민의원의원 선거권자 50만인 이상의 찬성에 의한 제안 등을 담고 있다.

제2차 개헌은 의결 정족수를 무시한 절차적 잘못이 있을 뿐만 아니라 초대 대통령에 대한 중임 제한을 없앰으로써 이후 민주주의의 발전에 큰 오점을 남겼다.

## 4. 1960년 6월 제3차 개헌(4.19 혁명)

이승만 정권이 1960년 3월 15일 정·부통령 선거에서 부정선거를 저지르자 학생과 시민이 주축이 된 4.19 혁명이 전국으로 확산되었다. 결국 이승만 대통령은 4월 26일 하야 성명을 발표하고, 이어서 허정 외무부장관을 대통령권한대행으로 하는 과도정부가 수립됐다. 허정 과도정부 하에서 국회에 헌법개정기초위원회가 구성되어 1960년 6월 15일 개헌안이 국회에서 의결되었다.

제3차 개헌의 주요 내용은 △의원내각제 채택 △언론·출판·집회·결사의 자유에 대한 사전 허가와 검열제 금지 △기본권 제한시 본질적 내용 침해 금지 △복수정당제 보장 및 정당의 헌법적 지위 강화 △헌법재판소 설치 △대법원장과 대법관 선거제 △중앙선거관리위원회 신설 △경찰 중립성 명문화 △지방자치단체장 직선제 명시 등이 있다.


## 5. 1960년 11월 제4차 개헌(부정선거 관련자 처벌 특례)

3.15 부정선거 주모자 처벌의 헌법적 근거를 마련하기 위해 1960년 11월 29일 헌법 부칙을 개정하였다.

주요 내용으로는 헌법 부칙에 국회가 3.15 부정선거에 관련된 자와 그에 항의하는 국민에 대해 살상 기타의 행위를 한 자를 처벌하거나,

특정한 지위에 있음을 이용하여 1960년 4월 26일 이전에 반민주행위를 한 자의 공민권을 제한하기 위한 특별법을 제정할 수 있다고 명시하였다. 또한 1960년 4월 26일 이전에 지위 또는 권력을 이용해 부정한 방법으로 재산을 축적한 자에 대한 행정·형사상의 처리를 위한 특별법을 제정할 수 있다는 내용을 추가하고 이를 위해 특별재판소와 특별검찰부를 둘 수 있다고 규정하였다.

이에 근거하여 국회는 〈부정선거관련자 처벌법〉, 〈반민주행위자 공민권제한법〉, 〈부정축재 특별처리법〉, 〈특별재판소 및 특별검찰부 조직법〉 등 일련의 입법을 단행하였다. 이는 소급입법 금지의 원칙에 위배된다는 논란이 있었지만 헌법에 직접 특례를 규정함으로서 위헌 시비를 차단하였다.

### 6. 1962년 제5차 개헌(5.16 군사 정변)

1961년 5.16 군사 정변 이후 창설된 국가재건최고회의 산하에 헌법심의위원회를 구성하고(1962년 7월) 개헌안 작성을 시작했다. 헌법심의위원회에서 마련한 개헌안은 1962년 11월 국가재건최고회의에서 의결된 후 12월 17일 국민투표로 확정되었다. 이후 12월 26일에 공포되었고 그로부터 1년 뒤인 1963년 12월 17일부터 발효되었다.

제5차 개헌의 주요 내용은 △대통령제 환원(임기 4년, 1차 중임 허용) △국회 단원제 복귀 △인간의 존엄성 조항 신설 △국회의원의 임기 중 당적 변경시 의원직 상실하게 하는 등 극단적 정당 국가 지향 △헌법재판소 폐지(위헌법률 심사권은 대법원에, 탄핵 심판권은 탄핵심판위원회에 부여) △대법원장과 대법관의 선거제 폐지(대법원장은 중립기관인 법관추천위원회의 제청으로 대통령이 국회의 동의를 얻어 임명) △헌법 개정에 국민투표제 신설 △국가안전보장회의 및 감사원 설치를 들 수 있다.

제5차 개헌에서는 최초로 헌법 전문을 수정하였다. 그 이전까지는 1948년 제헌헌법의 전문을 그대로 이어왔다.

제5차 개헌은 군사정변으로 정부를 전복하고 강행한 개헌이라는 점, 민주주의와 사법부의 독립을 대폭 약화시켰다는 점 등에서 문제가 있다.


## 7. 1969년 제6차 개헌(3선 개헌)

1967년 6월 제7대 국회의원 총선거에서 여당인 공화당이 압승하여 개헌 의석인 3분의 2 이상을 확보하였다. 이에 공화당은 대통령의 3선 연임을 가능케 하는 개헌안을 발의하여, 1967년 10월 17일 국민투표로 확정하고 10월 21일 공포하였다.

제6차 개헌의 주요 내용은 △대통령의 계속 재임을 3기까지 허용 △대통령에 대한 탄핵소추 의결 정족수 강화(재적 의원 3분의 2 이상) △국회의원 정수 증원(150인 이상 250인 이하) △국회의원의 국무위원

겸직을 가능하게 한 것 등을 들 수 있다.

제6차 개헌은 유신 독재로 치닫는 서곡이 되었다.

## 8. 1972년 제7차 개헌(유신헌법)

1971년 5월 제8대 국회의원 총선거에서 제1야당인 신민당이 약진하자(정당별 득표율 : 공화당 47.8%, 신민당 44.4%), 1972년 10월 17일 전국에 비상계엄을 선포하고 대통령 특별담화를 통해 '10.17 비상조치'를 단행하였다. 10.17 비상조치의 내용은 다음과 같다.

(1) 1972년 10월 17일 19시를 기하여 국회를 해산하고, 정당 및 정치 활동의 중지 등 현행 헌법 일부 조항의 효력을 정지한다.

(2) 일부 효력이 정지된 헌법 조항의 기능은 비상국무회의에 의하여 수행되며, 비상국무회의 기능은 현행 헌법의 국무회의가 수행한다.

(3) 비상국무회의는 1972년 10월 27일까지 조국의 평화통일을 지향하는 헌법 개정안을 공고하며, 이를 공고한 날로부터 1개월 이내에 국민투표에 붙여 확정시킨다.

(4) 헌법 개정안이 확정되면 개정된 헌법 절차에 따라 늦어도 금년 연말 이전에 헌정 질서를 정상화시킨다.

이에 따라 비상국무회의에서 작성한 개헌안이 10월 27일 공고되어 11월 21일 국민투표를 거쳐 12월 27일에 공포되었다.

제7차 개헌의 주요 내용은 △대통령 직선제 폐지 △대통령 중임제한 철폐 △통일주체국민회의 설치 △대통령의 긴급조치권 행사시 국회의 통제 기능 삭제 △대통령의 국회 해산권 △대통령이 국회의원 정수 3분의 1 추천 △국회의 회기 단축 △국정감사권 삭제 △국가 안전보장을 기본권 제한 사유에 추가 △기본권의 본질적 내용 침해 금지 조항 삭제 △모든 법관에 대한 대통령의 임명권 명시 △지방의회 구성을 통일 이후로 연기 △헌법개정 제안권자에서 '국회의원 선거권자 50만인 이상의 찬성' 삭제 등을 들 수 있다.

제7차 개헌은 권력분립, 사법부의 독립, 자유권적 기본권을 억압하고, 대통령에게 입법·행정·사법의 전권을 부여하는 한편 영구 집권을 가능하게 함으로써, 사실상 전제군주정으로 회귀한 것이나 다름없었다.


### 9. 1980년 제8차 개헌(제5공화국 헌법)

1979년 10월 26일 박정희 대통령 암살 이후인 12월 6일 통일주체국민회의에서 대통령권한대행 최규하를 대통령으로 선출했다. 그러나 곧이어 12.12 군사 반란으로 최규하 대통령이 실권實權을 상실하고 신군부가 정국을 장악했다. 신군부 주도하에 1980년 5월 17일 전국에 비상계엄이 선포되자 광주 시민들이 궐기했다. 이것이 5.18 광주민주화운동이다. 광주민주화운동을 유혈 진압한 신군부는 1980

년 9월 1일 통일주체국민회의에서 신군부의 핵심 인물이었던 전두환을 대통령으로 선출하고, 9월 9일 정부 헌법개정심의위원회에서 개헌안을 작성하였다. 개헌안은 10월 22일 국민투표를 거쳐 10월 27일 공포되었다.

제8차 개헌의 주요 내용은 △대통령 7년 단임제 △대통령선거인단의 설치 △국군의 국가 안전보장 의무 △정당 운영 국고보조금 지급 △행복추구권 △기본적 인권의 불가침성 △형사피고인에 대한 무죄추정 원칙 △연좌제 금지 △사생활의 비밀과 자유 △환경권 등의 신설을 골자로 하고 있다.

제8차 개헌은 군의 명령 계통을 무시한 군사 반란과 광주 시민 학살을 통해서 폭력적으로 집권한 세력이, 자신들의 집권 기반 강화를 위한 것이라는 점에서 처음부터 민주적 정당성이 결여된 것이었다. 기본권과 통치 구조에서 일부 유신헌법 이전으로 회귀함으로써 민주주의에 대한 국민적 열망에 어느 정도 타협적인 자세를 취하였으나, 이후 국민들의 민주화에 대한 열망은 더욱 거세게 분출하기 시작하였다.

### 10. 1987년 제9차 개헌(현행 헌법)

1987년 1월 14일 경찰 남영동 대공분실에서 대학생 박종철이 물고문을 당하다가 사망하였다. 이 사건으로 정국은 걷잡을 수 없는 파국으로 치닫기 시작했다. 당시는 제12대 국회의원 총선거(1985년 2월)에서 제1 야당으로 약진한 신한민주당 등이 중심이 되어 직선제 개헌 등 개헌에 대한 논의가 광범하게 전개되고 있던 시점이었다. 여당인 민주정의당도 민심 수습과 정권 재창출을 위해서 개헌의 필요성을 인식하고 있었다. 그러나 여당은 의원내각제 개헌을 추진한 반면 야당과 국민은 대통령 직선제를 선호했다. 그러자 대통령 전두환은 1987년 4월 13일 호헌 조치를 발표하면서 개헌 논의를 이듬해 개최되는 88올림픽 이후로 연기하겠다고 밝혔다.

이것은 분노한 민심에 기름을 부은 격이었다. 그해 5월 27일 '민주헌법쟁취국민운동본부(약칭 국본)'가 결성되면서 민주화운동 세력이 결집했다. 국본은 1987년 6월 10일 민주정의당 대통령 후보 지명 전당대회 날짜에 맞춰 박종철 고문치사 은폐를 규탄하는 집회를 서울을 비롯한 전국 22개 도시에서 열기로 했다. 그러나 거사 하루 전날인 6월 9일 사전 집회에 참가했던 대학생 이한열이 경찰이 쏜 최루탄에 맞아 의식불명 상태에 빠졌다(이한열은 7월 5일 숨졌다). 이에 분노한 학생과 시민들은 전국적인 반독재 민주화운동에 돌입하였으니 이것이 6.10 항쟁이다. 시민들은 "호헌철폐 독재타도"를 외치면서 거리를 메웠다. 전국에 걸친 시위는 수그러들 줄 몰랐다.

위기감을 느낀 당시 민주정의당의 대표 노태우는 6.29 선언으로 직선제 개헌을 수용한다고 밝혔다. 이후 개헌을 위한 여야 8인 정치회담에서 직선제 개헌안이 마련되어 1987년 10월 27일 국민투표에서 확정되었다. 개정된 헌법은 1988년 2월 25일부터 시행되었다.

제9차 개헌의 주요 내용은 △5년 단임 대통령 직선제 △대통령 비상조치권 폐지 △국회 회기 제한 폐지 △국정감사 부활 △헌법재판소 부활 △군의 정치적 중립성 △적법절차 조항 신설 △언론·출판·집회·결사에 대한 허가와 검열 금지 △형사보상청구권, 범죄피해자 구조청구권 △사회적 기본권 강화(최저임금제 명시, 여자·모성·노인·청소년·장애자·생활 무능력자 권익 보호) 등을 골자로 한다.

제9차 개헌은 5.18 광주민주화운동과 6.10 항쟁을 통해서 쟁취한 헌정사상 최초의 여야 합의에 의한 헌법 개정으로, 이후 30년 동안 평화적 정권 교체의 전통을 수립하는 데 기여했다. 특히 헌법재판소는 세계적으로도 헌법의 규범성을 확립한 성공적인 사례로 꼽히고 있다. 그러나 제9차 개헌은 대통령 직선제 개헌에 치중한 나머지 제왕적 대통령의 폐해를 극복하지 못하였고, 국가권력의 공화적 운영에 대한 비전을 제시하는 데까지는 미치지 못했으며, 사회·경제 전반의 민주화와 폐습 타파를 위한 구체적이고 실효성 있는 조치가 부족하다는 아쉬움을 남기고 있다. 또 제9차 개헌으로 지방선거를 실시할 수 있는 헌법적 근거가 마련되었으나, 여전히 지방분권의 측면에서는 낙후된 수준에 머물러 있다는 것도 향후 개선할 점으로 지적되고 있다.

# 개헌은 개혁이다 – 개헌 관련 쟁점들

제20대 국회는 제10차 개헌을 위한 헌법개정특별위원회(이하 개헌 특위)를 구성하여 개헌안에 대한 의견 수렴에 착수했다. 2017년 8월 현재까지 개헌특위에서 논의된 내용을 통해서 개헌의 주요 논점과 개헌특위 내의 흐름를 살펴보기로 한다. 이 내용은 개헌특위가 2017년 8월에 펴낸 지역 순회 국민대토론회용 〈헌법 개정 주요 의제〉를 요약한 것이다.

## 1. 헌법 전문 및 총강

헌법 전문에 생명 존중, 복지국가, 지방분권형 국가 등을 명시하고 5.18 민주화운동과 6월 민주화항쟁 등의 헌정사적 사건을 추가하자는 의견과 국론 분열을 방지하기 위해서 신중하자는 의견이 있다. 전문을 민주주의, 공화주의 관점에서 새로 쓰자는 의견도 있다. 개헌특위에서도 이 같은 의견이 제시되었다.

한편 총강 부분에 수도 규정을 신설할 것인지에 대해서 논란이 있다. 이 같은 논란은 헌법재판소가 서울이 수도라는 것이 관습 헌법이라고 밝히면서 시작되었다. 여기에 대해서도 개헌특위에 찬반양론이 대립한다.

## 2. 기본권

### (1) 기본권 주체

현행 헌법은 기본권 주체를 '국민'으로 규정하고 있는데 이를 '사람'으로 바꾸자는 주장이 있다. 이는 외국인에게도 인정되는 기본권도 있다는 점을 근거로 한다. 개헌특위에서는 기본권의 성격에 따라 구분하여 규정하자는 쪽으로 의견이 모아졌다. 다만 개별 기본권에 대하여 사람의 권리로 볼 것인지 국민의 권리로 볼 것인지에 대해서는 계속 논의하기로 했다.

### (2) 평등권(제11조)

차별 금지 사유인 '성별, 종교 또는 사회적 신분'을 보다 확대하자는 논의가 있다. 예컨대 유럽연합 기본권 헌장은 차별 금지 사유를 '성별, 인종, 피부색, 종족 또는 사회적 신분, 유전적 특징, 언어, 소수민족' 등으로 다양하게 예시하고 있다. 차별 금지 사유를 넓히자는 주장에 대해서는 개헌특위에서 대체로 공감하고 있다.

한편 일반적 평등 원칙 규정과 별도로 성평등 조항을 신설하자는
의견과 임신·출산·양육을 이유로 한 차별 금지 규정을 신설하자는
의견, 공직 진출 등에 동등한 참여를 보장하는 규정을 신설하자는
의견도 제시되었으나 이에 대해서도 신중론이 함께 제기되고 있다.

### (3) 영장 신청 주체(제12조, 제16조)

현행 헌법은 범죄수사 단계에서 법관에 대한 영장 신청권을 검사
에게만 인정하고 있는데, 이에 대해서 영장주의의 본질은 영장 발부
를 중립적인 법관이 발부하는데 있으므로 신청 주체를 헌법에 명시
할 필요는 없으며 법률로 정하도록 하자는 주장이 있다. 이 주장은
검사에게 수사권과 기소권 외에 영장신청권까지 독점하게 함으로써
지나치게 권한이 집중되어 있으므로 검찰 개혁 차원에서 제기되었
다. 이에 대해서 신중론자들은 인권 보호를 위해 현행대로 유지하자
는 주장을 하고 있다. 개헌특위 내에서도 의견이 갈리고 있다.

### (4) 범죄피해자 구조청구권(제30조)

현행 헌법은 타인의 범죄로 인하여 생명·신체의 피해를 입은 국민
에게만 범죄피해자 구조청구권을 인정하고 있는데, 여기에 정신적·
재산적 피해를 추가하자는 의견이 있다. 여기에 대해서는 개헌특위
에서 대체로 공감대가 형성되었다.

### (5) '근로', '근로자' 용어(제32조)

현행 헌법에 쓰고 있는 '근로', '근로자'라는 용어 대신 '노동', '노동자'라는 용어를 쓰자는 주장이 있다. 근로는 국가의 동원 체제를 반영한 이념적 용어라는 것이 그 논거다. 한편 법률에서 '노동'과 '근로'가 혼용되고 있어서 혼란을 주고 있으므로 어떤 형태로든 용어 정리가 필요하다는 의견도 있다. 이에 대해서는 단순한 용어 번역의 문제이므로 현행대로 유지하자는 신중론도 있다. 개헌특위 내에서도 의견이 갈리고 있다.

### (6) 공무원의 근로3권(제33조)

현행 헌법은 공무원인 근로자는 법률이 정하는 자에 한하여 근로3권을 가진다고 규정하고 있다. 이에 대해서는 공무원 직무 수행의 공공성·중립성을 감안하여 현행대로 유지하자는 의견, 국제노동기구 및 UN 규약 등 기준에 따라 군인·경찰의 근로3권만 제한하자는 의견 등이 있다. 개헌특위에서는 "권리를 인정하고 법률로써 제한한다"로 개정하자는 의견도 제시되었다.

### (7) 동일가치노동 동일임금 원칙 명시

동일가치노동에 대해서는 동일임금을 지급한다는 조항을 신설하자는 의견이 있다. 주로 남녀 및 정규·비정규직 임금 차별 해소를 염두에 둔 주장이다. 개헌특위는 그 취지에 대체로 동의하지만 헌법에 명시하는 것에 대해서는 신중론도 있으며, '동일임금' 대신 '공정한 임금'으로 대체하자는 의견도 있다.

## 3. 사회 변화를 반영한 새로운 기본권 신설

### (1) 생명권

생명권은 현재도 학설과 판례상 인정되고 있으나 이를 명시함으로써 더욱 강화하자는 것이 생명권 신설론의 입장이다. 개헌특위에서는 생명권 신설을 주장하는 의견, 취지에는 동의하지만 사형제도, 낙태 문제, 배아를 이용한 학문 연구 등과의 관계를 신중히 검토할 필요가 있다는 의견이 제시되었다. 한편 인간 이외의 다른 생명체의 권리, 즉 동물권을 신설할 필요가 있다는 의견도 있었다.

### (2) 안전권

현행 헌법은 국가의 재해 예방 및 그 위험으로부터 국민을 보호할 의무를 규정하고 있으나(제34조 6항), 이를 강화하여 자연재해나 전쟁·사고 등 위험에서 생명과 재산을 보호받을 수 있는 권리를 신절하자는 주장이 있다. 다만 이에 대해서는 안전권을 이유로 국가가 국민의 일상생활에 적극적으로 개입하게 되어 자유권적 기본권이 침해될 우려가 있다는 신중론도 있다. 개헌특위에서는 안전권 신설에 대체로 공감하였으며, 현행 제34조 6항에 "모든 형태의 폭력 예방 의무"를 명시하자는 의견도 제시되었다.

### (3) 망명권

정치적으로 박해받는 자(정치범, 피난민 등)가 망명 등을 통해 보호받을 권리를 신설하자는 주장이 있다. 이는 인권 보장의 국제화·세계화 추세를 고려하고 난민 지위에 관한 협약 등 관련 국제조약을 존중할 필요가 있다는 것이 그 논거이다. 개헌특위에서는 국제조약을 존중하여 망명권을 보장하자는 의견과 불법체류 및 경제적 목적의 악용 우려 등을 이유로 신중해야 한다는 의견이 제시되었다.

### (4) 정보기본권

알권리, 개인정보 자기결정권, 정보문화 향유권, 국가의 정보격차 해소 의무 등을 내용으로 하는 정보기본권을 신설하자는 의견이 있다. 이에 대해서는 현행 헌법상 표현의 자유, 사생활의 비밀과 자유 등의 해석을 통해서도 인정되고 개별 법률로도 보호될 수 있다는 신중론이 있다. 정보기본권의 취지에 대해서는 개헌특위에서 대체로 공감대가 형성되었으나 구체적으로 어떤 내용을 신설할 것인지는 계속 논의하기로 했다.

### (5) 보건권(또는 건강권)

현행 헌법은 보건에 관한 국가의 보호 의무를 규정하고 있으나(제36조 3항) 이를 기본권으로 명시하자는 주장이 있다. 이에 대해서는 현재도 판례에 의하여 보건권이 인정되고 있으므로 불필요하다는 신중론도 있으나 개헌특위에서는 보건권 신설에 대체로 공감이 이루어졌다.

### (6) 사상의 자유

현행 헌법에는 사상의 자유에 관한 규정이 없으므로 신설하자는 주장이 있다. 이에 대해서는 양심의 자유의 해석을 통해서 사상의 자유도 인정되고 있으며, 사상의 자유를 명시할 경우 공산주의 사상 등과의 관계에서 논란이 될 수 있으므로 신중하자는 의견이 있다. 개헌특위에서도 두 가지 의견이 모두 제시되었다.


## 4. 지방분권 강화

### (1) 지방자치 확대

지방분권 강화에 다수 위원이 필요성을 인정하였으나 방향에 대해서는 학계를 중심으로 지방자치강화형(단방제, 단원제), 광역지방정부형(단방제, 양원제), 연방정부형(연방제, 양원제) 등으로 다양하게 제기되고 있어서 개헌특위에서는 보다 심도 있는 논의를 진행하기로 하였다. 아울러 지방자치단체라는 용어 대신 지방정부라는 용어를 써야 한다는 주장도 제기되었다.

### (2) 주민자치권

지방자치가 단순한 제도적 보장이 아니라 국민의 기본권임을 명확히 하기 위하여 주민자치권을 신설하자는 주장이 있다. 이에 대해서는 주민자치가 자치단체장과 지방의회를 통해 자치 사무를 처리하는 대의제 원리에 위배되는 측면이 있으며, 주민자치는 주민투표 등으로 보장하면 된다는 신중론이 있다. 개헌특위에서는 찬반양론이 제기되었다.

### (3) 지방분권국가 선언

헌법 총강에 지방분권을 대한민국의 국가 특성으로 규정하여 중앙집권을 청산하자는 주장이 있으나 연방국가가 아닌 이상 지방분권국가를 선언하는 것은 적절치 않다는 신중론이 있다. 개헌특위에서도 두 가지 의견이 제시되었다.

### (4) 지방자치단체의 종류 명시

현행 헌법은 지방자치단체의 종류를 법률로 정하도록 하고 있는데 이를 헌법에 직접 명시하여 지방자치단체의 법적 지위를 강화하자는 주장이 있다. 이에 대해서는 헌법에 명시할 경우 향후 행정구역의 신설 또는 개편이 필요한 경우에 탄력적 변경이 어려워진다는 신중론이 있다. 개헌특위에서도 두 가지 의견이 제시되었다.

### (5) 중앙과 지방의 사무 배분의 보충성 원칙

주민 생활과 밀접한 사무는 원칙적으로 기초지방자치단체(시·군·구)의 사무로 하되, 기초지방자치단체가 처리하기 어려운 사무는 광역지방자치단체(시·도)에서, 광역지방자치단체가 처리하기 어려운 사무는 국가에서 처리해야 한다는 원칙을 보충성의 원칙이라 한다. 현재 지방자치법 등에 보충성의 원칙이 규정되어 있으나, 헌법에 명시하여 실효성을 제고하자는 주장이 있다. 이에 대해서는 이미 법률에 자세히 규정되어 있으므로 불필요하다는 신중론이 있다. 개헌특위에서도 두 가지 의견이 제시되었다.

### (6) 자치입법권 확대

현행 헌법은 지방자치단체는 법령의 범위 안에서 자치에 관한 규정을 제정할 수 있다고 규정하고 있는데(제117조 1항), '법령의 범위 안에서'는 너무 협소하므로 이를 넓히자는 주장이 있다. 이에 대해서는 자치입법권을 넓힐 경우 선심성 자치입법으로 인한 지방재정 악화 가능성, 자치입법으로 주민의 권리 제한 및 의무 부과에 관한 사항을 규정할 경우 죄형법정주의와 충돌 가능성 등을 우려하는 신중론이 있다. 개헌특위에서도 두 가지 의견이 제시되었다.

### (7) 지방세 조례주의 도입

현행 헌법은 조세법률주의를 규정하여(제38조) 과세를 위해서는 반드시 법률에 규정이 있어야 한다. 이에 대해서 지방세는 예외를 인정하여 조례로 부과·징수하도록 하자는 주장이 있다. 이에 대해서는 도·농간 재정 격차 심화로 부익부 빈익빈 현상, 무분별한 지방세 과세로 인한 주민 부담 증가를 우려하는 신중론이 있다. 개헌특위에서도 두 가지 의견이 제시되었다.


## 5. 재정제도 개편

### (1) 예산법률주의 도입

예산의 목적, 내용, 구체적 집행 기준 등을 법조문 형태로 기재하여 법률 형식으로 의결하는 예산법률주의를 도입하자는 의견이 있다. 이는 재정 민주주의 원칙에 부합하고, 예산의 법규범성을 명확하게 할 수 있으며, 예산의 투명성과 재정 운용의 건전성을 제고할 수 있다는 것이 그 논거다. 이에 대해서는 예산집행의 경직성 증가, 예산법률 편성·심의에 많은 시간 소요 등을 이유로 한 신중론이 있다. 이러한 신중론에 대해서는 예산법률주의가 오히려 정부 예산집행의 효율성·탄력성을 증진시킬 수 있다는 반론도 있다. 개헌특위에서는 대체로 예산법률주의 도입에 공감하였으나 신중론도 있다.

### (2) 국회에서 예산 증액시 정부 동의 조항 삭제(또는 수정)

현행 헌법은 국회가 정부 동의 없이 정부 제출 예산 각항의 금액을 증가하거나 새 비목을 설치할 수 없도록 하고 있다(제57조). 이에 대해서 국회가 제한 없이 예산 수정 권한을 갖는 것이 재정 민주주의에 부합하고 민심을 잘 반영할 수 있으므로 동 조항을 폐지하자는 주장이 있다. 이에 대해서는 국회가 과도한 예산 증액을 할 수 없도록 보완책을 강구하자는 수정 의견과, 동 조항을 폐지하면 행정부가 국회를 견제할 수단이 없으므로 유지하자는 의견이 있다. 개헌특위에서는 대체로 이 조항을 수정 또는 폐지하고 국회의 적극적 예산 수정 권한을 인정하자는 데 공감대가 형성되었다. 다만 과도한 증액 등 부작용에 대해서는 법·제도적 보완 장치가 필요하다는 의견이 있었다. OECD 33개 회원국 가운데 의회의 예산 수정 권한에 대하여 정부가 관여하지 않는 나라가 17개국(52%)에 달한다. 예를 들면 미국, 독일, 일본, 오스트리아, 덴마크, 노르웨이, 뉴질랜드, 스웨덴, 스위스 등이 이에 해당한다.

### (3) 재정준칙 도입

재정준칙이란 재정의 수입·지출, 재정 수지, 국가 채무 등 총량적 재정 지표에 관한 구체적이고 법적 구속력 있는 재정 운용 목표를 말한다. 과도한 국가 채무 방지와 재정 건전성 확보를 위해 재정준칙에 관한 근거 규정을 헌법에 도입하자는 의견이 있다. 이에 대해서는 탄력적 재정 운용을 저해하고 재정의 경기 대응성이 떨어질 수 있다는 신중론이 있다. 개헌특위에서는 수지 균형의 원칙 또는 재정 건전성 조항 도입의 필요성에 대해서는 대체로 공감대가 형성됐다.

### (4) 감사원 소속 변경

현행 헌법은 대통령 소속하에 감사원을 두고 있다(제97조). 이에 대해서 국가의 살림을 감시·감독하는 것은 의회의 고유한 업무이므로 감사원을 국회로 이관하자는 주장이 있다. 한편 정치적 중립성과 독립성의 문제를 이유로 별도의 독립 기구로 설치할 필요가 있다는 의견이 있다. 국회로 이관하는 경우에는 회계검사권만 이관할지 직무감찰권까지 이관할지에 대한 논의가 필요하다. 독립 기구로 할 경우에는 감사원의 권력 남용이 우려되므로 이에 대한 견제 수단이 필요하다. 개헌특위에서는 국회 이관 의견, 독립 기관화 의견이 제시되었다.

## 6. 정부 형태

개헌특위 논의 결과 대통령에게 지나치게 집중된 권한을 분산하여 권력 남용이 없게 하고, 분권과 협치가 가능하도록 제도적 장치를 강화해야 한다는 데 대해서는 공감대가 형성되었다. 다만 구체적인 정부 형태에 대해서는 다양한 의견이 제시되었다. 현재의 대통령 중심제를 개선하여 권력분립을 강화하는 방안, 집행 권한을 분점하는 혼합정부제(이원정부제)를 채택하는 방안, 의회가 선출한 총리를 중심으로 국정을 운영하는 내각책임제를 채택하는 방안 등을 놓고 논의 중이다.

## 7. 입법부 기능 및 책임성 제고

### (1) 양원제 도입 및 국회의원 정수 조정

입법의 신중성, 지방분권(지방대표형 상원 도입시)을 위하여 양원제를 도입하자는 의견과 양원제 도입시 의안 처리 지연, 비용 증가 등을 이유로 반대하는 의견이 있다. 개헌특위에서도 찬반양론이 제시되었다.

현행 헌법상 국회의원 정수는 법률로 정하되 200인 이상으로 하도록 규정하고 있다(제41조). 이에 따라 공직선거법은 국회의원 정수를 300명으로 정하고 있다. 의원 정수 증가에 대한 부정적 여론을 감안할 때 현행 의원 정수를 유지하자는 의견이 있다. 이에 대해서는 다양한 입법 수요를 반영하고, 행정권을 효과적으로 견제하기 위해 의원 정수 확대가 필요하며, 특히 양원제를 도입할 경우 의원 정수 증원이 필요하다는 의견이 있다. 개헌특위에서는 양원제를 도입하더라도 현행 의원 정수 유지 필요성에 대체로 공감대가 형성되었다.

### (2) 국회의원 불체포특권 및 면책특권

불체포특권의 경우 의원 개인의 특권이 아니라 집행권을 견제하는 국회 기능 확보를 위한 것이므로 현행대로 유지하자는 의견과, 국민들에 비해 국회의원에게만 인정되는 특권이며, 이로 인하여 국회에 대한 국민의 신뢰가 저하되므로 폐지하자는 의견이 있다. 개헌특위에서도 두 가지 의견이 제시되었다.

면책특권의 경우 남용 방지를 위해서 명예훼손·모욕적 발언 등은 제외할 필요가 있다는 의견이 있으나 이에 대해서는 면책특권이 국회의 기능과 비판적 역할 수행을 보장하기 위한 제도이므로 현행대로 유지하자는 의견이 있다. 개헌특위에서도 두 가지 의견이 제시되었다.

### (3) 법률안 제출권

현행 헌법상 정부의 법률안 제출권(제52조)이 대통령중심제에 맞지 않고 의원들의 입법에 대한 책임을 감소시키므로 폐지하자는 주장이 있다. 개헌특위에서는 대통령중심제를 유지하는 경우 권력분립 원칙의 충실화를 위하여 정부의 법률안 제출권을 폐지할 필요가 있고, 내각제나 혼합정부제를 도입할 경우 존치해야 한다는 쪽으로 공감대가 형성되었다.

한편 대의민주제를 보완하고 직접민주제 강화를 위해 법률안의 국민발안제를 도입하자는 주장이 있다. 개헌특위 다수의견은 국민발안제 도입 필요성은 인정되나 정밀한 제도적 설계가 필요하다는 입장이다. 반면 재정 부담·포퓰리즘적 법률안 남발 우려 등을 이유로 반대하는 의견도 제시되었다.

## 8. 행정부 구성 방식

### (1) 국무총리제 유지 또는 정·부통령제 도입

대통령중심제 하에서 내각책임제적 요소인 국무총리를 둔 것은 체계 모순이며 부통령을 두는 것이 맞다는 지적이 있다. 개헌특위에서는 국무총리 대신 정·부통령제를 도입하는 문제는 대통령중심제를 유지하는 경우에 해당하는 논점이므로 정부 형태 논의와 연동하여 논의를 진행하기로 했다.

### (2) 대통령 5년 단임제 변경

5년 단임제는 중장기적 국가정책 시행이 곤란하고 재선의 기회가 없으므로 책임성의 원리가 배제되는 문제가 지적되고 있다. 이에 대해서 5년 단임제는 장기 집권을 막기 위한 결단으로 여전히 유효하며, 연임을 허용할 경우 사실상 임기를 2배로 연장하는 결과를 초래한다는 비판이 있다. 개헌특위에서는 대통령의 권한이 상징적이라면 6년 단임제가 적정하다는 의견과 대통령이 실질적 권한을 보유하면서 권한을 다른 헌법기관과 분점한다면 4년 중임제가 적정하다는 의견 등이 개진되었다.

### (3) 대통령 결선투표제 도입

현행 상대적 다수대표제(2위 후보보다 1표라도 더 얻으면 당선)에서는 과반수 득표를 못한 소수파 대통령이 나올 수 있으므로 대표성 확보를 위하여 결선투표제 도입이 필요하다는 주장이 있다. 개헌특위에서는 대통령 직선제를 유지하고 대통령에게 실질적 권한을 부여할 경우에는 결선투표제 도입 여부를 논의할 필요가 있다는 의견이 개진되었다.


## 9. 정당 민주화 및 선거제도

### (1) 공천 민주성

공천이 비민주적이면 선거 및 대의제가 근본적으로 위협받기 때문에 헌법에 당내 경선의 의무적 실시 규정을 둘 필요가 있다는 주장이 있다. 개헌특위에서는 정당의 민주적 운영 원칙을 명시하는 것에 대해서는 대체로 공감대가 형성되었으나 당내 경선의 의무적 실시는 법체계상 헌법에 규정하기 보다는 법률에 규정하는 것이 바람직하다는 의견이 개진되었다.

### (2) 비례대표 선거 원칙

개헌특위에서는 비례성 원칙(정당의 득표수와 비례대표 의석수가 비례하도록 하자는 원칙)을 강화하자는 의견에 대체로 공감했으나, 이에 대해서는 헌법에 명시하지 않고 법률에 위임하자는 의견도 있었다. 다만, 헌법에 비례성 원칙을 명시하더라도 그 구체화 정도는 계속 논의가 필요하다.

### (3) 선거권 및 피선거권 연령 하향

선거권 및 피선거권 연령을 낮추되 헌법에 명시하기 보다는 법률로 정해야 한다는데 개헌특위의 공감대가 형성되었다. 다만 선거권 연령을 18세로 헌법에 명시하자는 의견이 있었다.

### 10. 사법부 구성 방식 및 권한

### (1) 대법원 및 헌법재판소 구성 방식

대법관과 헌법재판관의 독립성, 중립성 보장을 위해 인사추천위원회 제도를 도입하자는 주장이 있다. 이에 대해서는 오히려 현행 헌법 하에서 사법기관 구성에 대한 민주적 정당성(대통령과 국회 등 국민이 선출한 기관이 관여하므로)을 확보할 수 있다는 의견도 있다.

개헌특위에서는 대법관, 헌법재판관의 임명을 위한 인사추천위원회 도입 필요성에 대한 공감대가 형성되었다. 다만 다른 헌법기관 구성원 및 헌법기관장의 선임 절차를 종합적으로 연계하여 검토할 필요가 있다는 의견이 있다.

한편 대법원장과 헌법재판소장 선임 절차와 관련해서는 호선제 도입, 인사추천위원회 도입 등의 의견이 있다. 개헌특위에서는 호선제를 도입하되 대법원장의 경우 헌법재판소장과 같이 대법관 중에서 임명하는 전제 하에서 호선제를 도입하자는 의견이 개진되었고, 호선제 도입시 사법기관 내부의 정치화, 지역주의 첨예화 등을 방지하기 위해 추첨제로 호선하자는 보충 의견도 제시되었다. 반면 사법기관의 전문성, 공평성, 중립성을 위한 인사추천위원회 도입 의견도 있었다.

### (2) 대법원장 인사권

현행 헌법에서는 대법관 임명제청권을 대법원장이 행사한다(제104조 2항). 그 결과 대법원장을 중심으로 한 법원의 수직적 질서가 형성되어 법관의 관료화가 우려되므로 대법원장의 대법관 임명제청권을 폐지하자는 주장이 있다. 이에 대해서는 대법원장 임명시 국회 동의와 대통령 임명을 통해 민주적 정당성이 부여되었으므로 대법관 임명제청권을 유지할 필요가 있다는 반론이 있다. 개헌특위에서는 대법원장의 대법관 임명제청권 폐지에 대체로 공감대가 형성되었다.

한편 현행 헌법에서는 대법원장이 헌법재판관 3분의 1(제111조 3항), 중앙선거관리위원 3분의 1(제114조 2항)에 대한 지명권이 있는데, 이는 민주적 정당성을 직접 확보하지 않은 대법원장에게 과도한 권한을 준 것으로 적절치 않다는 주장이 있다. 개헌특위에서는 대법원장의 지명권 폐지에 대체로 공감하는 분위기다.

대법원장이 대법관회의의 동의를 얻어 일반 법관(대법원장과 대법관이 아닌 법관)을 임명하는 것(제104조)에 대해서도 논의가 있었다. 대법원장의 일반 법관 임명권은 법관의 독립을 위협할 우려가 있으므로 폐지하자는 주장이 있다. 이에 대해서는 기우에 불과하다는 반론도 있다. 개헌특위에서는 일반 법관에 대한 임명권 분산 필요성에 대체로 공감하는 분위기다. 다만 구체적인 대안으로는 법관추천위원회의 추천 절차를 도입하자는 의견, 법관 인사는 법률로 정하자는 의견, 각급 법원에서 법관을 채용하되 임명 방식을 헌법에 규정하자는 의견 등이 개진되었다.

### (3) 헌법재판관 자격

현행 헌법상 헌법재판관은 법관의 자격을 가진 자여야 한다(제111조 2항). 이에 대하여 헌법재판관 자격을 완화하여 헌법학 교수나 국정 운영 경륜이 풍부한 자가 재판관이 될 수 있도록 하여 보다 다양한 관점을 헌법재판에 반영하자는 주장이 있다. 반면 헌법재판도 재판이므로 법관의 자격이 필요하고, 로스쿨 제도가 정착하면 다양한 경력을 갖춘 법조인이 양성되므로 헌법재판소 구성의 다양성도 확보될 것이라는 의견도 있다. 개헌특위에서는 헌법재판관 일부를 법관 자격이 없는 자에게도 개방하자는 의견에 대체로 공감하였으나 반론도 제기되었다.

### (4) 평시 군사법원 폐지 및 비상계엄시 일부 군사재판 단심 규정 폐지

현재 군사법원 사건의 대부분은 일반 형사사건으로 군 조직 관련 특수 범죄는 1~2%에 불과하고, 군판사·군검사·법무참모가 순환 보직하는 구조에서 재판의 독립이 침해될 우려가 있으며, 군대 내 비리나 폭력 사건이 축소·은폐될 위험이 있으므로 평상시에는 군사법원을 폐지하자는 주장이 있다. 이에 대해서 최근 군사법원법 개정으로 군사법원 규모를 축소하고, 일반 장교가 재판에 참여하는 심판관 제도도 예외적으로 운영하도록 개선하였으며, 엄중한 안보 현실을 감안하여 평시 군사법원 제도를 유지할 필요가 있다는 의견이 있다. 개헌특위에서는 평시 군사법원 폐지 의견에 공감대가 형성되었으나 신중론도 제기되었다.

한편 비상계엄시 일부 군사재판 단심 규정(제110조 4항)은 외국의 입법례에서 찾아보기 어려운 제도로서, 적정한 재판 절차를 통한 기본적 인권 보장을 위해서 폐지하자는 주장이 있다. 이에 대해서는 전시 및 국가비상사태에서 전투력 집중을 위해 필요하고 단심 절차의 대상자와 범죄가 한정적이라는 점을 들어 신중론도 제기된다. 개헌특위에서는 단심 재판 폐지 의견에 대체로 공감대가 형성되었으나 반론도 제기되었다.

### (5) 검찰총장 인사추천위원회 및 검사장 주민직선제

독립적이고 공정한 검찰권을 위해 검찰총장 인선을 대통령이 임명하는 현행 헌법(제89조 16호)을 개정하여 인사추천회의 추천 및 국회 동의 절차를 거치도록 하자는 주장이 있다. 다만 검찰총장 인사추천위원회는 헌법이 아닌 법률에 규정하자는 의견도 있다. 개헌특위에서는 인사추천위원회 추천 후 국회 동의 절차를 거치도록 하자는데 대체로 공감하였으나 검찰의 정치화 등 부작용을 우려하는 신중론도 제기되었다.

한편 지방 검사장을 해당 지역 주민이 직접 선거를 통해 선출하도록 하자는 주장이 있다. 검찰 개혁을 위해서는 검사장 승진을 위한 권력 줄서기 및 눈치보기 등을 없애야 한다는 것이 그 논거이다. 이에 대해서는 오히려 검사장 직선제로 검찰이 정치화될 수 있고, 이를 시행하는 미국에서 직선제 검사장의 부패를 연방검사가 수사하는 사례가 끊이지 않고 있다는 점에서 신중론이 제기되기도 한다. 개헌특위에서도 위의 두 가지 의견이 맞서고 있다.


## 11. 헌법 개정 절차

### (1) 헌법 개정안 국민발안제

과거 제2차 개헌~제6차 개헌 당시까지 존재했던 헌법 개정안 국민발안제(선거권자 50만인 이상 제안)를 부활하여 국민주권을 강화하자는 주장이 있다. 개헌특위에는 국민발안제를 부활하되 구체적 심의 절차를 검토할 필요가 있다는 의견, 국민발안 도입시 이익집단 악용, 재정 낭비와 국력 소모가 우려된다는 의견, 국민발안 개헌안을 국회 심의 없이 국민투표에 회부하면 남용의 위험이 우려된다는 의견, 국민발안 개헌안을 국회에서 심의할 경우 찬반 표결만 가능하게 할 것인지 아니면 수정할 수 있도록 할 것인지 검토가 필요하다는 의견

등이 제시되었다.

### (2) 개헌 절차 개선

현행 개헌 절차는 번거롭기 때문에 헌법 개정을 용이하게 하기 위하여 개헌 절차를 간소화하자는 주장이 있다. 개헌특위 논의에서는 권력구조 문제 등은 국민투표로 확정하되, 국민의 기본권을 확장하는 개헌안은 국회의 의결만으로 확정하자는 의견과 현행대로 개헌안에 대한 최종 확정은 국민투표로 해야 한다는 의견이 제시되었다.

# 대한민국헌법

[시행 1988. 2. 25.] [헌법 제10호, 1987. 10. 29., 전부 개정]

## 전문

　유구한 역사와 전통에 빛나는 우리 대한국민은 3·1운동으로 건립된 대한민국임시정부의 법통과 불의에 항거한 4·19 민주 이념을 계승하고, 조국의 민주개혁과 평화적 통일의 사명에 입각하여 정의·인도와 동포애로써 민족의 단결을 공고히 하고, 모든 사회적 폐습과 불의를 타파하며, 자율과 조화를 바탕으로 자유 민주적 기본 질서를 더욱 확고히 하여 정치·경제·사회·문화의 모든 영역에 있어서 각인의 기회를 균등히 하고, 능력을 최고도로 발휘하게 하며, 자유와 권리에 따르는 책임과 의무를 완수하게 하여, 안으로는 국민 생활의 균등한 향상을 기하고 밖으로는 항구적인 세계 평화와 인류 공영에 이바지함으로써 우리들과 우리들의 자손의 안전과 자유와 행복을 영원히 확보할 것을 다짐하면서 1948년 7월 12일에 제정되고 8차에 걸쳐 개정된 헌법을 이제 국회의 의결을 거쳐 국민투표에 의하여 개정한다.

# 제1장 총강

**제1조** ① 대한민국은 민주공화국이다.

② 대한민국의 주권은 국민에게 있고, 모든 권력은 국민으로부터 나온다.

**제2조** ① 대한민국의 국민이 되는 요건은 법률로 정한다.

② 국가는 법률이 정하는 바에 의하여 재외 국민을 보호할 의무를 진다.

**제3조** 대한민국의 영토는 한반도와 그 부속 도서로 한다.

**제4조** 대한민국은 통일을 지향하며, 자유 민주적 기본 질서에 입각한 평화적 통일 정책을 수립하고 이를 추진한다.

**제5조** ① 대한민국은 국제 평화의 유지에 노력하고 침략적 전쟁을 부인한다.

② 국군은 국가의 안전보장과 국토방위의 신성한 의무를 수행함을 사명으로 하며, 그 정치적 중립성은 준수된다.

**제6조** ① 헌법에 의하여 체결·공포된 조약과 일반적으로 승인된 국제법규는 국내법과 같은 효력을 가진다.

② 외국인은 국제법과 조약이 정하는 바에 의하여 그 지위가 보장된다.

**제7조** ① 공무원은 국민 전체에 대한 봉사자이며, 국민에 대하여 책임을 진다.

② 공무원의 신분과 정치적 중립성은 법률이 정하는 바에 의하여 보장된다.

**제8조** ① 정당의 설립은 자유이며, 복수정당제는 보장된다.

② 정당은 그 목적·조직과 활동이 민주적이어야 하며, 국민의 정치적 의사 형성에 참여하는 데 필요한 조직을 가져야 한다.

③ 정당은 법률이 정하는 바에 의하여 국가의 보호를 받으며, 국가는 법률이 정하는 바에 의하여 정당 운영에 필요한 자금을 보조할 수 있다.

④ 정당의 목적이나 활동이 민주적 기본 질서에 위배될 때에는 정부는 헌법재판소에 그 해산을 제소할 수 있고, 정당은 헌법재판소의 심판에 의하

여 해산된다.

제9조   국가는 전통문화의 계승·발전과 민족문화의 창달에 노력하여야 한
다.

# 제2장  국민의 권리와 의무

제10조   모든 국민은 인간으로서의 존엄과 가치를 가지며, 행복을 추구할 권
리를 가진다. 국가는 개인이 가지는 불가침의 기본적 인권을 확인하고 이
를 보장할 의무를 진다.

제11조   ① 모든 국민은 법 앞에 평등하다. 누구든지 성별·종교 또는 사회적
신분에 의하여 정치적·경제적·사회적·문화적 생활의 모든 영역에 있어서
차별을 받지 아니한다.

② 사회적 특수 계급의 제도는 인정되지 아니하며, 어떠한 형태로도 이를
창설할 수 없다.

③ 훈장 등의 영전은 이를 받은 자에게만 효력이 있고, 어떠한 특권도 이에
따르지 아니한다.

제12조   ① 모든 국민은 신체의 자유를 가진다. 누구든지 법률에 의하지 아
니하고는 체포·구속·압수·수색 또는 심문을 받지 아니하며, 법률과 적법
한 절차에 의하지 아니하고는 처벌·보안처분 또는 강제 노역을 받지 아니
한다.

② 모든 국민은 고문을 받지 아니하며, 형사상 자기에게 불리한 진술을 강
요당하지 아니한다.

③ 체포·구속·압수 또는 수색을 할 때에는 적법한 절차에 따라 검사의 신
청에 의하여 법관이 발부한 영장을 제시하여야 한다. 다만, 현행범인인 경
우와 장기 3년 이상의 형에 해당하는 죄를 범하고 도피 또는 증거인멸의 염

려가 있을 때에는 사후에 영장을 청구할 수 있다.

④ 누구든지 체포 또는 구속을 당한 때에는 즉시 변호인의 조력을 받을 권리를 가진다. 다만, 형사피고인이 스스로 변호인을 구할 수 없을 때에는 법률이 정하는 바에 의하여 국가가 변호인을 붙인다.

⑤ 누구든지 체포 또는 구속의 이유와 변호인의 조력을 받을 권리가 있음을 고지받지 아니하고는 체포 또는 구속을 당하지 아니한다. 체포 또는 구속을 당한 자의 가족 등 법률이 정하는 자에게는 그 이유와 일시·장소가 지체없이 통지되어야 한다.

⑥ 누구든지 체포 또는 구속을 당한 때에는 적부의 심사를 법원에 청구할 권리를 가진다.

⑦ 피고인의 자백이 고문·폭행·협박·구속의 부당한 장기화 또는 기망 기타의 방법에 의하여 자의로 진술된 것이 아니라고 인정될 때 또는 정식재판에 있어서 피고인의 자백이 그에게 불리한 유일한 증거일 때에는 이를 유죄의 증거로 삼거나 이를 이유로 처벌할 수 없다.

제13조  ① 모든 국민은 행위시의 법률에 의하여 범죄를 구성하지 아니하는 행위로 소추되지 아니하며, 동일한 범죄에 대하여 거듭 처벌받지 아니한다.

② 모든 국민은 소급입법에 의하여 참정권의 제한을 받거나 재산권을 박탈당하지 아니한다.

③ 모든 국민은 자기의 행위가 아닌 친족의 행위로 인하여 불이익한 처우를 받지 아니한다.

제14조  모든 국민은 거주·이전의 자유를 가진다.

제15조  모든 국민은 직업 선택의 자유를 가진다.

제16조  모든 국민은 주거의 자유를 침해받지 아니한다. 주거에 대한 압수나 수색을 할 때에는 검사의 신청에 의하여 법관이 발부한 영장을 제시하여야 한다.

제17조　모든 국민은 사생활의 비밀과 자유를 침해받지 아니한다.

제18조　모든 국민은 통신의 비밀을 침해받지 아니한다.

제19조　모든 국민은 양심의 자유를 가진다.

제20조　① 모든 국민은 종교의 자유를 가진다.

② 국교는 인정되지 아니하며, 종교와 정치는 분리된다.

제21조　① 모든 국민은 언론·출판의 자유와 집회·결사의 자유를 가진다.

② 언론·출판에 대한 허가나 검열과 집회·결사에 대한 허가는 인정되지 아니한다.

③ 통신·방송의 시설 기준과 신문의 기능을 보장하기 위하여 필요한 사항은 법률로 정한다.

④ 언론·출판은 타인의 명예나 권리 또는 공중도덕이나 사회윤리를 침해하여서는 아니된다. 언론·출판이 타인의 명예나 권리를 침해한 때에는 피해자는 이에 대한 피해의 배상을 청구할 수 있다.

제22조　① 모든 국민은 학문과 예술의 자유를 가진다.

② 저작자·발명가·과학기술자와 예술가의 권리는 법률로써 보호한다.

제23조　① 모든 국민의 재산권은 보장된다. 그 내용과 한계는 법률로 정한다.

② 재산권의 행사는 공공복리에 적합하도록 하여야 한다.

③ 공공 필요에 의한 재산권의 수용·사용 또는 제한 및 그에 대한 보상은 법률로써 하되, 정당한 보상을 지급하여야 한다.

제24조　모든 국민은 법률이 정하는 바에 의하여 선거권을 가진다.

제25조　모든 국민은 법률이 정하는 바에 의하여 공무담임권을 가진다.

제26조　① 모든 국민은 법률이 정하는 바에 의하여 국가기관에 문서로 청원할 권리를 가진다.

② 국가는 청원에 대하여 심사할 의무를 진다.

제27조　① 모든 국민은 헌법과 법률이 정한 법관에 의하여 법률에 의한 재

판을 받을 권리를 가진다.

② 군인 또는 군무원이 아닌 국민은 대한민국의 영역 안에서는 중대한 군사상 기밀·초병·초소·유독 음식물 공급·포로·군용물에 관한 죄 중 법률이 정한 경우와 비상계엄이 선포된 경우를 제외하고는 군사법원의 재판을 받지 아니한다.

③ 모든 국민은 신속한 재판을 받을 권리를 가진다. 형사피고인은 상당한 이유가 없는 한 지체 없이 공개재판을 받을 권리를 가진다.

④ 형사피고인은 유죄의 판결이 확정될 때까지는 무죄로 추정된다.

⑤ 형사 피해자는 법률이 정하는 바에 의하여 당해 사건의 재판 절차에서 진술할 수 있다.

**제28조**  형사 피의자 또는 형사피고인으로서 구금되었던 자가 법률이 정하는 불기소처분을 받거나 무죄판결을 받은 때에는 법률이 정하는 바에 의하여 국가에 정당한 보상을 청구할 수 있다.

**제29조**  ① 공무원의 직무상 불법행위로 손해를 받은 국민은 법률이 정하는 바에 의하여 국가 또는 공공단체에 정당한 배상을 청구할 수 있다. 이 경우 공무원 자신의 책임은 면제되지 아니한다.

② 군인·군무원·경찰공무원 기타 법률이 정하는 자가 전투·훈련 등 직무집행과 관련하여 받은 손해에 대하여는 법률이 정하는 보상 외에 국가 또는 공공단체에 공무원의 직무상 불법행위로 인한 배상은 청구할 수 없다.

**제30조**  타인의 범죄행위로 인하여 생명·신체에 대한 피해를 받은 국민은 법률이 정하는 바에 의하여 국가로부터 구조를 받을 수 있다.

**제31조**  ① 모든 국민은 능력에 따라 균등하게 교육을 받을 권리를 가진다.

② 모든 국민은 그 보호하는 자녀에게 적어도 초등교육과 법률이 정하는 교육을 받게 할 의무를 진다.

③ 의무교육은 무상으로 한다.

④ 교육의 자주성·전문성·정치적 중립성 및 대학의 자율성은 법률이 정

하는 바에 의하여 보장된다.

⑤ 국가는 평생교육을 진흥하여야 한다.

⑥ 학교교육 및 평생교육을 포함한 교육제도와 그 운영, 교육재정 및 교원의 지위에 관한 기본적인 사항은 법률로 정한다.

**제32조** ① 모든 국민은 근로의 권리를 가진다. 국가는 사회적·경제적 방법으로 근로자의 고용의 증진과 적정 임금의 보장에 노력하여야 하며, 법률이 정하는 바에 의하여 최저임금제를 시행하여야 한다.

② 모든 국민은 근로의 의무를 진다. 국가는 근로의 의무의 내용과 조건을 민주주의 원칙에 따라 법률로 정한다.

③ 근로조건의 기준은 인간의 존엄성을 보장하도록 법률로 정한다.

④ 여자의 근로는 특별한 보호를 받으며, 고용·임금 및 근로조건에 있어서 부당한 차별을 받지 아니한다.

⑤ 연소자의 근로는 특별한 보호를 받는다.

⑥ 국가유공자·상이군경 및 전몰군경의 유가족은 법률이 정하는 바에 의하여 우선적으로 근로의 기회를 부여받는다.

**제33조** ① 근로자는 근로조건의 향상을 위하여 자주적인 단결권·단체교섭권 및 단체행동권을 가진다.

② 공무원인 근로자는 법률이 정하는 자에 한하여 단결권·단체교섭권 및 단체행동권을 가진다.

③ 법률이 정하는 주요 방위산업체에 종사하는 근로자의 단체행동권은 법률이 정하는 바에 의하여 이를 제한하거나 인정하지 아니할 수 있다.

**제34조** ① 모든 국민은 인간다운 생활을 할 권리를 가진다.

② 국가는 사회보장·사회복지의 증진에 노력할 의무를 진다.

③ 국가는 여자의 복지와 권익의 향상을 위하여 노력하여야 한다.

④ 국가는 노인과 청소년의 복지 향상을 위한 정책을 실시할 의무를 진다.

⑤ 신체장애자 및 질병·노령 기타의 사유로 생활 능력이 없는 국민은 법률

이 정하는 바에 의하여 국가의 보호를 받는다.

⑥ 국가는 재해를 예방하고 그 위험으로부터 국민을 보호하기 위하여 노력하여야 한다.

제35조   ① 모든 국민은 건강하고 쾌적한 환경에서 생활할 권리를 가지며, 국가와 국민은 환경 보전을 위하여 노력하여야 한다.

② 환경권의 내용과 행사에 관하여는 법률로 정한다.

③ 국가는 주택 개발 정책 등을 통하여 모든 국민이 쾌적한 주거 생활을 할 수 있도록 노력하여야 한다.

제36조   ① 혼인과 가족생활은 개인의 존엄과 양성의 평등을 기초로 성립되고 유지되어야 하며, 국가는 이를 보장한다.

② 국가는 모성의 보호를 위하여 노력하여야 한다.

③ 모든 국민은 보건에 관하여 국가의 보호를 받는다.

제37조   ① 국민의 자유와 권리는 헌법에 열거되지 아니한 이유로 경시되지 아니한다.

② 국민의 모든 자유와 권리는 국가 안전보장·질서유지 또는 공공복리를 위하여 필요한 경우에 한하여 법률로써 제한할 수 있으며, 제한하는 경우에도 자유와 권리의 본질적인 내용을 침해할 수 없다.

제38조   모든 국민은 법률이 정하는 바에 의하여 납세의 의무를 진다.

제39조   ① 모든 국민은 법률이 정하는 바에 의하여 국방의 의무를 진다.

② 누구든지 병역의무의 이행으로 인하여 불이익한 처우를 받지 아니한다.


# 제3장  국회

제40조   입법권은 국회에 속한다.

제41조 ① 국회는 국민의 보통·평등·직접·비밀선거에 의하여 선출된 국회의원으로 구성한다.

② 국회의원의 수는 법률로 정하되, 200인 이상으로 한다.

③ 국회의원의 선거구와 비례대표제 기타 선거에 관한 사항은 법률로 정한다.

제42조 국회의원의 임기는 4년으로 한다.

제43조 국회의원은 법률이 정하는 직을 겸할 수 없다.

제44조 ① 국회의원은 현행범인인 경우를 제외하고는 회기 중 국회의 동의 없이 체포 또는 구금되지 아니한다.

② 국회의원이 회기 전에 체포 또는 구금된 때에는 현행범인이 아닌 한 국회의 요구가 있으면 회기 중 석방된다.

제45조 국회의원은 국회에서 직무상 행한 발언과 표결에 관하여 국회 외에서 책임을 지지 아니한다.

제46조 ① 국회의원은 청렴의 의무가 있다.

② 국회의원은 국가이익을 우선하여 양심에 따라 직무를 행한다.

③ 국회의원은 그 지위를 남용하여 국가·공공단체 또는 기업체와의 계약이나 그 처분에 의하여 재산상의 권리·이익 또는 직위를 취득하거나 타인을 위하여 그 취득을 알선할 수 없다.

제47조 ① 국회의 정기회는 법률이 정하는 바에 의하여 매년 1회 집회되며, 국회의 임시회는 대통령 또는 국회 재적 의원 4분의 1 이상의 요구에 의하여 집회된다.

② 정기회의 회기는 100일을, 임시회의 회기는 30일을 초과할 수 없다.

③ 대통령이 임시회의 집회를 요구할 때에는 기간과 집회 요구의 이유를 명시하여야 한다.

제48조 국회는 의장 1인과 부의장 2인을 선출한다.

제49조 국회는 헌법 또는 법률에 특별한 규정이 없는 한 재적 의원 과반수

의 출석과 출석 의원 과반수의 찬성으로 의결한다. 가부 동수인 때에는 부결된 것으로 본다.

제50조 ① 국회의 회의는 공개한다. 다만, 출석 의원 과반수의 찬성이 있거나 의장이 국가의 안전보장을 위하여 필요하다고 인정할 때에는 공개하지 아니할 수 있다.

② 공개하지 아니한 회의 내용의 공표에 관하여는 법률이 정하는 바에 의한다.

제51조 국회에 제출된 법률안 기타의 의안은 회기 중에 의결되지 못한 이유로 폐기되지 아니한다. 다만, 국회의원의 임기가 만료된 때에는 그러하지 아니하다.

제52조 국회의원과 정부는 법률안을 제출할 수 있다.

제53조 ① 국회에서 의결된 법률안은 정부에 이송되어 15일 이내에 대통령이 공포한다.

② 법률안에 이의가 있을 때에는 대통령은 제1항의 기간 내에 이의서를 붙여 국회로 환부하고, 그 재의를 요구할 수 있다. 국회의 폐회 중에도 또한 같다.

③ 대통령은 법률안의 일부에 대하여 또는 법률안을 수정하여 재의를 요구할 수 없다.

④ 재의의 요구가 있을 때에는 국회는 재의에 붙이고, 재적 의원 과반수의 출석과 출석 의원 3분의 2 이상의 찬성으로 전과 같은 의결을 하면 그 법률안은 법률로서 확정된다.

⑤ 대통령이 제1항의 기간 내에 공포나 재의의 요구를 하지 아니한 때에도 그 법률안은 법률로서 확정된다.

⑥ 대통령은 제4항과 제5항의 규정에 의하여 확정된 법률을 지체 없이 공포하여야 한다. 제5항에 의하여 법률이 확정된 후 또는 제4항에 의한 확정 법률이 정부에 이송된 후 5일 이내에 대통령이 공포하지 아니할 때에는 국

회의장이 이를 공포한다.

⑦ 법률은 특별한 규정이 없는 한 공포한 날로부터 20일을 경과함으로써 효력을 발생한다.

**제54조**　① 국회는 국가의 예산안을 심의·확정한다.

② 정부는 회계연도마다 예산안을 편성하여 회계연도 개시 90일 전까지 국회에 제출하고, 국회는 회계연도 개시 30일 전까지 이를 의결하여야 한다.

③ 새로운 회계연도가 개시될 때까지 예산안이 의결되지 못한 때에는 정부는 국회에서 예산안이 의결될 때까지 다음의 목적을 위한 경비는 전년도 예산에 준하여 집행할 수 있다.

1. 헌법이나 법률에 의하여 설치된 기관 또는 시설의 유지·운영

2. 법률상 지출 의무의 이행

3. 이미 예산으로 승인된 사업의 계속

**제55조**　① 한 회계연도를 넘어 계속하여 지출할 필요가 있을 때에는 정부는 연한을 정하여 계속비로서 국회의 의결을 얻어야 한다.

② 예비비는 총액으로 국회의 의결을 얻어야 한다. 예비비의 지출은 차기 국회의 승인을 얻어야 한다.

**제56조**　정부는 예산에 변경을 가할 필요가 있을 때에는 추가경정예산안을 편성하여 국회에 제출할 수 있다.

**제57조**　국회는 정부의 동의 없이 정부가 제출한 지출예산 각항의 금액을 증가하거나 새 비목을 설치할 수 없다.

**제58조**　국채를 모집하거나 예산 외에 국가의 부담이 될 계약을 체결하려 할 때에는 정부는 미리 국회의 의결을 얻어야 한다.

**제59조**　조세의 종목과 세율은 법률로 정한다.

**제60조**　① 국회는 상호 원조 또는 안전보장에 관한 조약, 중요한 국제조직에 관한 조약, 우호 통상항해조약, 주권의 제약에 관한 조약, 강화조약, 국가나 국민에게 중대한 재정적 부담을 지우는 조약 또는 입법사항에 관한 조

약의 체결·비준에 대한 동의권을 가진다.

② 국회는 선전포고, 국군의 외국에의 파견 또는 외국 군대의 대한민국 영역 안에서의 주류에 대한 동의권을 가진다.

제61조 ① 국회는 국정을 감사하거나 특정한 국정 사안에 대하여 조사할 수 있으며, 이에 필요한 서류의 제출 또는 증인의 출석과 증언이나 의견의 진술을 요구할 수 있다.

② 국정감사 및 조사에 관한 절차 기타 필요한 사항은 법률로 정한다.

제62조 ① 국무총리·국무위원 또는 정부위원은 국회나 그 위원회에 출석하여 국정 처리 상황을 보고하거나 의견을 진술하고 질문에 응답할 수 있다.

② 국회나 그 위원회의 요구가 있을 때에는 국무총리·국무위원 또는 정부위원은 출석·답변하여야 하며, 국무총리 또는 국무위원이 출석요구를 받은 때에는 국무위원 또는 정부위원으로 하여금 출석·답변하게 할 수 있다.

제63조 ① 국회는 국무총리 또는 국무위원의 해임을 대통령에게 건의할 수 있다.

② 제1항의 해임 건의는 국회 재적 의원 3분의 1 이상의 발의에 의하여 국회 재적 의원 과반수의 찬성이 있어야 한다.

제64조 ① 국회는 법률에 저촉되지 아니하는 범위 안에서 의사와 내부 규율에 관한 규칙을 제정할 수 있다.

② 국회는 의원의 자격을 심사하며, 의원을 징계할 수 있다.

③ 의원을 제명하려면 국회 재적 의원 3분의 2 이상의 찬성이 있어야 한다.

④ 제2항과 제3항의 처분에 대하여는 법원에 제소할 수 없다.

제65조 ① 대통령·국무총리·국무위원·행정 각부의 장·헌법재판소 재판관·법관·중앙선거관리위원회 위원·감사원장·감사위원 기타 법률이 정한 공무원이 그 직무 집행에 있어서 헌법이나 법률을 위배한 때에는 국회는 탄핵의 소추를 의결할 수 있다.

② 제1항의 탄핵 소추는 국회 재적 의원 3분의 1 이상의 발의가 있어야 하

며, 그 의결은 국회 재적 의원 과반수의 찬성이 있어야 한다. 다만, 대통령에 대한 탄핵 소추는 국회 재적 의원 과반수의 발의와 국회 재적 의원 3분의 2 이상의 찬성이 있어야 한다.

③ 탄핵 소추의 의결을 받은 자는 탄핵 심판이 있을 때까지 그 권한 행사가 정지된다.

④ 탄핵 결정은 공직으로부터 파면함에 그친다. 그러나 이에 의하여 민사상이나 형사상의 책임이 면제되지는 아니한다.

# 제4장  정부

## 제1절  대통령

**제66조**  ① 대통령은 국가의 원수이며, 외국에 대하여 국가를 대표한다.

② 대통령은 국가의 독립·영토의 보전·국가의 계속성과 헌법을 수호할 책무를 진다.

③ 대통령은 조국의 평화적 통일을 위한 성실한 의무를 진다.

④ 행정권은 대통령을 수반으로 하는 정부에 속한다.

**제67조**  ① 대통령은 국민의 보통·평등·직접·비밀선거에 의하여 선출한다.

② 제1항의 선거에 있어서 최고 득표자가 2인 이상인 때에는 국회의 재적의원 과반수가 출석한 공개회의에서 다수표를 얻은 자를 당선자로 한다.

③ 대통령 후보자가 1인일 때에는 그 득표수가 선거권자 총수의 3분의 1 이상이 아니면 대통령으로 당선될 수 없다.

④ 대통령으로 선거될 수 있는 자는 국회의원의 피선거권이 있고 선거일 현재 40세에 달하여야 한다.

⑤ 대통령의 선거에 관한 사항은 법률로 정한다.

**제68조** ① 대통령의 임기가 만료되는 때에는 임기 만료 70일 내지 40일 전에 후임자를 선거한다.

② 대통령이 궐위된 때 또는 대통령 당선자가 사망하거나 판결 기타의 사유로 그 자격을 상실한 때에는 60일 이내에 후임자를 선거한다.

**제69조** 대통령은 취임에 즈음하여 다음의 선서를 한다.

"나는 헌법을 준수하고 국가를 보위하며 조국의 평화적 통일과 국민의 자유와 복리의 증진 및 민족문화의 창달에 노력하여 대통령으로서의 직책을 성실히 수행할 것을 국민 앞에 엄숙히 선서합니다."

**제70조** 대통령의 임기는 5년으로 하며, 중임할 수 없다.

**제71조** 대통령이 궐위되거나 사고로 인하여 직무를 수행할 수 없을 때에는 국무총리, 법률이 정한 국무위원의 순서로 그 권한을 대행한다.

**제72조** 대통령은 필요하다고 인정할 때에는 외교·국방·통일 기타 국가 안위에 관한 중요 정책을 국민투표에 붙일 수 있다.

**제73조** 대통령은 조약을 체결·비준하고, 외교사절을 신임·접수 또는 파견하며, 선전포고와 강화를 한다.

**제74조** ① 대통령은 헌법과 법률이 정하는 바에 의하여 국군을 통수한다.

② 국군의 조직과 편성은 법률로 정한다.

**제75조** 대통령은 법률에서 구체적으로 범위를 정하여 위임받은 사항과 법률을 집행하기 위하여 필요한 사항에 관하여 대통령령을 발할 수 있다.

**제76조** ① 대통령은 내우·외환·천재·지변 또는 중대한 재정·경제상의 위기에 있어서 국가의 안전보장 또는 공공의 안녕질서를 유지하기 위하여 긴급한 조치가 필요하고 국회의 집회를 기다릴 여유가 없을 때에 한하여 최소한으로 필요한 재정·경제상의 처분을 하거나 이에 관하여 법률의 효력을 가지는 명령을 발할 수 있다.

② 대통령은 국가의 안위에 관계되는 중대한 교전 상태에 있어서 국가를 보위하기 위하여 긴급한 조치가 필요하고 국회의 집회가 불가능한 때에 한

하여 법률의 효력을 가지는 명령을 발할 수 있다.

③ 대통령은 제1항과 제2항의 처분 또는 명령을 한 때에는 지체 없이 국회에 보고하여 그 승인을 얻어야 한다.

④ 제3항의 승인을 얻지 못한 때에는 그 처분 또는 명령은 그때부터 효력을 상실한다. 이 경우 그 명령에 의하여 개정 또는 폐지되었던 법률은 그 명령이 승인을 얻지 못한 때부터 당연히 효력을 회복한다.

⑤ 대통령은 제3항과 제4항의 사유를 지체 없이 공포하여야 한다.

제77조　① 대통령은 전시·사변 또는 이에 준하는 국가비상사태에 있어서 병력으로써 군사상의 필요에 응하거나 공공의 안녕질서를 유지할 필요가 있을 때에는 법률이 정하는 바에 의하여 계엄을 선포할 수 있다.

② 계엄은 비상계엄과 경비계엄으로 한다.

③ 비상계엄이 선포된 때에는 법률이 정하는 바에 의하여 영장 제도, 언론·출판·집회·결사의 자유, 정부나 법원의 권한에 관하여 특별한 조치를 할 수 있다.

④ 계엄을 선포한 때에는 대통령은 지체 없이 국회에 통고하여야 한다.

⑤ 국회가 재적 의원 과반수의 찬성으로 계엄의 해제를 요구한 때에는 대통령은 이를 해제하여야 한다.

제78조　대통령은 헌법과 법률이 정하는 바에 의하여 공무원을 임면한다.

제79조　① 대통령은 법률이 정하는 바에 의하여 사면·감형 또는 복권을 명할 수 있다.

② 일반사면을 명하려면 국회의 동의를 얻어야 한다.

③ 사면·감형 및 복권에 관한 사항은 법률로 정한다.

제80조　대통령은 법률이 정하는 바에 의하여 훈장 기타의 영전을 수여한다.

제81조　대통령은 국회에 출석하여 발언하거나 서한으로 의견을 표시할 수 있다.

**제82조**  대통령의 국법상 행위는 문서로써 하며, 이 문서에는 국무총리와 관계 국무위원이 부서한다. 군사에 관한 것도 또한 같다.

**제83조**  대통령은 국무총리·국무위원·행정 각부의 장 기타 법률이 정하는 공사의 직을 겸할 수 없다.

**제84조**  대통령은 내란 또는 외환의 죄를 범한 경우를 제외하고는 재직 중 형사상의 소추를 받지 아니한다.

**제85조**  전직 대통령의 신분과 예우에 관하여는 법률로 정한다.

# 제2절  행정부

### 제1관  국무총리와 국무위원

**제86조**  ① 국무총리는 국회의 동의를 얻어 대통령이 임명한다.

② 국무총리는 대통령을 보좌하며, 행정에 관하여 대통령의 명을 받아 행정 각부를 통할한다.

③ 군인은 현역을 면한 후가 아니면 국무총리로 임명될 수 없다.

**제87조**  ① 국무위원은 국무총리의 제청으로 대통령이 임명한다.

② 국무위원은 국정에 관하여 대통령을 보좌하며, 국무회의의 구성원으로서 국정을 심의한다.

③ 국무총리는 국무위원의 해임을 대통령에게 건의할 수 있다.

④ 군인은 현역을 면한 후가 아니면 국무위원으로 임명될 수 없다.

### 제2관  국무회의

**제88조**  ① 국무회의는 정부의 권한에 속하는 중요한 정책을 심의한다.

② 국무회의는 대통령·국무총리와 15인 이상 30인 이하의 국무위원으로 구성한다.

③ 대통령은 국무회의의 의장이 되고, 국무총리는 부의장이 된다.

**제89조** 다음 사항은 국무회의의 심의를 거쳐야 한다.

1. 국정의 기본 계획과 정부의 일반 정책

2. 선전·강화 기타 중요한 대외 정책

3. 헌법 개정안·국민 투표안·조약안·법률안 및 대통령령안

4. 예산안·결산·국유재산 처분의 기본 계획·국가의 부담이 될 계약 기타 재정에 관한 중요 사항

5. 대통령의 긴급명령·긴급 재정 경제 처분 및 명령 또는 계엄과 그 해제

6. 군사에 관한 중요 사항

7. 국회의 임시회 집회의 요구

8. 영전 수여

9. 사면·감형과 복권

10. 행정 각부 간의 권한의 획정

11. 정부안의 권한의 위임 또는 배정에 관한 기본 계획

12. 국정 처리 상황의 평가·분석

13. 행정 각부의 중요한 정책의 수립과 조정

14. 정당 해산의 제소

15. 정부에 제출 또는 회부된 정부의 정책에 관계되는 청원의 심사

16. 검찰총장·합동참모의장·각군 참모총장·국립대학교 총장·대사 기타 법률이 정한 공무원과 국영기업체 관리자의 임명

17. 기타 대통령·국무총리 또는 국무위원이 제출한 사항

**제90조** ① 국정의 중요한 사항에 관한 대통령의 자문에 응하기 위하여 국가 원로로 구성되는 국가 원로 자문 회의를 둘 수 있다.

② 국가 원로 자문 회의의 의장은 직전 대통령이 된다. 다만, 직전 대통령이 없을 때에는 대통령이 지명한다.

③ 국가 원로 자문 회의의 조직·직무 범위 기타 필요한 사항은 법률로 정한다.

**제91조**  ① 국가 안전보장에 관련되는 대외 정책·군사 정책과 국내 정책의 수립에 관하여 국무회의의 심의에 앞서 대통령의 자문에 응하기 위하여 국가안전보장회의를 둔다.

② 국가안전보장회의는 대통령이 주재한다.

③ 국가안전보장회의의 조직·직무 범위 기타 필요한 사항은 법률로 정한다.

**제92조**  ① 평화통일 정책의 수립에 관한 대통령의 자문에 응하기 위하여 민주평화통일자문회의를 둘 수 있다.

② 민주평화통일자문회의의 조직·직무 범위 기타 필요한 사항은 법률로 정한다.

**제93조**  ① 국민경제의 발전을 위한 중요 정책의 수립에 관하여 대통령의 자문에 응하기 위하여 국민경제자문회의를 둘 수 있다.

② 국민경제자문회의의 조직·직무 범위 기타 필요한 사항은 법률로 정한다.


### 제3관  행정 각부

**제94조**  행정 각부의 장은 국무위원 중에서 국무총리의 제청으로 대통령이 임명한다.

**제95조**  국무총리 또는 행정 각부의 장은 소관 사무에 관하여 법률이나 대통령령의 위임 또는 직권으로 총리령 또는 부령을 발할 수 있다.

**제96조**  행정 각부의 설치·조직과 직무 범위는 법률로 정한다.


### 제4관  감사원

**제97조**  국가의 세입·세출의 결산, 국가 및 법률이 정한 단체의 회계검사와 행정기관 및 공무원의 직무에 관한 감찰을 하기 위하여 대통령 소속하에 감사원을 둔다.

**제98조**  ① 감사원은 원장을 포함한 5인 이상 11인 이하의 감사위원으로 구

성한다.

② 원장은 국회의 동의를 얻어 대통령이 임명하고, 그 임기는 4년으로 하며, 1차에 한하여 중임할 수 있다.

③ 감사위원은 원장의 제청으로 대통령이 임명하고, 그 임기는 4년으로 하며, 1차에 한하여 중임할 수 있다.

제99조  감사원은 세입·세출의 결산을 매년 검사하여 대통령과 차년도 국회에 그 결과를 보고하여야 한다.

제100조  감사원의 조직·직무 범위·감사위원의 자격·감사 대상 공무원의 범위 기타 필요한 사항은 법률로 정한다.


# 제5장  법원

제101조  ① 사법권은 법관으로 구성된 법원에 속한다.

② 법원은 최고법원인 대법원과 각급 법원으로 조직된다.

③ 법관의 자격은 법률로 정한다.

제102조  ① 대법원에 부를 둘 수 있다.

② 대법원에 대법관을 둔다. 다만, 법률이 정하는 바에 의하여 대법관이 아닌 법관을 둘 수 있다.

③ 대법원과 각급 법원의 조직은 법률로 정한다.

제103조  법관은 헌법과 법률에 의하여 그 양심에 따라 독립하여 심판한다.

제104조  ① 대법원장은 국회의 동의를 얻어 대통령이 임명한다.

② 대법관은 대법원장의 제청으로 국회의 동의를 얻어 대통령이 임명한다.

③ 대법원장과 대법관이 아닌 법관은 대법관회의의 동의를 얻어 대법원장이 임명한다.

제105조  ① 대법원장의 임기는 6년으로 하며, 중임할 수 없다.

② 대법관의 임기는 6년으로 하며, 법률이 정하는 바에 의하여 연임할 수 있다.

③ 대법원장과 대법관이 아닌 법관의 임기는 10년으로 하며, 법률이 정하는 바에 의하여 연임할 수 있다.

④ 법관의 정년은 법률로 정한다.

제106조 ① 법관은 탄핵 또는 금고 이상의 형의 선고에 의하지 아니하고는 파면되지 아니하며, 징계처분에 의하지 아니하고는 정직·감봉 기타 불리한 처분을 받지 아니한다.

② 법관이 중대한 심신상의 장해로 직무를 수행할 수 없을 때에는 법률이 정하는 바에 의하여 퇴직하게 할 수 있다.

제107조 ① 법률이 헌법에 위반되는 여부가 재판의 전제가 된 경우에는 법원은 헌법재판소에 제청하여 그 심판에 의하여 재판한다.

② 명령·규칙 또는 처분이 헌법이나 법률에 위반되는 여부가 재판의 전제가 된 경우에는 대법원은 이를 최종적으로 심사할 권한을 가진다.

③ 재판의 전심 절차로서 행정심판을 할 수 있다. 행정심판의 절차는 법률로 정하되, 사법절차가 준용되어야 한다.

제108조 대법원은 법률에 저촉되지 아니하는 범위 안에서 소송에 관한 절차, 법원의 내부 규율과 사무 처리에 관한 규칙을 제정할 수 있다.

제109조 재판의 심리와 판결은 공개한다. 다만, 심리는 국가의 안전보장 또는 안녕질서를 방해하거나 선량한 풍속을 해할 염려가 있을 때에는 법원의 결정으로 공개하지 아니할 수 있다.

제110조 ① 군사재판을 관할하기 위하여 특별법원으로서 군사법원을 둘 수 있다.

② 군사법원의 상고심은 대법원에서 관할한다.

③ 군사법원의 조직·권한 및 재판관의 자격은 법률로 정한다.

④ 비상계엄하의 군사재판은 군인·군무원의 범죄나 군사에 관한 간첩죄의

경우와 초병·초소·유독 음식물 공급·포로에 관한 죄 중 법률이 정한 경우에 한하여 단심으로 할 수 있다. 다만, 사형을 선고한 경우에는 그러하지 아니하다.

## 제6장 헌법재판소

**제111조** ① 헌법재판소는 다음 사항을 관장한다.

1. 법원의 제청에 의한 법률의 위헌 여부 심판

2. 탄핵의 심판

3. 정당의 해산 심판

4. 국가기관 상호 간, 국가기관과 지방자치단체 간 및 지방자치단체 상호 간의 권한쟁의에 관한 심판

5. 법률이 정하는 헌법 소원에 관한 심판

② 헌법재판소는 법관의 자격을 가진 9인의 재판관으로 구성하며, 재판관은 대통령이 임명한다.

③ 제2항의 재판관 중 3인은 국회에서 선출하는 자를, 3인은 대법원장이 지명하는 자를 임명한다.

④ 헌법재판소의 장은 국회의 동의를 얻어 재판관 중에서 대통령이 임명한다.

**제112조** ① 헌법재판소 재판관의 임기는 6년으로 하며, 법률이 정하는 바에 의하여 연임할 수 있다.

② 헌법재판소 재판관은 정당에 가입하거나 정치에 관여할 수 없다.

③ 헌법재판소 재판관은 탄핵 또는 금고 이상의 형의 선고에 의하지 아니하고는 파면되지 아니한다.

**제113조** ① 헌법재판소에서 법률의 위헌 결정, 탄핵의 결정, 정당 해산의 결

정 또는 헌법 소원에 관한 인용 결정을 할 때에는 재판관 6인 이상의 찬성이 있어야 한다.

② 헌법재판소는 법률에 저촉되지 아니하는 범위 안에서 심판에 관한 절차, 내부 규율과 사무 처리에 관한 규칙을 제정할 수 있다.

③ 헌법재판소의 조직과 운영 기타 필요한 사항은 법률로 정한다.

# 제7장 선거 관리

**제114조**  ① 선거와 국민투표의 공정한 관리 및 정당에 관한 사무를 처리하기 위하여 선거관리위원회를 둔다.

② 중앙선거관리위원회는 대통령이 임명하는 3인, 국회에서 선출하는 3인과 대법원장이 지명하는 3인의 위원으로 구성한다. 위원장은 위원 중에서 호선한다.

③ 위원의 임기는 6년으로 한다.

④ 위원은 정당에 가입하거나 정치에 관여할 수 없다.

⑤ 위원은 탄핵 또는 금고 이상의 형의 선고에 의하지 아니하고는 파면되지 아니한다.

⑥ 중앙선거관리위원회는 법령의 범위 안에서 선거 관리·국민투표 관리 또는 정당 사무에 관한 규칙을 제정할 수 있으며, 법률에 저촉되지 아니하는 범위 안에서 내부 규율에 관한 규칙을 제정할 수 있다.

⑦ 각급 선거관리위원회의 조직·직무 범위 기타 필요한 사항은 법률로 정한다.

**제115조**  ① 각급 선거관리위원회는 선거인명부의 작성 등 선거 사무와 국민투표 사무에 관하여 관계 행정기관에 필요한 지시를 할 수 있다.

② 제1항의 지시를 받은 당해 행정기관은 이에 응하여야 한다.

**제116조** ① 선거운동은 각급 선거관리위원회의 관리하에 법률이 정하는 범위 안에서 하되, 균등한 기회가 보장되어야 한다.

② 선거에 관한 경비는 법률이 정하는 경우를 제외하고는 정당 또는 후보자에게 부담시킬 수 없다.

# 제8장 지방자치

**제117조** ① 지방자치단체는 주민의 복리에 관한 사무를 처리하고 재산을 관리하며, 법령의 범위 안에서 자치에 관한 규정을 제정할 수 있다.

② 지방자치단체의 종류는 법률로 정한다.

**제118조** ① 지방자치단체에 의회를 둔다.

② 지방의회의 조직·권한·의원 선거와 지방자치단체의 장의 선임 방법 기타 지방자치단체의 조직과 운영에 관한 사항은 법률로 정한다.

# 제9장 경제

**제119조** ① 대한민국의 경제 질서는 개인과 기업의 경제상의 자유와 창의를 존중함을 기본으로 한다.

② 국가는 균형 있는 국민경제의 성장 및 안정과 적정한 소득의 분배를 유지하고, 시장의 지배와 경제력의 남용을 방지하며, 경제주체 간의 조화를 통한 경제의 민주화를 위하여 경제에 관한 규제와 조정을 할 수 있다.

**제120조** ① 광물 기타 중요한 지하자원·수산자원·수력과 경제상 이용할 수 있는 자연력은 법률이 정하는 바에 의하여 일정한 기간 그 채취·개발 또는 이용을 특허할 수 있다.

② 국토와 자원은 국가의 보호를 받으며, 국가는 그 균형 있는 개발과 이용을 위하여 필요한 계획을 수립한다.

제121조　① 국가는 농지에 관하여 경자유전의 원칙이 달성될 수 있도록 노력하여야 하며, 농지의 소작제도는 금지된다.

② 농업 생산성의 제고와 농지의 합리적인 이용을 위하거나 불가피한 사정으로 발생하는 농지의 임대차와 위탁 경영은 법률이 정하는 바에 의하여 인정된다.

제122조　국가는 국민 모두의 생산 및 생활의 기반이 되는 국토의 효율적이고 균형 있는 이용·개발과 보전을 위하여 법률이 정하는 바에 의하여 그에 관한 필요한 제한과 의무를 과할 수 있다.

제123조　① 국가는 농업 및 어업을 보호·육성하기 위하여 농·어촌 종합개발과 그 지원 등 필요한 계획을 수립·시행하여야 한다.

② 국가는 지역 간의 균형 있는 발전을 위하여 지역 경제를 육성할 의무를 진다.

③ 국가는 중소기업을 보호·육성하여야 한다.

④ 국가는 농수산물의 수급 균형과 유통 구조의 개선에 노력하여 가격 안정을 도모함으로써 농·어민의 이익을 보호한다.

⑤ 국가는 농·어민과 중소기업의 자조 조직을 육성하여야 하며, 그 자율적 활동과 발전을 보장한다.

제124조　국가는 건전한 소비 행위를 계도하고 생산품의 품질 향상을 촉구하기 위한 소비자보호운동을 법률이 정하는 바에 의하여 보장한다.

제125조　국가는 대외무역을 육성하며, 이를 규제·조정할 수 있다.

제126조　국방상 또는 국민경제상 긴절한 필요로 인하여 법률이 정하는 경우를 제외하고는, 사영 기업을 국유 또는 공유로 이전하거나 그 경영을 통제 또는 관리할 수 없다.

제127조　① 국가는 과학기술의 혁신과 정보 및 인력의 개발을 통하여 국민

경제의 발전에 노력하여야 한다.

② 국가는 국가표준제도를 확립한다.

③ 대통령은 제1항의 목적을 달성하기 위하여 필요한 자문 기구를 둘 수 있다.

## 제10장 헌법 개정

**제128조**  ① 헌법 개정은 국회 재적 의원 과반수 또는 대통령의 발의로 제안된다.

② 대통령의 임기 연장 또는 중임 변경을 위한 헌법 개정은 그 헌법 개정 제안 당시의 대통령에 대하여는 효력이 없다.

**제129조**  제안된 헌법 개정안은 대통령이 20일 이상의 기간 이를 공고하여야 한다.

**제130조**  ① 국회는 헌법 개정안이 공고된 날로부터 60일 이내에 의결하여야 하며, 국회의 의결은 재적 의원 3분의 2 이상의 찬성을 얻어야 한다.

② 헌법 개정안은 국회가 의결한 후 30일 이내에 국민투표에 붙여 국회의원 선거권자 과반수의 투표와 투표자 과반수의 찬성을 얻어야 한다.

③ 헌법 개정안이 제2항의 찬성을 얻은 때에는 헌법 개정은 확정되며, 대통령은 즉시 이를 공포하여야 한다.

# 부칙

〈제10호, 1987.10.29.〉

**제1조** 이 헌법은 1988년 2월 25일부터 시행한다. 다만, 이 헌법을 시행하기 위하여 필요한 법률의 제정·개정과 이 헌법에 의한 대통령 및 국회의원의 선거 기타 이 헌법 시행에 관한 준비는 이 헌법 시행 전에 할 수 있다.

**제2조** ① 이 헌법에 의한 최초의 대통령 선거는 이 헌법 시행일 40일 전까지 실시한다.

② 이 헌법에 의한 최초의 대통령의 임기는 이 헌법 시행일로부터 개시한다.

**제3조** ① 이 헌법에 의한 최초의 국회의원 선거는 이 헌법 공포일로부터 6월 이내에 실시하며, 이 헌법에 의하여 선출된 최초의 국회의원의 임기는 국회의원 선거 후 이 헌법에 의한 국회의 최초의 집회일로부터 개시한다.

② 이 헌법 공포 당시의 국회의원의 임기는 제1항에 의한 국회의 최초의 집회일 전일까지로 한다.

**제4조** ① 이 헌법 시행 당시의 공무원과 정부가 임명한 기업체의 임원은 이 헌법에 의하여 임명된 것으로 본다. 다만, 이 헌법에 의하여 선임 방법이나 임명권자가 변경된 공무원과 대법원장 및 감사원장은 이 헌법에 의하여 후임자가 선임될 때까지 그 직무를 행하며, 이 경우 전임자인 공무원의 임기는 후임자가 선임되는 전일까지로 한다.

② 이 헌법 시행 당시의 대법원장과 대법원 판사가 아닌 법관은 제1항 단서의 규정에 불구하고 이 헌법에 의하여 임명된 것으로 본다.

③ 이 헌법 중 공무원의 임기 또는 중임 제한에 관한 규정은 이 헌법에 의하여 그 공무원이 최초로 선출 또는 임명된 때로부터 적용한다.

**제5조** 이 헌법 시행 당시의 법령과 조약은 이 헌법에 위배되지 아니하는 한 그 효력을 지속한다.

**제6조**　이 헌법 시행 당시에 이 헌법에 의하여 새로 설치될 기관의 권한에 속하는 직무를 행하고 있는 기관은 이 헌법에 의하여 새로운 기관이 설치될 때까지 존속하며 그 직무를 행한다.